2020年代の新総合商社論

榎本俊一［著］

中央経済社

はじめに

　中国経済の減速は世界経済に大きな影響を与えている。総合商社も例外ではない。経営破綻寸前だった総合商社の2000年代央以降の大躍進は，中国の爆発的成長に起因する資源バブルに支えられた面が大きかったが，2012年に中国経済の減速とともにバブルが弾けると，資源価格の持続的下落が総合商社の収益状況を悪化させ続けている。2015年度には，資源比率の高い三菱商事，三井物産はチリ銅投資に関連した大規模減損等により社史上初の連結純損を計上した。一方，「非資源商社No.1」を標榜する伊藤忠商事は資源の大規模減損にもかかわらず2,400億円を稼ぎ出し，三菱，三井を抜き総合商社トップの座に立った。

　環境激変の中，総合商社に関しては，短中期的な問題に関心が集中している。第一に，資源部門に代わる収益エンジンとして期待される非資源部門の成長戦略をどうするのか。第二に，総合商社は毎年度3,000～6,000億円の事業投資を行い企業成長してきたが，資源部門で大規模減損が続く中でキャッシュ・フローを確保できるのか等々である。これらの問題意識は短期的には妥当ではあるが，多くの場合「国際資源市場の需給調整が完了する2020年度頃まで持ち堪えれば，総合商社の業績は再び好転する」という地点で思考が停止している点が気に懸かる。果たして2020年に資源需給調整が完了したからといって，総合商社は2020年代以降も成長企業たり得るのだろうか。

　この懸念は私の独創でも何でもない。総合商社自身が指摘してきたことである。2000年代央の総合商社の企業成長は単なる資源バブルの賜ではなく，総合事業会社モデル，事業ポートフォリオ管理等の企業革新に支えられてきたが，総合商社は，国内経済のデフレ停滞とアジア圏等の高度成長を踏まえて，商社ビジネスのグローバル化を長期的な死活に関わる課題に掲げてきた。結果的には，好調な資源ビジネスに経営資源が集中投入され，新興国等での地場取引・第三国取引に十分な力を割けないまま，目標は未達に終わっているが，日本経

済の成長性喪失とアジア圏の世界経済の成長エンジン化の基本条件に変わりがない以上，21世紀の総合商社が成長企業であるには資源・非資源を問わず商社ビジネスのグローバル化が真の課題である。そこで，本書では，総合商社が21世紀において成長企業であるためのグローバル化を取り扱う。

前著『総合商社論　Value Chain上の事業革新と世界企業化』（2012）では，総合商社の2000年代の躍進を支えた企業革新を事例分析により明確化したが，「世界企業化」すなわち商社ビジネスのグローバル化に関しては十分な分析を行うことができなかった。総合商社自身の地場取引・第三国取引に関する取組がなかなか進捗しなかった事情もあったが，前著は，総合商社は事業・収益のグローバル分散の観点からは依然として国内市場中心型のビジネス展開を行っており，「世界企業」は未達の目標である点を指摘するに止まり，本来取り扱うべき論点に関する考察が不十分であったことは否めない。

そこで，本書では，①商社ビジネスのグローバル化が資源・非資源の各部門においていかなる事業展開を招来するのか，②国内顧客ニーズ対応に最適化した経営・組織が商社ビジネスのグローバル化によりいかなる変化を遂げるかを論ずる（当然，経営・経営組織の変化に連動して，人的資源管理の在り方も一変せざるを得ない）。①と②は独立した問題ではなく，今後の総合商社の国際経営・組織の転換は商社ビジネスのグローバル化により生ずると同時に，商社ビジネスのグローバル化は国際経営・組織の最適化抜きには達成できない。したがって，21世紀の総合商社の成長戦略を論ずる場合，商社ビジネスそのもののグローバル化と国際経営・組織の変革を併せて論ずる必要がある。

以上は多国籍企業としての総合商社の経営戦略・組織マネジメントを論ずるものであるが，多国籍企業論が主に製造業を対象に構築されてきたため，多国籍企業としての総合商社を分析した文献は限られる。また，従来の商社研究は国内中心型企業の商社を対象とするものであり，「世界企業」化した総合商社が論じられることはなかった。本書は多国籍企業としての総合商社を正面から取り扱う試みであり，前著榎本（2012），三菱商事（2011）等の研究成果の上に立ち，総合商社を「サプライ・チェーン・マネジメント・カンパニー」として捉えた上で，商社ビジネスのグローバル化に伴いサプライ・チェーン・マネ

ジメントと国際経営・経営組織がいかに変化するかを分析し，21世紀の総合商社像を明らかにしたい。本国本社が引き続きコアでありつつも，本国本社と複数の自立的な中核拠点が協同しつつグローバル・ネットワークを運営・管理するトランスナショナル企業的なものになるのではないだろうか。

　読者は「まだ具体的な形を取るに至っていない21世紀の総合商社像について何が語れるのか」と疑問に感じられるかもしれないが，総合商社の「世界企業」化に向けた試みは2000年代より漸進的に進められてきており，三菱商事，伊藤忠商事，住友商事等のビジネス展開の中には，総合商社のグローバル化に伴う事業展開と国際経営・組織の在り方を十分予言するケースが現れてきている。本書では，こうした先進的な事例の分析を通じて「空理空論」に陥ることなく，21世紀の総合商社像を描き出す考えにあり，事実から乖離した議論を行うつもりはない（むしろ総合商社の将来を予見するに足る材料は揃っているのにもかかわらず，議論されないままであることが不思議である）。

　本書は3部構成を採るが，総合商社ビジネスのグローバル化とそれに対応した国際経営・組織の発展に関する議論に入る前に，第1部では，資源バブル崩壊後の総合商社の状況を概観し，榎本（2012）等による総合商社ビジネス分析を復習した上で，「サプライ・チェーン・マネジメント・カンパニー」のグローバル化が総合商社の事業・経営・組織にいかなる変革をもたらすかを第2部，第3部で論ずる。読者には最後までお付き合いいただければ幸いである。

　2017年2月

　　　　　　　　　　　　　　　　　　　　　　　　　　榎本　俊一

目　次

はじめに

第1部　2020年代の総合商社を巡る問題と議論の出発点　1

第1章　"Commodity Super Cycle"終焉と総合商社の新たな長期的課題　2

1. 総合商社の業績悪化と新たな成長エンジンの模索　2
2. 「資源の宴」後の成長持続のための短中期的な対応　3
   - (1) 三菱商事の2020年を見据えた経営戦略　4
   - (2) 三井物産の資源ビジネスを基盤とする経営戦略　5
   - (3) 「非資源商社面的No.1」を目指す伊藤忠商事の経営戦略　8
   - **参考**　伊藤忠商事のブランド・ビジネス　10
   - (4) キャッシュ・フロー経営の強化　11
3. 2020年代以降を視野に入れた総合商社の長期的課題　12
   - (1) 総合商社はもはや2000年代には戻れない　13
   - (2) 従来の本国本社の中央集権体制は世界企業に適合しない　14
   - (3) 総合商社は世界企業に対応した経営組織・人的資源管理を整備できるか　16
4. 本書の構成　17

第2章 サプライ・チェーン・マネジメント・カンパニー……21

1 総合商社研究の出発点　21
  (1) 新しい総合商社観：サプライ・チェーン・マネジメント・カンパニー　21
  (2) サプライ・チェーン・マネジメントに基づく総合商社グローバル化の分析　22
2 総合事業会社モデル　23
3 資源ビジネスに適合的な"Value Chain Design"モデル　26
  (1) 三菱商事の"Value Chain Design"　26
  (2) "Value Chain Design"の事例「食品サプライ・チェーン」　28
  (3) "Value Chain Design"に親和するサプライ・チェーン　29
4 点的支配モデル（複数事業の有機的結合モデル）　30
  (1) サプライ・チェーンへの限定関与　30
  (2) "Value Chain Design"に対する点的支配モデル　31
  (3) 伊藤忠商事の「複数事業の有機的結合モデル」　32
5 サプライ・チェーン・マネジメント・カンパニー　33
  (1) 総合商社ビジネスの再定義　33
  (2) 総合商社の競争優位の源泉と国際経営の在り方　34
  (3) 国内中心型サプライ・チェーンとグローバル・サプライ・チェーン　35
  (4) 21世紀の総合商社の経営・組織の変革　38

第3章 資源需給調整後の総合商社の収益力回復……40

1 資源需給バランスと資源価格　41
  (1) コモディティ・スーパー・サイクルの生成と終焉　41
  (2) コモディティ・スーパー・サイクル後の長期資源需給見通し　43

2 資源需給調整完了後の総合商社のLNGビジネス　46
　(1)　油価変動に伴う増減益の試算　46
　(2)　個別LNGプロジェクトごとの収益性判断　48
　(3)　三井物産のLNG事業の収益性　50
　(4)　三菱商事のLNG事業の収益性　56
　(5)　シェール関連プロジェクトの収益見通し　58
　(6)　結論　61

第2部　2020年代の総合商社の成長戦略～グローバル・サプライ・チェーンと世界企業化～　63

PART 1　資源部門の成長戦略

第4章　LNGビジネスを巡る環境変化と新たな成長戦略…65

1　資源ビジネスを巡る環境変化
　～日本経済の長期停滞に伴う国内中心展開から海外成長取込みへ～　65

2　LNGサプライ・チェーン構造の変質　68
　(1)　伝統的なLNGサプライ・チェーン　69
　(2)　2000年代のサプライ・チェーン上の事業者関係の変化　72
　参考　国内ガス・電力会社の具体的取組　74
　(3)　東日本大震災後の国内電力・ガス会社の上中流進出の本格化　75
　(4)　電力・ガス会社の上中流進出と総合商社LNGビジネス　80

3　2020年代のLNG部門の成長戦略　83
　(1)　LNG部門の新たな成長戦略　83
　(2)　具体的な取組　84

(3) "Value Chain Design" からのビジネス・モデルの転換
　　　　 85

第5章　鉄鋼関連ビジネスの新たな成長戦略 …………… 87

　1　世界鉄鋼生産と国内鉄鋼生産の動向　87
　2　2000年代の中国鉄鋼原材料需要の急成長への対応　90
　　　(1) 三菱商事の豪州石炭会社BMAへの投資　90
　　　(2) 三菱商事のBMAを通じた中国展開への評価　92
　3　鉄鋼ビジネスのグローバル化に向けた取組
　　　〜三菱商事金属グループの海外本社機能移転〜　92
　　　(1) 世界鉄鋼生産・需要センターのアジア圏シフトと三菱商事の取組　92
　　　(2) 従来の総合商社の鉄鋼ビジネスの内需性　93
　　　(3) 今後の三菱商事金属グループの成長戦略　97

PART 2　非資源部門の成長戦略

第6章　総合商社の非資源部門シフトとグローバル展開の重要性 …………… 100

　1　「資源の宴」終焉後の非資源ビジネスの位置付け　100
　2　非資源ビジネスのグローバル展開　101
　　　(1) 伊藤忠商事の非資源部門の海外展開　101
　　　(2) 総合商社の非資源部門の海外展開　103

第7章　非資源部門のグローバル展開を阻む壁（地場市場参入の困難）…………… 107

　1　伊藤忠商事食料カンパニーの国内SIS戦略　107
　2　中国市場参入第1幕：2000年代の中国SIS構築への挑戦　109
　　　(1) 台湾系・頂新集団との提携とファミリーマートの川下展開　109

(2) 日系食品・飲料メーカーとの川中展開と現地食品卸買収　111
　　　(3) 中国国内での川上資源確保
　　　　　～COFCO提携と進捗しないプロジェクト～　112
　　　(4) 垂直統合には遠い「虫食い」的サプライ・チェーン関与　113
　　3 中国市場参入第2幕：CITIC・CPとの提携　114
　　　(1) タイ華僑財閥CPとの提携　114
　　　(2) 伊藤忠商事・CITIC・CP三者提携への発展　115
　　4 総括　117

第3部　総合商社ビジネスのグローバル化と国際経営組織の変革　119

第8章　グローバル化とカンパニー・部門の国際経営・組織の変化　121

　　1 総合商社の競争優位と国際経営のコア組織　121
　　2 本国本社の中央集権体制の一部修正による対応　126
　　　(1) 本国本社の中央集権的管理体制によるマネジメント
　　　　　～ポートフォリオ上補完的なグローバル・サプライ・チェーンのマネジメント～　126
　　　(2) 本国本社統括下での海外子会社への権限委譲とマネジメント委任
　　　　　～国内中心型ビジネスと独立した地場ビジネスの成長への対応～　128
　　3 本国本社の中央集権体制から本国本社・海外本社の並立体制へ
　　　～伊藤忠商事食料カンパニーのグローバル化と国際経営・組織～
　　　133
　　　(1) 本国本社の中央集権システムの部分的修正による対応の限界　133
　　　(2) 伊藤忠商事の中国市場参入における本国本社・海外子会社の関係　134

(3) 中国垂直統合バリュー・チェーン確立と本国本社・海外子会社関係　137
　4　本国本社と海外会社のトランスナショナル企業的な協同
　　　～三菱商事の鉄鋼サプライ・チェーンのグローバル化～　142
　　　(1) 三菱商事の金属資源トレーディングの海外本社機能移転　143
　　　(2) 金属グループのグローバル展開におけるRtMIの役割　145

第9章　多様化と統合と参加 …………………………149
　1　国際経営・組織の多様化とカンパニー制の対応力と限界　149
　　　(1) カンパニー・部門における国際経営・組織の多様化　149
　　　(2) サラダボウル化した経営・組織のマネジメント　149
　　　(3) カンパニー制の修正を狙ったマトリックス組織の不発　151
　2　カンパニー制下の国際経営・組織の多様化への対応　153
　　　(1) 国内顧客中心から海外顧客に軸足を漸進的に移行する資源ビジネス　153
　　　(2) グローバル・サプライ・チェーン中心を目指す資源ビジネス　156
　　　(3) "Value Chain Design"の適した資源型の非資源ビジネス　159
　　　(4) 点的支配モデルの適した「資源型」でない非資源ビジネス　162
　3　海外人材の「参加」問題
　　　～カンパニー制の限界と20年後を見据えた国際人的資源管理～　164
　　　(1) グローバル展開とカンパニー制の壁　164
　　　(2) 従来の総合商社の国際人的資源管理　166
　　　(3) 海外採用人材の「参加」問題　170
　　　参考　日本企業の国際人的資源管理　174

4 総合商社の国際人的資源管理改革に向けた取組　177
  (1) 2000年代の国際人的資源管理改革　177
  (2) 2010年代以降の地域志向型化に向けた取組　181
  (3) 伊藤忠商事の人材育成制度　183
5 今後の総合商社の国際人的資源管理　186
  (1) 今後の国際人的資源管理改革の方向性　186
  (2) 日本社会の壁
    〜日本企業のグローバル統合を阻む日本型雇用制度〜　188
  (3) 日本社会の特殊性とグローバル化の要請の黄金の均衡を
    求めて　191

結　　び ………………………………………………………………195

参考文献 ………………………………………………………………199

第1部

2020年代の総合商社を巡る問題と議論の出発点

第1章
"Commodity Super Cycle" 終焉と総合商社の新たな長期的課題

1 総合商社の業績悪化と新たな成長エンジンの模索

総合商社の業績悪化

　2000年以降，中国等新興国の経済成長を背景として資源価格は10年超にわたり長期上昇を続け（コモディティ・スーパー・サイクル），総合商社は資源部門に牽引される形で好業績を続けた。総合商社は2008年のリーマン危機に起因する世界同時不況も短期間で乗り切り，2011年に資源価格が下落に転じてコモディティ・スーパー・サイクルが終焉した後も好業績を維持してきたが，2014年度に住友商事が米国タイトオイル事業，ブラジル鉄鉱石事業等で3,103億円の減損を出し▲731億円の連結純損を計上。2015年度には三井物産がチリ銅鉱山事業，豪州LNG事業等で2,600億円の減損を計上して▲700億円の連結純損を出し，三菱商事もチリ銅鉱山事業，豪州LNG事業等で4,500億円の減損を出し▲1,500億円の連結純損を計上するに至り，総合商社は「資源の宴」後の事業再構築期を迎えている。

新たな成長エンジンの模索

　2012年以降，2000年代の総合商社の躍進を支えてきた資源部門が不振に陥ったため，短中期的に資源部門に代わる成長エンジンとして非資源部門が期待を集めるようになる。三菱商事は資源部門だけでなく非資源部門にも注力しており，2014年度にガス開発等で▲1,270億円の減損を計上しつつも，非資源部門の下支えにより連結純利益は前期比▲10.9%減に食い止めた。しかし，世間を驚かせたのは「非資源商社No.1」をキャッチフレーズとする伊藤忠商事の躍進

〔図1〕 総合商社の連結純利益の推移（年度）

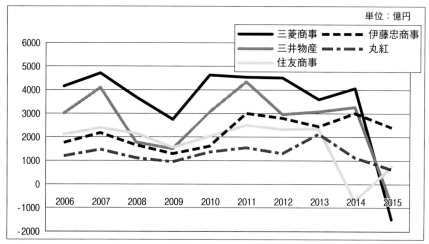

（出所）各社有価証券報告書より作成
（注）2013年度以降，米国会計基準から国際会計基準に切り替え

であり，同社が2011年度決算で五大商社の第4位から第3位に浮上後，2014年度決算で第2位の三井物産とほぼ肩を並べ，ついには2015年度決算で三菱商事，三井物産を抜いて首位に立ったことは資源ビジネスの凋落を強く印象づけた。

2　「資源の宴」後の成長持続のための短中期的な対応

　2000年代に総合商社を牽引した資源ビジネスの業績の暗転があまりに劇的であり，伊藤忠商事が非資源部門の好調により業界4番手からトップに躍り出た驚きから，総合商社への関心は資源・非資源バランスに集中し，非資源比率の高さと非資源戦略が「売り」とされるようになった。ただし，新興国の経済成長により長期的に資源需要は増勢にあり，資源部門が総合商社の重要な収益源であることに変わりはなく，現在の非資源部門の強化に向けた取組は，資源から非資源へのゼロ・サム的事業転換を目指しているわけではない。短期的に収益を確保するため資源・非資源の事業バランスを修正し，2020年と目される資源需給調整完了まで資源部門の不振に耐え忍びつつ非資源部門で何とか一定水準の業績を上げ続けることが目標である。

(1) 三菱商事の2020年を見据えた経営戦略

　三菱商事は2013年5月に「経営戦略2015　2020年を見据えて」を策定，従来の2～3年単位の中期目標に代えて7～8年という長期スパンにおいて「事業規模を倍増する」ことを目標に，「強い事業」を伸ばすことで高収益事業数を飛躍的に増やすとした。

　2012年度末の三菱商事には，連結純利益を200億円以上稼ぐ事業領域数が5，100～200億円を稼ぐ事業領域数が1存在し，これまでLNG等資源部門の5～6の高収益サプライ・チェーンに資源を集中投入して稼ぐビジネスを展開してきたが，今後，連結純利益を200億円以上稼ぐ事業領域数を5から10以上とし，100～200億円を稼ぐ事業領域数を1から10～15に増やすことを構想している。資源部門では，新規投資は控えて，更新・拡張投資と仕掛案件の収益化に専念し，持分生産量の倍増に取り組む一方，これまで資源関連で大規模投資してきたキャッシュを非資源部門に振り替えて注力投資し，連結純利益を1,800億円から3,600億円に倍増させるとした（上記「経営戦略2015」）。

　ただし，「経営戦略2015」期間中も業績悪化の止まらなかった三菱商事は，2016年5月「中期経営計画2018～新たな事業経営モデルへの挑戦～」を公表し，資源減損による収益悪化（2015年度連結純損▲1,494億円）に関しては，キャッシュ・フロー重視経営を強化して経営安定性を確保するとともに（グループは原則それぞれのキャッシュ・フローの範囲内で新規投資を含め経営を行う），資源部門では新規投資はせず更新・拡張投資と仕掛案件の収益化に専念する一方，非資源部門の成長期待分野（食品原料・消費財製造・リテイル等）に積極投資することで成長エンジンを創り出す方針を示した。

　もっとも目標時期が2020年に設定されているように，必ずしも内外経済の構造変化等を踏まえた長期的なビジョンではなく，資源・非資源比率の見直しと非資源部門での成長エンジン確立という短中期的な課題を設定するに止まる。三菱商事は2000年代にサプライ・チェーン上でトレーディングと事業投資の組合せにより収益拡大を図ってきたが（総合事業会社），これらの経営計画では，今後は投資ではなく製造業・小売業等の事業経営に自ら乗り出すとするものの，「新しい商社像」は描き出せていない。

(2) 三井物産の資源ビジネスを基盤とする経営戦略

　三菱商事に限らず，総合商社の多くは2012年度の鉄鉱石・石炭価格下落をもって「資源の宴」の終焉を認識し，非資源部門の強化を経営戦略として打ち出してきた。対照的に三井物産は2014年5月公表の「中期経営計画"Challenge & Innovation for 2020"」においても資源関連の「既存事業の収益基盤強化とパイプライン案件の完遂」[1]を基本方針に掲げ，資源部門から非資源部門への重点のシフトは打ち出していない。確かに三井物産は「資源会社」と呼ぶべきほどに資源・エネルギー事業に収益構造が偏重し，短中期で非資源部門を伸ばすことが難しい経営事情があるものの，資源部門の重視の根底には同社の総合商社ビジネス観と中長期的な資源需要見通しがある。

三井物産の基本的構想

　第一に，安永社長は「アニュアル・レポート2015」（2015年7月）において，三井物産の強みは複雑で長期にわたる大型プロジェクトの開発にあり，総合商社ビジネスとは10～20年間かけて資金回収していく性格のものである以上，長いプロジェクトの途中過程では資源価格下落などの事態は起こるものであり，過度に資源価格下落等に一喜一憂すべきではないとして，現在の脱資源ビジネスの動きを短絡的としている。

> **強い事業をさらに強く**　まず，私たちの強みや得意とする分野をより一層強化させます。当社は複雑で長期にわたる大型プロジェクトの開発に強みがあります。資源・エネルギーの開発やインフラの整備といった国家レベルのプロジェクトの実施に向け，相手国政府の狙いや計画を正確に理解すると同時に，需要家のニーズを長期視点で把握し，開発オペレーターやコントラクターなどと協業しながら，10年，20年という時間をかけて資金を回収していく仕事です。当社が長い年月をかけて築き上げてきた分野であり，既存の事業は力強い利益とキャッシュ・フローを生み出しています。

---

1) 三井物産は「中期経営計画」で「パイプライン案件」とは「2014年5月時点で推進方針が決定・開示されており，今後数年間の期間内に収益貢献が予定される案件」とする。

第二に，安永社長は同レポートで，スーパー・コモディティ・サイクルが中国経済の新常態移行により終焉し，資源市場が2020年頃まで需給調整局面に入ったとしても，世界資源需給の長期的見通しが抜本的に変わったわけではないとして，「中国・インドをはじめとする新興国の人口増加・経済成長等を背景とし，今後も一次エネルギー需要は増加する見通し」にあり，「非化石燃料シェアが増加するも，化石燃料は引続き一次エネルギーの主役」であり「中でも天然ガスは著しく増加」すると述べ，三井物産は，中長期的には資源・エネルギー部門も資産ポートフォリオを工夫することで，企業成長と収益安定を図ることが可能であると結論付けている。

　現在，「資源会社」の三井物産は，こうした長期見通しに立って，資源エネルギーの資産構成を工夫することにより収益の安定・成長を図ろうとしている。資源需給調整期の現在，新規権益獲得ではなく既存権益の拡張が資産ポートフォリオ改革の中心となるのは三菱商事と同様であるが，中期経営計画では，①「現在価値（PV）で1兆円超」である「優良なパイプライン案件の完遂により企業価値を継続的に向上させる」，②「金属資源・エネルギーの収益基盤」について，「コスト競争力の高い資産ポートフォリオをさらに拡大・良質化する」として，2013～2015年に1.5兆円の事業投資のうち約1兆円を資源部門に投入するとした（金属資源2,900億円，エネルギー6,600億円）[2]。

　なお，三井物産は「既存事業の革新」を成長戦略に掲げており，「攻め筋」を中心として関連事業分野に横展開・斜展開することで事業機会を発掘し，三井物産全体の事業基盤の収益力の向上強化を図ろうとしている（次頁囲み部分は「アニュアル・レポート2015」より関連部分を抜粋した）。

---

[2] 三井物産は，金属に関しては既存権益の豪州鉄鉱石・石炭の拡張，エネルギーに関しては開発中のLNG3案件及びイタリア陸上油田など既存原油・ガス拡張に投資することで，2020年までに「金属資源（鉄鉱石・銅・石炭等）権益生産量を1.4倍」「LNG液化能力，原油・ガス埋蔵量を2倍」「原油／ガス生産量を1.4倍」に拡張するとする。

米国有数の輸出事業者から，米国内のバリューチェーン・プレイヤーへ

　当社は，米国において競争力のあるシェールガス・オイル権益を保有し，順調に生産を進めています。シェールガスを起点とした当社の取り組みは，同国産業界における私たちの存在感や役割，そして収益基盤を大きく変えようとしています。

　ガス・バリューチェーンの川下にあたる化学品分野では，ガスを原料にメタノールやアクリル樹脂原料などの製造・販売事業を立ち上げようとしており，すでに大きな利益貢献を果たしている飼料添加物事業やタンクターミナル事業と合わせて同分野の裾野を拡大していきます。また，インフラ分野でも，同じくガスを燃料とする電力事業を展開しています。これらにより，上流であるガス生産事業と合わせて，ガス価格変動の影響を受けにくい強靭で安定した事業ポートフォリオを構築できます。

　また，米国がガスの輸入国から輸出国へと立場を転換する機会を捉え，私たちが得意とするLNGの製造プロジェクトを2018年の商業生産開始に向けて始動させたほか，メキシコに販売するためのガスパイプラインの整備，運営事業にも取り組んでいます。競争力のあるエネルギー資源を基に米国産業界全体の物流の動きが活発化する中，当社は鉄道貨車やトラックのリースや北米全域をカバーする関連ロジスティクス事業のプラットフォームを獲得しています。

　かつて当社は，米国有数の輸出事業者と言われていましたが，今は逆に米国内のガス・バリューチェーンの中の有力な戦略的プレイヤーとなっています。これがまさに当社らしい仕事の拡がりであり，成長の源です。

モザンビークの国創りに貢献し，長期的成長につなげる

　モザンビークでは，世界最大級のガス田を発見し，2019年の商業化に向けてLNGの製造プロジェクトを開発中です。すでに，計画する年間生産量のうち，800万トン強に関し需要家からの購入意思を獲得しており，EPCコントラクターの選定も進んでいます。また，2014年12月には同国において炭鉱と鉄道・港湾インフラの開発案件への参画を決定しました。世界有数の競争力の高い炭鉱であり，港湾インフラ開発や鉄道輸送事業など当社の既存プラットフォームを活用して価値を最大化させる狙いです。将来的には，ガスを利用した各種事業の展開や農業分野への取り組みなど，当社ならではの多面的展開が期待されます。

(3) 「非資源商社No.1」を目指す伊藤忠商事の経営戦略
資源・非資源バランスの重視

　三菱商事・三井物産は(1)(2)のとおり懸命に「資源の宴」後の環境変化に対応しようとしているが，非資源部門では，伊藤忠商事に一日の長がある感は否めない。伊藤忠商事は，戦後「関西五繊（繊維商社）」の一つとしてスタートし，高度成長期に鉄鋼・機械商社を買収合併することで「総合商社成り」したため，資源ビジネスは後発参入組であり，本格的に海外資源権益獲得に動き出したのは2000年代以降だった。その結果，伊藤忠商事は過度に資源ビジネスに依存することなく資源・非資源のバランスの取れた収益構造を保持することとなり，リーマン危機後の世界同時不況期に一時的に資源比率が高くなったものの，コモディティ・スーパー・サイクル終焉後は連結純利益上非資源比率が2013年度90％（IFRS）となるなど非資源部門が同社の堅固なビジネス基盤となってきた。

〔図２〕　伊藤忠商事の連結純利益（年度）

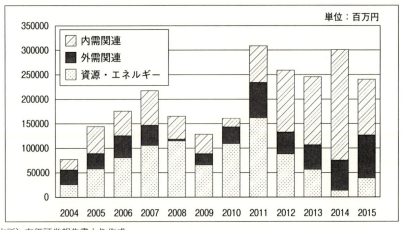

（出所）有価証券報告書より作成
（注）2013年度以降，米国会計基準から国際会計基準に切り替え

点的支配モデルから面的・連鎖的なビジネスへ

　第２章で論ずるように，総合商社はサプライ・チェーンの企画・形成・運営・管理を業とするサプライ・チェーン・マネジメント・カンパニーと捉えら

れるが，資源ビジネスの後発組である伊藤忠商事には，三菱商事のように単体で連結純利益200億円以上を稼ぎ出す事業領域はなく，自社の経営資源との見合いで可能な限り多数の事業領域でビジネス展開し，トータルで高収益を稼いできた（100〜120事業領域）。

　当然，各サプライ・チェーンに投入できる経営資源は限られるため，三菱商事のように，限定少数の高収益事業領域に経営資源を集中投入し，川上から川下まで多段階関与するビジネス・モデルは採用されず，サプライ・チェーンへの関与は「点的支配」に止める。「サプライ・チェーン」全体のコントロールではなく，サプライ・チェーン上で基幹ビジネスとなるトレーディングを掌握して収益を上げ，その上で，トレーディングとシナジー効果を期待できる川上・川下及び隣接領域の事業に進出し，トレーディングの更なる成長とサプライ・チェーンから得られるトータル収益増を図ってきた（単一サプライ・チェーンの連結利益が数億〜数十億に止まる非資源ビジネスに適合的）。

　また，伊藤忠商事は，川上・川下だけでなく隣接事業領域でもシナジー効果を発揮できる事業の開拓にも意を注ぎ，「(高資本効率・高収益事業であっても)『離れ小島』のような単発の投資に終われば，その投資先の利益を取り込むだけに」止まるとし，既存事業とのシナジー効果が期待でき自社でリスク管理できる領域に「『陸続き』のような投資」（アニュアル・レポート2014）を展開し，ビジネスを面的・連鎖的に拡大してきた。

ブランド・ビジネスと積極的な海外展開

　伊藤忠商事は資源分野に偏らず非資源分野を重点とする戦略を採ってきたが，単に非資源に注力するだけでなく，商品に「ブランド」という付加価値を加えて販売するブランド・ビジネスを他社に先駆けて開拓し，多数の欧米ブランド（ラグジュアリー，スポーツ，カジュアル等の衣料品に加えてシューズ・バッグ・雑貨等）を日本市場及びアジア圏で展開するなど，非資源ビジネスに関する独自のノウハウを蓄積してきた。「ブランド」を切り口としたビジネス展開は衣料だけではなくライフスタイル全般にも広げられ，さらには食料部門においても果物・果物加工品のDOLEブランドの活用などが試みられている。

加えて，伊藤忠商事は早い時期から海外顧客開拓に取り組んできた。これは，三菱商事・三井物産が資源・非資源を問わず国内市場で流通網及び川下顧客をグリップしてきたが故でもあるが，企業体力との見合いで中国・北米・欧州に注力地域を限定し，中国・東南アジア展開では巧みに有力パートナーとの提携を現実化している。2000年代の伊藤忠商事は，中国食品市場での地盤構築に成功した台湾資本・頂新集団と中国地場資本・杉杉集団との提携で中国参入を試みたが，2014年以降，中国・東南アジアで事業基盤を有するタイ華僑系財閥Charoen Pokphand（CP）グループと中国最大のコングロマリットである中信集団（CITIC）との業務・資本提携契約の締結に漕ぎ着け，日中タイの3社連合で中国・東南アジア展開を進めようとしている（第2部第7章参照）。

［参考］　伊藤忠商事のブランド・ビジネス

- 伊藤忠商事は，商品に「ブランド」という付加価値を加えて販売するブランド・ビジネスを他社に先駆けて開拓，多数の欧米ブランド（ラグジュアリー，スポーツ，カジュアル等の衣料品に加えてシューズ・バッグ・雑貨等）を日本市場だけでなくアジア市場でも展開している。
- 同社のブランド・ビジネスは製品輸入に止まらず，過去30年間に培った欧米ブランドとのコネクションと繊維カンパニーのマーケティング力を活かして，ブランドホルダーから包括ライセンス契約を獲得し，優良アパレルメーカー・服飾雑貨メーカー等をサブライセンシーとしてマーケティング・コントロール，イメージ・コントロール，トータル・プロモーションを行う「総合ライセンス・ビジネス」を展開するだけでなく，繊維カンパニーの機能を活かして素材供給・縫製取込み・物流介入を行っている。
- 伊藤忠商事の強みは，繊維商材だけでなく，靴・鞄・眼鏡等の非繊維商材を含めオールアイテムのライセンス権を獲得している点にある。アイテム横断の総合ライセンス・ビジネスにより国内「店子」に対して競争優位に立ち，国内店子の保持により欧米ブランドホルダーにも競争優位を確立している。同社は新規ブランドのライセンスを獲得すると，同ブランドを自社ブランド・ポートフォリオの1つとして展開，単体での展開より効果的事業を実現（新規ブランドのポートフォリオ追加は伊藤忠の総合的ライセンス・ビジネス力を高める）。
- また，伊藤忠商事は（ライセンス・ビジネスには本国の政策変更により契約が一夜にして打ち切られるリスクがあることを踏まえ）日本国内における商標権を買収する戦略に方針転換し，自らブランド・オーナー化を目指している（スポーツシューズのCONVERSE等）。

第1章 "Commodity Super Cycle" 終焉と総合商社の新たな長期的課題

● さらには，カジュアルバッグ・ブランドの米国レスポートサックを企業買収して全世界での商標権と販売権を獲得し，繊維カンパニーのグローバル販売力を活かして世界市場開拓を進めるとともに（連鎖的展開），スワロフスキーやリバティ等の他ブランドとのコラボレーションによるブランド活性化を図るなど，積極的にブランド買収にも取り組み（他にHUNTING WORLD, mila schön 等）伊藤忠商事の企業機能と保有ブランドとシナジー効果が発揮できるよう事業展開（面的展開）。
● 海外展開に関しては，伊藤忠商事は，成長著しい中国市場を中心に，地場の杉杉集団と提携して「エル」「ストンプ・スタンプ」等を店舗展開するとともに，中国テレビ通販大手のラッキーパイ社，香港でネットショッピングを手掛けるフォーチュンリンク社に出資し無店舗販売事業強化による販売促進に取り組んできたが，2015年の中国最大のコングロマリットのCITICとの業務・資本提携契約の締結に伴い，CITICの流通網を活用した中国市場浸透に方針転換しつつある。
● 2012年には，豪州コンプレッションウェアブランド「SKINS」をアジア6地域で，米国カジュアルバッグ・ブランド「OUTDOOR PRODUCTS」をアジア13地域，中近東4地域，南米2地域で，米国ファッション・アウトドア・ブランド「PENFIELD」をアジア4地域で，それぞれ商標権を取得し順次展開している。「レスポートサック」に関しては，ブラジル，ウルグアイなど南米諸国や中東6カ国での展開を開始。今後成長の見込める新興国の市場でもブランド展開を強めつつある。

（出所）各年アニュアル・レポートに基づき作成

(4) キャッシュ・フロー経営の強化

　非資源部門に脚光が集まる中で「非資源商社No.1」を目指す伊藤忠商事は，2000年代末〜2010年代初の資源エネルギー権益投資による減損も比較的僅少に済み，盤石であるかに見える。2000年代の総合商社の躍進は単に資源ビジネスの好調に依るものではなく，「総合事業会社モデル」「事業ポートフォリオ管理」等の企業革新に支えられた。ここでは，総合商社は投資リサイクルを含めて年3,000〜6,000億円の資金を事業投資に投入し，事業ポートフォリオを高収益・高成長・高安全のものに組み替えるべく努力してきたが，この取組も資金あっての物種であり，伊藤忠商事の資金状況は盤石だろうか。

　伊藤忠商事は，中国展開で新局面を切り拓くべくCITIC出資等を敢行し，2015年度上半期に金融機関より9,200億円を借入したが，その結果，ネット有

利子負債額は8,000億円増となりNet DERも0.98倍から1.3倍に上昇した。2020年度に連結純利益4,000億円超を目指す同社は，CITIC関連の借入金を「稼ぐ力」の向上により短期返済する考えにある。ただし，事業投資で重要なフリー・キャッシュ・フローは2013年度1,300億円，2014年度650億円から2015年度第1～2四半期▲7,461億円となっており，2016年度以降，一過性のCITIC関連借入の影響がなくなり2,000億円前後に戻ると見込まれるが，1,000億円を株主配当原資とするため資産リサイクルに努めても伊藤忠商事の2015～2017年度の投資予定額は2,000億円水準に満たない。総合商社のビジネス展開は事業投資に支えられ，その水準が企業成長を左右する。伊藤忠商事の投資額は三菱商事・三井物産の3分の1程度であり，連結純利益で2015年度総合商社トップになったとはいえ，企業体力で両社には及び難い。

現在，三菱商事・三井物産は総合事業会社としての成長性を維持するためキャッシュ・フロー経営を強化している。資源の宴終焉後，総合商社は2020年頃まで続くと予想される資源需給調整局面で，不採算プロジェクトからの撤退を含めた企業防衛的な対応を採らざるを得なくなっているが，キャッシュ・フロー重視は先行き不透明な中で企業安定のための流動性確保だけが目的ではなく，総合事業会社として成長戦略を展開するための原資確保が念頭にある（もちろん株主還元も重大な配慮事項である）。資源依存度が高く資源価格低迷の影響を強く受けざるを得ない三井物産では，2014～2016年度累計で営業キャッシュ・フローを1.8～2.0兆円に押し上げ，資産リサイクルにより0.7～0.9兆円のキャッシュ積増しを図ることで，既存事業及びパイプライン案件への1.5兆円投資を実現しようとしている（年度平均5,000億円）。

3　2020年代以降を視野に入れた総合商社の長期的課題

確かに，資源・非資源バランスの是正，キャッシュ・フロー重視は，いずれも総合商社が直ちに取り組まなければならない課題である。資源の宴終焉後，鉄鋼原材料・天然ガス関連事業から銅・ニッケル等非鉄金属事業に至る広範な分野で大規模減損が続いた現在，総合商社に対する関心は，過度の資源依存からの脱却，非資源部門での新たな成長エンジンの確保，業績悪化の中でも事業

投資・投資家還元に必要なキャッシュ・フロー確保等に向けられがちである。しかし，三菱商事，三井物産が中期経営計画の副題に掲げるように，これらは「2020年」までのソリューションに過ぎない。2020年までの資源需給調整局面を何とか破綻せず耐え凌ぎ，資源部門の収益力回復を待つとともに，その間に非資源部門で新たな収益エンジンを仕込めれば，2020年以降，総合商社は高収益企業として再生できると期待しているに過ぎない。資源・非資源ともに現状維持的なビジネス観が前提となっており，2020年代以降の長期的な構造変化を織り込んだものではない。

(1) 総合商社はもはや2000年代には戻れない

　三井物産の見通しのとおり，資源需給調整が2020年頃に完了するまで非効率な資源事業の淘汰が続くものの，中国，インド，ASEAN等の経済動向を踏まえれば世界資源需要は2050年まで拡大すると予想され，総合商社の資源部門は再び収益力を回復するのは確かだろう。しかしながら，資源ビジネスが現状維持のままで2000年代の輝きを取り戻し，総合商社が2020年代以降も資源主導の成長を続けられるかは疑問である。2000年代までの資源ビジネスは，海外で権益確保した資源・エネルギーを輸入し，国内ユーザーに供給するものだった。2012年末に成立した安倍政権は超金融緩和によるデフレ脱却を目指してきたが，日本経済が長期デフレ停滞を脱却する目途は一向に立っておらず，国内経済が少子高齢化により規模縮小さえも懸念される状況では，総合商社が国内顧客中心の資源ビジネスを続けていては成長企業たり得ないであろう。

　また，三菱商事，三井物産の「ドル箱」であるLNG事業では，サプライ・チェーンの構造変化により，「長期的」には総合商社の優越的地位が崩される可能性がある。2000年代，国内電力・ガス会社はコスト節減のためLNG消費を増やすと同時に，LNGの自主権益確保に乗り出し，川中でもLNG輸送船を自己調達するようになった。川下ユーザーの上中流進出は東日本大震災後のLNG価格高騰により加速し，その動きは2016年以降の電力・ガス小売の完全自由化により不可逆化しよう。その結果，総合商社は長期的にLNGの国内販売拡大を期待できず，国内顧客主体のままのビジネスには限界がある。鉄鋼原

料に関しても，国内粗鋼生産は1985年以降1億トン前後を横這いしたままであり，新日鐵住金等は国内生産にこだわってきた高級自動車鋼板も地産地消体制を目指すとしており，国内顧客中心では「ジリ貧」を免れ得ない。

　これらの環境変化は総合商社にビジネス転換を迫る。2020年代以降も成長企業であり続けたいのであれば，総合商社は，2000年代に着手した海外顧客開拓を本格化し，資源ビジネスを国内顧客中心から海外顧客中心に転換させなくてはならない。このグローバル化は資源ビジネスだけのキーワードではなく，非資源ビジネスにも共通の成長戦略である。既に，総合商社は2000年代央以降，長期デフレ脱却の目途の立たない国内市場に依存するリスクを踏まえて，非資源部門では中国等新興地域の海外成長の取込みを方針としてきた。ただし，各国市場には地場有力企業が存在し流通網を握っているケースが少なくなく，多数の競争相手が存在するため海外市場参入は容易ではなく，苦戦を続けてきた。単に過度の資源依存を改めて非資源部門に事業投資資金を回すだけでは足りず，2020年代以降の非資源部門の成長も，国内中心だったビジネスのグローバル化にかかっている。もはや総合商社は資源，非資源を問わず2000年代に戻ることはできない。

(2) 従来の本国本社の中央集権体制は世界企業に適合しない

　総合商社ビジネスのグローバル化とは何を意味するのか。

　そもそも総合商社の業態特性については議論があるが[3]，榎本（2012）では，（三菱商事のビジネス・モデル論を踏まえて）総合商社はサプライ・チェーンの企画・形成・運営・管理をビジネスとする企業であるとの考えに立ち，総合

---

3) 通常，総合商社は，輸出入貿易及び国内物資販売を営む業態の会社であり，2～3万種とされる広範な商品・サービスを取り扱う点で，特定商品・サービスに特化した専門商社と対比して「総合」が冠されるとされる。これに対し，2000年代央以降五大商社のいずれもが，1990年代までの総合商社はトレーディング会社であったが，2000年代以降はトレーディングと事業投資を収益の二本柱とする総合事業会社に転換したと自己規定し直し，商社観を一変させた。これは流通会社と投資会社が相互に無関係に持株会社にぶら下がっているというのではなく，総合商社がLNG，鉄鋼原料等のサプライ・チェーンにトレーディングと事業投資の形で関与し，両者を有機的に結合させることでサプライ・チェーン上で得られるトータルの収益を増大させる業態に転換したことを意味する。

事業会社モデル，トータル・リスク・マネジメントに基づく事業ポートフォリオ管理など総合商社の2000年代における企業革新を分析し，総合商社の企業特性と企業競争力について考察を行った。

サプライ・チェーン・マネジメントの観点からLNG等資源ビジネスを見てみると，2000年代までの総合商社は海外資源地で調達した資源等を国内に輸入供給するビジネスを主体としており，海外と国内を結ぶサプライ・チェーンの企画・形成・運営・管理が課題だった。本国本社が国内顧客との日常的接触や動向調査を通じて，顧客及び潜在的顧客のニーズをきめ細かく把握。本国本社は，海外子会社等より収集した情報等に基づき，国内顧客のニーズを踏まえたグローバル調達計画を策定し，海外拠点に指示して資源・食糧等を確保する，本国本社の中央集権的な国際経営・組織が採用されてきた。

しかしながら，国内顧客中心から海外顧客中心のビジネスへの転換を図ると，海外資源地と国内市場を結ぶサプライ・チェーンに代わり，海外資源地と海外需要地を直接に結ぶグローバル・サプライ・チェーンが総合商社の取引においてウェイトを高める。サプライ・チェーンの企画・形成・運営・管理の最適化の観点からは，国内中心型のサプライ・チェーンは本国本社の中央集権的組織が適合的だったが，グローバル・サプライ・チェーンの重要性の高まりは総合商社の国際経営・組織に変化をもたらさないだろうか。

例えば，2013年1月，三菱商事は金属トレーディング部門の本社機能をシンガポールに移転し，豪州・南米等で権益確保した鉄鋼原料・非鉄金属を東アジア・東南アジア・南アジアの高炉・電炉メーカー等に供給する，アジア圏規模での鉄鋼サプライ・チェーンを構築しようとしている。海外で権益確保した鉄鋼原料等を新日鐵住金等国内需要者に供給する国内中心のサプライ・チェーンに関しては，本国本社の中央集権型の国際経営・経営組織は有効であったが，豪州等海外資源地とアジア各地の需要者を結ぶサプライ・チェーンのマネジメントに関しては必ずしも最適とは言えない。三菱商事は豪州等資源地とアジア圏需要地の結節点に当たるシンガポールをサプライ・チェーンのマネジメントの最適立地と考えて，世界本社機能を日本から移転した。

(3) 総合商社は世界企業に対応した経営組織・人的資源管理を整備できるか

このように総合商社ビジネスのグローバル化に向けて，本国本社の中央集権的な経営・組織を見直す動きは始まっており，ビジネスの軸足が国内顧客から海外顧客にシフトすれば，サプライ・チェーン・マネジメントを担う人材にも変化が生じざるを得ない。

国内顧客ニーズを主眼に置く国内中心型サプライ・チェーンのマネジメントでは，国内顧客ニーズを最も精確に把握する本国本社が中央集権的に海外子会社を含むグローバル・ネットワークを管理したが，そこでは本国本社の経営・ビジネス・人的関係等に精通した本国採用人材が海外拠点でもビジネスを主導することが適合的である。

一方，三菱商事が目指すアジア規模の鉄鋼サプライ・チェーンにおいては，日本本社の経営・ビジネス・人的関係よりも，中国・インド・東南アジアの高炉・電炉メーカー等に精通し現地人脈を有する現地人材の方がグローバル・サプライ・チェーンの企画・形成・運営・管理において優位にあり，こうした人材を採用・登用できるかが死活問題である。従来の本国本社の中央集権的システムでは本国採用人材中心の人的資源管理がなされていたが，今後，総合商社がグローバル化を成長戦略とするならば，優秀な人材を内外無差別に採用・育成・登用するシステムを構築しなくてはならない。

2000年代に資源ビジネスに牽引されて連結純利益の記録更新を続けた総合商社が資源部門の業績悪化により低迷している現状に目を奪われると，総合商社に関する議論も短中期的なものに陥りがちである。しかし，21世紀央までの国内経済の停滞とアジア圏を中心とする旺盛な経済成長を前提とすると，2020年代以降も総合商社が成長企業たり得るかは，ビジネスのグローバル化とそれに対応した国際経営組織・人的資源管理を再創造できるかにかかっているのではないだろうか。

4　本書の構成

　そこで，本書では，資源・非資源バランスの修正，キャッシュ・フロー重視等の資源需給調整局面における短中期的な視点からの総合商社論ではなく，長期的な視点から総合商社ビジネスを捉え，2020年代以降の総合商社の企業成長には，総合商社ビジネスのグローバル化（グローバル・サプライ・チェーンの主流化）と，グローバル・サプライ・チェーンのマネジメントに適合した国際経営組織及び国際人的資源管理システムの構築が要件であることを論じ，読者に「21世紀の総合商社像」をお示しする。

第1部「2020年代の総合商社を巡る問題と議論の出発点」

　ここまで第1部では，①資源の宴終焉後，資源部門の業績悪化に歯止めがかからない総合商社は資源・非資源比率を見直し非資源部門で成長エンジンを構築して苦境を乗り切ろうとしているが，②日本経済が長期デフレから脱却できないまま，少子高齢化により更なる活力低下が予見される中，総合商社が長期的に成長企業であるには，ビジネスのグローバル化に取り組み，アジア圏等新興地域の成長を取り込む必要があることを論じた。

　では，総合商社ビジネスのグローバル化とはいかなる現象であるのか。有価証券報告書上，売上高・純利益がグローバル分散したことを確認しても，グローバル化が経営・組織・人的資源管理に与える影響は理解できない。分析装置が必要であるが，本書では，総合商社をサプライ・チェーン・マネジメント・カンパニーと捉え，サプライ・チェーンの企画・形成・運営・管理の観点からグローバル化を考える。榎本（2012）で示したように，総合商社は1990年代末以降の総合事業会社を目指す過程で，サプライ・チェーン上で基幹ビジネスのトレーディングと事業投資等を組み合わせ，トレーディングの成長とトータル収益の拡大を目指すサプライ・チェーン・マネジメントを発達させた。

　第2章では，この過程を改めて分析し，総合商社がサプライ・チェーンの企画・形成・運営・管理を業とする企業であり，競争力の源泉はサプライ・チェーン・マネジメント能力にある点を確認する。その上で，総合商社はサプ

ライ・チェーンの特性に応じて最適のマネジメント形態を採用しており，国内市場を中心とする国内中心型サプライ・チェーンと海外市場間を直結するグローバル・サプライ・チェーンでは，最適な経営・組織・人的資源管理が異なることを示す。第２部及び第３部では，この第２章の枠組みの上に，総合商社ビジネスのグローバル化がサプライ・チェーンの構造転換をもたらし，そのマネジメントに適した形態に国際経営・人的資源管理も転換することを論ずる。

　なお，21世紀の総合商社の成長戦略を論ずると言っても，現在の「資源冬の時代」を総合商社がサバイバルできなければ，議論は「画餅」に終わる。そこで，第３章では，総合商社が資源需給調整完了の見込まれる2020年までサバイバルできるかを検証する。商社の資源ポートフォリオが「冬の時代」にも収益性を保てるかがポイントであり，第３章では，三井物産・三菱商事の「ドル箱」のLNGポートフォリオの収益性を見る。

第２部「2020年代の総合商社の成長戦略〜グローバル・サプライ・チェーンと世界企業化〜」

　現在，総合商社が資源部門では不採算事業から撤退し収益性回復に努め，非資源部門で新たな成長エンジンを育てようとしていることは「短中期的」には正しい方針である。しかし，2020年頃までに資源需給調整が完了し資源部門の収益性が回復したとしても，総合商社は現在のビジネス構造のままでは2000年代の輝きを取り戻せないであろう。

　理由は簡単である。繰り返しになるが，安倍政権の超金融緩和によっても日本経済は長期デフレ脱却の目途が立たず，少子高齢化による経済活力の低下は既に人口減少により現実化しつつある。資源・非資源を問わず，2000年代と同様に国内中心型ビジネスを続けていては，総合商社は長期的な企業成長を望めない。三菱商事・三井物産の「ドル箱」のLNGビジネスでもサプライ・チェーンが構造変化しつつあり，川下ユーザーが自主権益確保に乗り出し，国内市場においても総合商社の顧客を食う動きが生じている。国内需要の成長が期待できないだけでなく，国内市場が蚕食されつつある。

　第２部では，総合商社が現行の国内市場中心のビジネスを続ける限り成長の

限界に直面せざるを得ないことを示し，資源・非資源を問わずビジネスのグローバル化を達成できるかが，2020年代以降の総合商社の成長を決定することを分析する（総合商社ビジネスのグローバル化を伊藤忠商事は「世界企業化」と呼んだ）。総合商社は，2000年代に未達だった海外顧客開拓を本格化し，グローバル・サプライ・チェーン構築をスタートしているが，資源部門では各国の資源ナショナリズムの前に海外顧客獲得は容易でなく，非資源部門でも，各国市場には有力地場企業が存在し流通網を支配しているため外国資本の市場参入は難しい。第2部では，かかる厳しい条件を克服すべく，総合商社がいかにして地場有力企業との提携等により市場参入しようとしているかについても取り扱う。

第3部「総合商社ビジネスのグローバル化と国際経営組織の変革」

2020年代以降の企業成長のためには「世界企業」化が必要であり，そのためには総合商社がグローバル・サプライ・チェーンの成長に対応した国際経営・人的資源管理を発達させられるかが問題となる。既に三菱商事は2013年1月以降金属トレーディング部門の本社機能をシンガポールに移転し，アジア圏規模での鉄鋼サプライ・チェーンを構築しようとしている。これまで総合商社は国内中心のサプライ・チェーン構造に対応して本国本社の中央集権型の国際経営・組織を採用してきたが，グローバル・サプライ・チェーンのマネジメントに関しては，本国本社・海外子会社の関係を根底から見直し，本国本社の中央集権的システムに代わる新たな国際経営組織を確立しなければならない。

第3部では，Bartlett and Ghoshal (1989) の本国本社と海外子会社の関係に基づく多国籍企業類型論を踏まえつつ，サプライ・チェーン・マネジメントの観点から，総合商社ビジネスのグローバル化に伴い，本国本社・海外子会社の関係がいかに変化していくか，国際経営システムが本国本社の中央集権的システムからいかに変化していくかを考察する。住友商事北米鋼管事業，伊藤忠商事食品部門，三菱商事金属グループの事例からは，グローバル・サプライ・チェーンの成長に伴い，本国本社の中央集権的管理に海外子会社が一定程度の主体性をもって協同・輔翼するようになり，ついには海外中核的子会社が本国

本社に代わりマネジメント・センターとなることも想定される。

　ただし，経営組織・人的資源管理の変革は容易でなく，グローバル化を阻む壁が存在する。第一に，総合商社はコングロマリットであり，事業部門により世界企業化の必要や状況が異なるが，これは組織・人事制度の全社レベルでの標準化要求に抵触する。第二に，「日本人の日本語による日本的国際経営」を展開してきた総合商社が，本国本社・海外子会社の関係を見直して，現地人材の活用・登用を進め，最終的には世界志向型の人的資源管理まで採用できるだろうか。人材育成は10〜20年越しの課題であり，10年後，20年後の総合商社像をイメージした上で改革をスタートしなければならないが，遠い将来の予想は神業に近い。第3部では，総合商社のグローバル化を阻む壁についても論ずる。

　2000年代の総合商社の好業績は資源価格高騰を追い風とするものだったが，追い風を成長につなげることができたのは，1990年代末以降の総合事業会社等ビジネス・モデル確立，トータル・リスク・マネジメントに基づく事業ポートフォリオ管理整備等の企業革新による。2020年代以降に総合商社が企業成長を追求するには，ビジネスのグローバル化とグローバル化に対応した国際経営・人的資源管理の確立が不可欠であるが，1990年代末の経営危機を乗り越えて企業革新を達成してきた総合商社であれば，この難題も乗り越えて21世紀の成長企業として再生を果たしていくことを期待できるのではないだろうか。

第2章
サプライ・チェーン・マネジメント・カンパニー

1　総合商社研究の出発点

　本書では，総合商社がサプライ・チェーンの企画・形成・運営・管理を業とする企業，サプライ・チェーン・マネジメント・カンパニーであり，総合商社の競争力の源泉はサプライ・チェーン・マネジメント能力にあることを総合商社研究の出発点とする。

(1)　新しい総合商社観：サプライ・チェーン・マネジメント・カンパニー

　榎本（2012）では，三菱商事・伊藤忠商事等の事例分析に基づき，総合商社をサプライ・チェーン上でトレーディング・事業投資等を有機的に組み合わせることで収益最大化を図る事業体として捉え，総合商社ビジネスには，①三菱商事等の"Value Chain Design"のようにサプライ・チェーンの川上から川下まで多段階関与して，サプライ・チェーンの成長発展をオルガナイザーとして図る「線的支配」のモデルと，②伊藤忠商事が非資源部門で展開するように，サプライ・チェーン上の基幹ビジネスであるトレーディングと，同トレーディングとシナジー効果が期待できる川上・川下・隣接領域の事業を組み合わせ，トレーディングの更なる成長と収益源の拡大を目指す「点的支配」（複数事業の有機的結合）モデルがあることを示した。

　まさに総合商社は，サプライ・チェーンの企画・形成・運営・管理を業とする企業であり，専門商社が特定トレーディングに専業してサプライ・チェーン上の事業結合にはコミットしないのに対し，総合商社はサプライ・チェーン全体を俯瞰してトレーディング・事業投資等を有機的に組み合わせ，トレーディ

ングの成長とサプライ・チェーンで得られる収益の最大化を図る[4]。なお，サプライ・チェーンは国内のみで完結せず複数国にまたがるグローバルなものであり，総合商社のサプライ・チェーン・マネジメントは創業より多国籍企業的性格を帯び，総合商社は多国籍展開する事業体の管理に関して人的・組織的な経営資源を蓄積し，独自の競争力を獲得してきた。

(2) サプライ・チェーン・マネジメントに基づく総合商社グローバル化の分析

　本章では，まず総合商社が，1990年代初のバブル崩壊以降の国内経済の長期デフレ停滞下で総合事業会社化により収益の安定確保を図る過程で，いかにサプライ・チェーン上でトレーディングと事業投資を組み合わせて基幹ビジネス成長とトータル収益拡大を目指すサプライ・チェーン・マネジメントを確立してきたかを見る（2～4）。

　従来の総合商社ビジネスは国内企業を主要顧客として国内市場を取引のコアとするものであり，総合商社はサプライ・チェーン・マネジメントを国内中心型サプライ・チェーンにおいて確立してきた。国内中心型サプライ・チェーンのマネジメントでは，国内顧客のニーズを最も精確に把握する本国本社が海外子会社を含めて中央集権的に事業管理する体制が適合的であり，また，本国本社採用人材が海外子会社でも中核を担うことが本国本社の意思・計画の実現にとり効率的であるため，本国志向型の国際人的資源管理が採用されてきた。

　しかしながら，2020年代以降，総合商社がビジネスのグローバル化に乗り出せば，それに伴いサプライ・チェーン・マネジメントの在り方は一変し，マネジメントと密接に結び付いている国際経営・人的資源管理も変革を迫られる。すなわち，20世紀の総合商社は国内顧客の求めに応じて海外資源・食糧権益を確保し，国内市場と海外資源地を結ぶ国内中心型サプライ・チェーンを企画・

---

[4] 榎本（2012）pp.45～90，三菱商事（2011）pp.21～30，同（2013）pp.5～10，三井物産「アニュアル・レポート2011」pp.8～9，同「アニュアル・レポート2014」「Business Model」，伊藤忠商事「アニュアル・レポート2013」pp.2～7，同「アニュアル・レポート2015」pp.14～15等。

形成・運営・管理してきたが，21世紀の総合商社は海外成長市場で「地場企業化」し，世界各地域（特に主要成長地域）の地場顧客の求めに応じて，海外資源地より原材料・食糧を調達し顧客製品の海外販路開拓に当たるなど，グローバル・サプライ・チェーンの企画・形成・運営・管理に取り組む必要がある。

国内中心型サプライ・チェーンに関しては，国内顧客のニーズを把握する本国本社がサプライ・チェーンの企画・形成・運営・管理を主導してきたように，グローバル・サプライ・チェーンのマネジメントについては，地場顧客のニーズを精確に理解・把握し，現地市場の動向・ビジネス慣行等に精通する地場の海外子会社が主管すべきである。とすれば，グローバル・サプライ・チェーンは，海外子会社に派遣された本国本社採用人材ではなく，現地採用人材がサプライ・チェーンの企画・形成・運営・管理に当たるべきことは，直ちに理解できる（本章5）。

そして，多国籍企業はそれぞれのグローバル展開に最適な国際経営・人的資源管理を採用してきているが，サプライ・チェーン・マネジメント・カンパニーである総合商社に関してはサプライ・チェーンの企画・形成・運営・管理に最適な国際経営・人的資源管理は何かを考えることで，新たな分析の道が開ける。すなわち，Bartlett and Ghoshal（1989）はグローバル製造業を対象として，本国本社・海外子会社の関係により多国籍企業類型化を行ったが，総合商社に関しても，サプライ・チェーン・マネジメントの観点から，本国本社・海外子会社の関係を整理し国際経営・人的資源管理を類型化できる（第3部）。

2　総合事業会社モデル

サプライ・チェーン・マネジメントの観点からの総合商社のグローバル化に関する分析は第2部以下で披見するとして，まずは総合商社がどのようにしてサプライ・チェーン・マネジメント・カンパニーとしての特性を確立してきたかを見る。

2000年代の総合商社の業績躍進と事業革新

　総合商社は1990年代初のバブル崩壊後深刻な業績不振に陥り，1997年のアジア通貨危機により東南アジア事業で巨額損失を被るなど1990年代末には経営破綻の危機に瀕していたが，2000年代業績を急速に伸ばし，2007年度には連結純利益が三菱商事の4,628億円を筆頭として五大商社ともに1,000億円を超えた。2008年のリーマン危機後，我が国自動車・電機メーカーが輸出減少と為替差損により業績悪化に苦しむのを後目に，総合商社は業績のＶ字回復に成功し，2010年度，2011年度と好調を持続している。

　榎本（2012）で分析したように，総合商社の成功は，1990年代以降の内外経済の構造変化に対応してビジネス・モデル等企業革新に取り組んだ賜であるが（下記①〜④），ここでは，サプライ・チェーン・マネジメント・カンパニーとの関連で①に絞って論ずる。総合商社は，輸出入貿易及び国内物販を営む事業体であり，2〜3万種とされる広範な商品を取り扱う点で，特定商品に特化した専門商社と対比して「総合」が冠されてきた。そして，1990年代までの総合商社は広範な商品を商うトレーディング会社だったが，2000年代以降はトレーディングと事業投資を収益の二本柱とする総合事業会社に転換したとされる。

---

①トレーディング会社に代わる総合事業会社モデル
②高度安定収益基盤の構築のための事業ポートフォリオ管理
③トータル・リスク・マネジメント
④グローバル化と新興国台頭を反映した「世界企業」化

売上高至上主義経営から収益性重視経営への転換

　戦後，我が国の実質GDP成長率は1956〜1973年に平均9.1%を誇り，石油危機後の低成長に移行した1974〜1990年でも3.8%の高水準にあった。右肩上がりの成長期，日本企業は規模拡大による収益増を追求し，総合商社も「薄利」であっても市場成長に応じて「多売」できる事業分野に進出，市場成長に合わせてトレーディングを拡大し仲介手数料を増やす「売上高至上主義」を採った。だが，バブル崩壊後に日本経済が長期デフレ停滞に陥ると，売上高至上主義は

ビジネス・モデルとしての有効性を失い，総合商社を始め日本企業は経営の重点を売上高から純利益・収益性に移す。

　企業が規模拡大のない定常的市場において成長するには，経営資源を各市場・事業分野に効率的に投入し，より多くの収益を上げられるかが勝負である（収益性重視経営）。また，総合商社はバブル期に財テク目的で不動産・有価証券投資を行い，収益性の詰めが甘いまま新分野進出・事業拡大したため，1990年代央以降，過剰な負債・事業・人員のリストラに苦しみ，制約された経営資源の有効利用が課題となった（選択と集中）。

トレーディング会社から総合事業会社への転換

　こうした中，総合商社は「選択と集中」により絞り込んだ事業において収益を最大化すべく，トレードに加えて，付随業務だった事業投資にも本格的に取り組み始める。従前の総合商社のメーカー及び販売代理店等に対する事業投資は，メーカーからの商品取扱いの引受けや販売代理店との流通契約を確実にするためのもので，投資収益自体は目的ではなかった。総合商社は，トレーディングを収益源とする"trading company"から，トレーディングと事業投資を収益基盤とする総合事業会社に転換することで，長期デフレにより取引拡大が期待できない中でも安定的に収益確保しようとした[5]。

---

5)　榎本（2012）pp.45〜48，三菱商事（2011）pp.21〜30。

〔図3〕 総合商社のビジネス・モデル

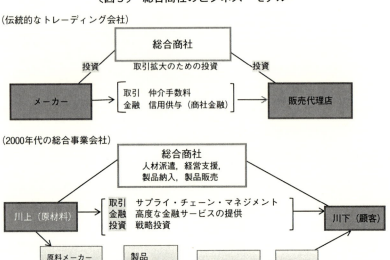

（出所）三菱商事「アニュアルレポート2009」

　当初の意図は収益基盤の拡張による収益安定だったが，総合商社は事業投資に取り組む過程で，単なる収益基盤の拡張を超えて，トレーディングと事業投資の組合せによるサプライ・チェーン・マネジメントを発達させた（三菱商事はこれを"Value Chain Design"としてモデル化）。次の3以下では，総合商社がいかにトレーディングと事業投資を組み合わせて，サプライ・チェーン・マネジメントを行っているかを見る。

3　資源ビジネスに適合的な"Value Chain Design"モデル

(1)　三菱商事の"Value Chain Design"

　総合商社の事業投資には三菱商事の豪州石炭会社BMA投資のように投資目的のものもあるが（第2部第5章2参照），総合商社はトレーディングと事業投資をサプライ・チェーン上で組み合わせ，基幹トレーディングの成長とトータル収益の拡大を図るサプライ・チェーン・マネジメントを発達させてきた。2000年代央以降，三菱商事はその一つの在り方として"Value Chain Design"

をビジネス・モデルとしてきたが，それは榎本（2012）で分析したように以下のように概括できる[6]。

> ①総合商社のビジネス・フィールドは製品・サービスの製造・流通（アフター・サービスを含む）過程全体（サプライ・チェーン）である。
> ②総合商社のサプライ・チェーンへの関与形態は，川上から川下に至る各段階の商品（原材料，中間製品，最終製品）のトレーディングに加え，物流，（商社）金融，投資，情報提供，コンサルティングなど多岐にわたる。
> ③従来の総合商社の関与はトレーディングが主であり，物流・金融・投資等はトレーディングの維持拡大のための副次的なものだったが，総合事業会社化した現在，サプライ・チェーンから得られる収益としてトレーディングと事業投資は同等の重要性を有している。
> ④サプライ・チェーンが総合商社の収益の源であるところ，サプライ・チェーンをムダなく「太く」できれば（効率的かつ規模拡大できれば），総合商社がトレーディング，事業投資により得られる利潤は増加する。トレーディング，事業投資，物流，金融等は収益獲得の手段であると同時に，総合商社がサプライ・チェーンを効率化し成長させるための一連のツールである。
> ⑤総合商社はサプライ・チェーン全体に関与する立場を活かし，サプライ・チェーンのオルガナイザーとして，トレーディング・事業投資・物流・金融・コンサルティング等を通じて，サプライ・チェーンに係わる取引先・投資先の競争力強化・企業価値向上を支援（生産・流通効率の改善）し，それにより，サプライ・チェーンを「太く」「収益性ある」ものに発展させる。
> ⑥かかる取組により，総合商社は最終需要者に「より付加価値の高い」製品・サービスを「最も効率的に届ける」ことが可能となり，サプライ・チェーンに関連する企業は競争力と収益性がアップし，総合商社自身も高収益を上げることが可能となる。

---

6) 三菱商事は，資源ビジネスが業績を強力に牽引した2000年代央から2012年頃まで，"Value Chain Design"を自社ビジネス・モデルと明言してきた。同モデルは資源ビジネスに適合的であるため，2012年の「資源の宴」終焉以降，資源部門の業績が悪化の一途をたどると，同社は徐々に"Value Chain Design"の語をフェードアウトさせて行き，現在は「製造業，小売業等の経営を自ら担う事業経営モデル」等とするが，実質的には同一モデルであると考えられる。

(2) "Value Chain Design" の事例「食品サプライ・チェーン」

　"Value Chain Design" はLNG等資源部門を念頭に置いたモデルであるが，非資源部門でもコモディティ事業には適合性が高い。ここでは，三菱商事の "Value Chain Design" を食品サプライ・チェーンに即して見てみよう。

　三菱商事の食品ビジネスは，穀物油脂等の原料輸入から始まり，原料を食品加工メーカー向け素材とする一次加工に事業参画したのが原型である。高度成長期は国内穀物消費が爆発的に増加したため同社は穀物輸入に専心したが，1970年代以降穀物消費が頭打ちを迎えると，三菱商事は国民生活向上とともに成長を期待できる加工食品・食肉加工・飲料等の高付加価値分野に「選択と集中」し，二次加工に事業投資の形で進出した。しかし，穀物等に比べて小ロット取引の高付加価値部門では，輸入商品・加工食品を卸・小売に卸すだけでは市場参入は難しく，自ら国内流通網を把握する必要があったため，同社は食品流通網の再編に乗り出し，1980年代には中間流通の食品卸（1979年，食品卸4社を統合，三菱食品に再編），1990年代には小売段階のスーパー，コンビニを事業投資・子会社化によりコントロール下に組み入れ，サプライ・チェーンへの多段階関与をより完全なものとした[7]。

　サプライ・チェーン・マネジメントは1990年代末以降の総合事業会社に向けた取組で意識されるようになったアイデアであるが，先進的な食品ビジネスでは，それ以前から，トレーディングと事業投資の組合せにより，サプライ・チェーンへの多段階関与を形成してきた。三菱商事は，川上で穀物油脂等の安定供給を確保し，川下ではスーパー，コンビニ，外食チェーン等の大口ユーザーを囲い込むとともに，川中（一次加工・二次加工・食品卸）に多段階関与，この食品メーカーと卸・小売の垂直統合によりサプライ・チェーン全体へのコ

---

[7] 小売段階にはダイエー等の強力なスーパーマーケットチェーンが存在したため三菱商事の参入は難航したが，1990年代末以降，大手スーパーが売上高低迷とバブル期の過剰投資により財務悪化し経営破綻に追い込まれ食品流通業界が混乱に陥ると，三菱商事は総合スーパーのイオン，食品スーパーのライフ等に資本参加，コンビニエンスストアではローソンを2000年に買収・子会社化する。さらには，小売だけではなく，加工食肉・食品の大口顧客である日本ケンタッキーフライドチキン社の連結子会社化等により，外食産業へのコントロール力を強化してきた。

ントロール力を確立しオルガナイザー役を果たしている。

〔図4〕 三菱商事の食料ビジネス

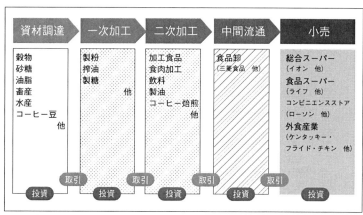

(出所) 三菱商事「アニュアルレポート2015」

　例えば，2000年代にコンビニの高成長という「追い風」を活かし，手頃な品質の商品を手頃な値段でジャストインタイム供給することで，三菱商事は食品ビジネスの成長に貢献したが，それは同社が多段階関与により原料段階・加工段階・小売段階での需給のミスマッチを解消し，効率的な流通供給を実現できたためである。川下でスーパー・コンビニが把握した消費者ニーズを踏まえて商品開発を行い，新商品のための効率的な原料確保と加工生産を行うことも多段階関与により可能となった。"Value Chain Design"はオルガナイザーである三菱商事の競争力・収益力の向上だけでなく，サプライ・チェーンの各段階に関与する関連企業の企業成長にも寄与してきた[8]。

(3) "Value Chain Design"に親和するサプライ・チェーン

　"Value Chain Design"は，総合商社がオルガナイザーとしてサプライ・チェーン全体をマネジメントするモデルであるが，いかに大商社といえども全過程をコントロールできる分野は限られる。"Value Chain Design"は，①川

---

[8] 三菱商事（2011）は繊維のSAP事業を"Value Chain Design"の典型とする（pp.131～141）。

上と川下が市場的・取引的に分断され，川上・川下事業者間の取引関係の成立に総合商社の仲介が重要となるサプライ・チェーンであり，②薄利であっても大量取引・大量販売の反復が可能なコモディティを取り扱うものに適合する。この点，資源ビジネスが"Value Chain Design"に最も親和する。

　資源ビジネスにおける総合商社の強みは，川上での資源権益確保と同時に川下ユーザーを掌握している点にある。通常，資源会社は海外の川下ユーザーを把握しておらず，総合商社のトレーディング力を活用することで顧客拡大できる。一方，川下ユーザーは資源会社と直接取引する組織・ノウハウを欠くため，資源会社と提携する総合商社は頼もしいパートナーである。総合商社は川上資源会社と川下ユーザーの間に入り資源取引を成立させ，川上と川下の資源流通に必要な機能（銅であれば製錬，製錬銅輸送，顧客供給等）を整えることにより，資源サプライ・チェーンの効率化と成長に貢献している。

　ただし，サプライ・チェーンへの多段階関与は人材・資金等の集中投入を要求し，経営資源の大量投入に見合う高収益が上げられない場合には非効率なビジネス・モデルとなる。このため，三菱商事が"Value Chain Design"を展開するサプライ・チェーンはLNG・鉄鋼原料分野のように連結純利益を毎年数百億円稼ぎ出す高収益事業領域となっており，この条件を満たさないサプライ・チェーンでは展開できないものである。

4　点的支配モデル（複数事業の有機的結合モデル）

(1) サプライ・チェーンへの限定関与

　2000年代の総合商社の躍進を支えた資源ビジネスは"Value Chain Design"がフィットした。資源の宴終焉まで三菱商事・三井物産はLNG・鉄鋼原料分野で連結純利益を毎年数百億円稼いできたが，かかる高収益サプライ・チェーンであればサプライ・チェーンに川上から川下まで多段階関与する"Value Chain Design"は十分な報酬が得られるが，非資源サプライ・チェーンの多くでは数億〜数十億円の連結純利益を稼得できるに過ぎず，"Value Chain Design"に見合うだけの収益を得ることは難しい。

　また，資源サプライ・チェーンは，川上では資源会社の寡占化が進み，川下

でも顧客数は限定的であり，また，地理的・市場的距離の存在により川上資源会社と川下ユーザーが直接取引関係を結ぶことは稀である。総合商社は川上資源会社と川下ユーザーをパートナー又は顧客として囲い込み，両者の仲介役となることで，サプライ・チェーン全体にオルガナイザーとして強い影響力を行使できる。一方，非資源サプライ・チェーンでは，川上・川中・川下に多数のプレイヤーが存在し，総合商社は厳しい競争に曝されており優越的な地位を構築することは容易ではなく，むしろ強みを有する基幹ビジネスを中心として複数事業の有機的結合により収益最大化を図ることが賢明である。

　サプライ・チェーン・マネジメントは，総合商社が総合事業会社化を模索する過程で，トレーディングと事業投資を組み合わせ，トレーディング成長と収益拡大を図る方法として発達してきた。したがって，"Value Chain Design"に適合しない非資源サプライ・チェーンでは多段階関与に拘泥すべきでなく，基幹トレーディングとそれとシナジー効果のある事業に注力しトレーディングの成長と新規収益源の確保を図るべきであろう。

(2) "Value Chain Design"に対する点的支配モデル

　例えば，「非資源商社No.1」を掲げる伊藤忠商事は，生活資材分野では，川上で製紙原料（チップ，パルプ），建材，天然ゴム等の資源生産を押さえた上で，川下のタイヤ・建材・紙のディストリビューターへの事業投資等により国際販路を確保しており，化学品分野でも，北米・ASEAN・中央アジアにおいて合成樹脂・無機化学製品の調達体制を整え，アジア・欧州において販路拡大する戦略を採用してきた。いずれもサプライ・チェーン全体をコントロールしようとはせず，サプライ・チェーンの重要セグメントを掌握して収益を上げ，サプライ・チェーンの川上・川下で当該事業とのシナジー効果を期待できる重要事業にのみ進出するビジネス展開を行っている。

　仮に"Value Chain Design"を「線的支配（ライン・コントロール）」のビジネス・モデルとすれば，これは「点的支配（セグメント・コントロール）」のモデルと言える。ただし，両者はまったく異質なわけではなく，サプライ・チェーン上でトレーディングと事業投資等をうまく組み合わせて収益最大化を

目指す点で共通する。両者の違いは，サプライ・チェーン全体のコントロールを目指すか，自社が点的支配する重要セグメントを基盤として，川上・川下に限定的に事業投資等の形で進出するに止めるかに過ぎない。

〔図5〕 伊藤忠商事の生活資材部門の成長戦略

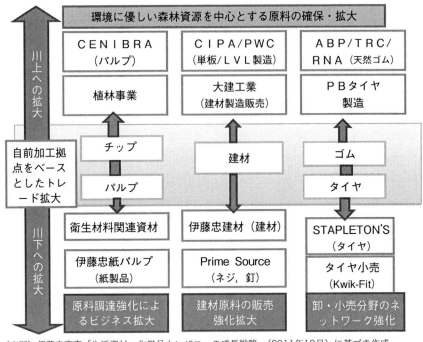

（出所）伊藤忠商事「生活資材・化学品カンパニーの成長戦略」（2011年10月）に基づき作成
（注）伊藤忠商事はPrime Source社を1998年に買収。2015年に資産入替えのため売却。

（3） 伊藤忠商事の「複数事業の有機的結合モデル」

榎本（2012）では，三菱商事と伊藤忠商事のビジネス展開を対比して，後者のサプライ・チェーンへの限定的関与を「点的支配」としたが，このビジネス・モデルにおいて，基幹トレーディングから新たに展開する事業領域はサプライ・チェーンの川上・川下に限られず，トレーディングとの関連事業領域であるケースもあり得る。伊藤忠商事は2013年度のアニュアル・レポート以降，川上・川下関連事業への縦展開に加えて関連領域への横展開も含めた事業展開

をビジネス・モデルとしている(これを伊藤忠商事は「面的拡がり」と称する)[9]。

サプライ・チェーンが総合商社の基本のビジネス・フィールドであるが,基幹トレーディングと複数事業の有機的結合はサプライ・チェーン上だけに限られない。そこで,本書では榎本(2012)で提示した「点的支配」モデルを若干修正し,「サプライ・チェーン上において基幹事業(トレード)と川上・川下事業の有機的結合を実現することを基本としつつ,関連領域事業との結合(面的拡がり)も図ることにより,第一に基幹事業の更なる成長と,第二に基幹事業の知見・ノウハウ等を活かして新規収益源を構築するモデル」とする(以下「(サプライ・チェーン上及び関連事業領域における)複数事業の有機的結合モデル」)。

〔図6〕 伊藤忠商事のビジネス・モデル

(出所)伊藤忠商事「アニュアル・レポート2014」

5 サプライ・チェーン・マネジメント・カンパニー

(1) 総合商社ビジネスの再定義

総合商社は,本格的に事業投資に取り組む過程で,トレーディングと事業投資をサプライ・チェーン上で組み合わせ,基幹トレーディングの成長とトータル収益の拡大を図るサプライ・チェーン・マネジメントを発達させてきた。

総合商社の業態特性は把握が難しく,日本産業分類に従って「輸出入貿易及び国内物資販売を営む流通事業者」と定義すると,総合事業会社における事業

---

[9] 伊藤忠商事「アニュアル・レポート2013」pp.2~7,同「アニュアル・レポート2015」pp.14~15等参照。

投資が総合商社ビジネスに包摂できなくなり，また，総合商社が化学品・自動車部品・自動車製造などメーカー分野にも事業展開していることと整合的でない。しかし，総合商社を「サプライ・チェーン上でトレーディング・事業投資等を有機的に組み合わせることで収益最大化を図る事業体」と定義すれば，事業投資はトレーディングと同様に商社ビジネスの枠組みに収まり，総合商社が2000年代以降進出した製造事業も自動車サプライ・チェーン，化学品サプライ・チェーン等の川中段階での事業展開の一つとして考えられる。

　3及び4で示したように，総合商社のサプライ・チェーン・マネジメントには，①サプライ・チェーンの川上から川下まで多段階関与しサプライ・チェーンのオルガナイザーとして成長発展を図る線的支配モデルと，②伊藤忠商事の非資源部門のように，サプライ・チェーン上で，基幹ビジネスであるトレーディングと，それとのシナジー効果が期待できる事業を組み合わせ，トレーディングの更なる成長と収益源の拡大を目指す点的支配（複数事業の有機的結合）モデルの2つがある。両モデルにはそれぞれ適合的な事業分野があるが，サプライ・チェーン上で基幹トレーディングと事業投資等を組み合わせてトレーディング成長と収益最大化を図る点では共通しており，総合商社ビジネスはサプライ・チェーン・マネジメントとして統一的に理解することができる。

　なお，サプライ・チェーンは，総合商社が具体的にトレーディングを立ち上げ，川上と川下を結び付けるのに必要な機能を整えることで「現実化」するものであり（自然物として存在しているわけではない），"Value Chain Design"にせよ，点的支配モデルにせよ，総合商社はサプライ・チェーンの企画・形成・運営・管理（サプライ・チェーン・マネジメント）を業としている。売上高至上主義のトレーディング会社においても，その片鱗は窺えたが，2000年代の総合事業会社モデルの本格的採用に伴い，サプライ・チェーン・マネジメント・カンパニーが総合商社の企業形態として明確になった。

(2)　総合商社の競争優位の源泉と国際経営の在り方

　サプライ・チェーン・マネジメント・カンパニーの総合商社の競争力はどこに存在するのか。総合事業会社モデルは，外国投資家等より持株会社の下に流

通会社と金融会社が並立するかの如き誤解を受けたが，これは外国投資家がサプライ・チェーン・マネジメントを理解せず，トレーディングと事業投資を独立無関係と捉えるからである[10]。総合商社がサプライ・チェーン上で展開するトレーディング，事業投資，商社金融，物流等はサプライ・チェーン・マネジメントを構成するパーツに過ぎず，その一つ一つを取り上げて商社ビジネスを理解しようとしても「木を見て森を見ず」の状況に陥る。

総合商社ビジネスとは，トレーディング（基幹ビジネス），事業投資，商社金融，物流等を有機的に（シナジー効果を生むべく）組み合わせ（企画・形成），絶えず個別事業の在り方と全体事業の組合せを見直しながら，基幹ビジネスの成長とサプライ・チェーンでのトータル収益の最大化を図る（運営・管理）という「一連の行為の総体」（マネジメント）であり，その理解からは，総合商社の競争優位の源泉はまさしくサプライ・チェーン・マネジメント能力に存在すると考える。

かかる企業体においては，サプライ・チェーン全体を俯瞰してトレーディング，事業投資等をいかに組み合わせるかを企画構想できるセクションが企業経営・組織の中核となる。資源ビジネスを見れば分かるように，サプライ・チェーンは日本国内だけで完結せず複数国にまたがり，トレーディング，事業投資，商社金融，物流等を担う企業が異なるだけでなく，国籍も異なることは日常茶飯事である。グローバルに分散立地した企業のいずれかがサプライ・チェーン・マネジメントを統括すべきだろうか。回答は内外立地を問わずサプライ・チェーン・マネジメント能力を有する組織ということになる。

(3) 国内中心型サプライ・チェーンとグローバル・サプライ・チェーン

資源，非資源などサプライ・チェーンの特性は総合商社ビジネスの在り方に影響するが，2020年代以降の総合商社では，国内中心型サプライ・チェーンに

---

[10] 総合商社の連結純利益に占める持分法投資損益の大きさ等を踏まえ，2011年8月にムーディーズ社は「意見募集：ファイナンス・カンパニー　グローバル格付手法の変更提案」を公表，総合商社に対してファイナンス・カンパニー（投資会社）と同様の格付手法を適用することを提案したが，総合商社業態に詳しい日本支社の反対もあり，同社は2012年2月に提案撤回し，従来通り卸売業者としての格付手法を継続することを表明している。

代わりグローバル・サプライ・チェーンが重要となろう。その成長に伴い、総合商社のグローバル・ネットワークの在り方も変化し、本国本社の中央集権的な国際経営・組織や、国内採用人材をベースとする本国志向型の国際人的資源管理も見直す必要が生じてくると予想される。

国内中心型サプライ・チェーン

　伝統的な総合商社ビジネスは、日本の経済成長に伴う旺盛な国内需要に支えられたものであり、海外資源地より資源・エネルギー・食料等を国内輸入し、国内生産した工業製品を海外市場に輸出する貿易取引が基幹業務だった。総合商社のサプライ・チェーンは海外資源地と国内市場を結ぶ国内中心型のものであり、商社のグローバル取引全体を見れば、無数のサプライ・チェーンが国内市場を中心として海外拠点に向けて放射状に拡がる車輪状構造が形成されてきた（国内市場を車輪のハブ、国内と海外拠点を結ぶサプライ・チェーンを輻（スポーク）に見立てる）。

　日本メーカーに海外展開力が乏しかった1960年代までは、総合商社のサプライ・チェーン上のモノの流れは内外双方向であったが、1970年代以降日本メーカーの海外販売・サービス網構築により総合商社に対する輸出業務委託が縮小したため、総合商社のビジネスは資源・エネルギー・食料等の海外権益確保と国内輸入に軸足が移り、サプライ・チェーン上のモノの動きは外から内への流れが比率を高めていくこととなった。

　国内市場と海外資源地を結ぶ内向きのサプライ・チェーンのマネジメントにおいては、国内顧客ニーズをいかに満たすかが最大の課題であり、国内顧客との日常的コンタクトにより国内需要動向を精確につかんでいる本国本社に権限・情報を集中させることが合理的である。総合商社では、本国本社がグループ全体の経営方針・事業計画を策定し、海外子会社に指示を与えて事業展開にあたらせる、本国本社の中央集権的な国際経営・組織が採用されてきた。第3部で詳述するが、Bartlett and Ghoshal（1989）の多国籍企業類型に倣えば本国本社の中央集権体制を採る「グローバル企業」に相当しようか。

グローバル・サプライ・チェーン

　総合商社は2000年代央以降「世界企業」化を目標に掲げて海外市場での地場取引・第三国取引の本格化を目指してきたが，コモディティ・スーパー・サイクルを背景とした資源ビジネスの好調により，問題に取り組む余力がなかった。しかしながら，2020年代以降の総合商社は，デフレ停滞する国内市場にある程度見切りをつけて，海外市場の成長取込みに向けて海外顧客開拓を本格化せざるを得ない。資源ビジネスであれば，海外資源地で権益確保した資源・エネルギーは，従来のように国内市場に仕向けるのではなく，経済成長により需要拡大の期待できる海外需要地に仕向けざるを得なくなるだろう。

　従来のサプライ・チェーンの多くが海外資源地と国内市場を結ぶ国内中心型であったが，今後の国内顧客から海外顧客への軸足シフトにより，将来のサプライ・チェーンは海外資源地と海外需要地を（国内市場を介さず）直接に結ぶもののウェイトが高まることとなる。国内中心型サプライ・チェーンとの対比で，このサプライ・チェーンをグローバル・サプライ・チェーンと呼べば，総合商社のグローバル取引においてグローバル・サプライ・チェーンのウェイトが高まり，本国本社よりも海外子会社等が顧客ニーズ，市場動向をより精確に把握しているサプライ・チェーンが増えていくことを意味する。

　総合商社ビジネスにおいてグローバル・サプライ・チェーンが主流となれば，もはや本国本社の中央集権的な国際経営システムは有効ではなく，海外顧客ニーズを最も理解し現地市場の環境変化に即応できる海外子会社がサプライ・チェーン・マネジメントにあたることが最適となる（この点，本国本社と海外子会社の関係の変化は子細に検討を加える必要があり，第3部で詳しく論ずる）。また，グローバル・サプライ・チェーン・マネジメントでは，現地市場に精通し現地人脈を有する現地採用人材が本国採用人材よりも競争優位に立つため，（欧米多国籍企業・地場優良企業との人材獲得競争に打ち勝つべく）現地人材の採用・登用に向けた国際人的資源管理のプラットフォームの整備・構築が不可欠となる。

(4) 21世紀の総合商社の経営・組織の変革

　2020年代以降，総合商社が成長企業たり続けるには総合商社ビジネスのグローバル化が必要である。日本経済は過去30年間近く長期デフレ停滞から脱却できず，今後少子高齢化により経済活力が低下していく中，国内中心型ビジネスには成長フロンティアは乏しい。従来の国内顧客中心のビジネスを展開する限り，企業成長を期待できない。一方，海外に目を転ずるとインドなどアジア圏等が高成長期に移行しようとしており，総合商社に限らずグローバル企業が企業成長するには海外成長地域での事業展開が死活問題となるが，これは既に2000年代央から予想されてきた話である[11]。21世紀の内外経済動向を踏まえ総合商社がグローバル化を成長戦略として追求すると，従来の国内中心型サプライ・チェーンを前提とした国際経営・人的資源管理は必然的に変革を迫られる。

　本書では，総合商社がサプライ・チェーン・マネジメント・カンパニーであるとの理解に立ち，本国本社・海外子会社の関係をサプライ・チェーン・マネジメントとの関係で考える。従来の国内中心型ビジネスでは，国内顧客のニーズに精通した本国本社が意思決定を行い海外子会社に指示する中央集権的な国際経営が適合的だった。しかし，総合商社ビジネスのグローバル化により，国内中心型サプライ・チェーンからグローバル・サプライ・チェーンへのシフトが発生すると，本国本社の中央集権的体制は自明のものではなくなり，海外市場・顧客ニーズ等に精通した海外子会社への権限移譲が進められ，海外子会社中心のサプライ・チェーン・マネジメントが行われるケースも生ずる。

　第2部「2020年代の総合商社の成長戦略」，第3部「総合商社ビジネスのグローバル化と国際経営組織の変革」では，総合商社のグローバル化と国際経

---

[11] 国内経済の長期デフレを踏まえると，総合商社が21世紀も高成長を追求するにはビジネスのグローバル化が不可欠であるが，伊藤忠商事が中国ビジネスで暗中模索を続けているように，外国企業に海外市場参入は容易なことではなく，現地市場に参入できても，地場企業・多国籍企業との熾烈な競争により高収益を期待できないかもしれない。むしろ成長性はないが一定の収益が期待できる国内中心型ビジネスを継続したほうが，社内の調和や一体感を損ないかねない経営組織・人的資源管理システムの改革を避けられることから，国内中心型総合商社を選択するリスク回避的な総合商社もあり得よう。グローバル商社を目指すのか，国内中心型商社を目指すかにより総合商社の在り方はますます各社各様になるのではないか。

営・組織の変革をサプライ・チェーン・マネジメントの観点から分析する。従来，製造業をベースに構築されてきた多国籍企業論では，総合商社の競争力がサプライ・チェーン・マネジメント能力にあり，マネジメントの主体が本国本社・海外子会社のいずれにあるか（あるいは両者がいかに分担するか）により，国際経営・組織の在り方が決まる点を看過してきた。本書は21世紀の総合商社像をサプライ・チェーン・マネジメントの観点から明確化する。

なお，第1章4「本書の構成」で述べたが，21世紀の総合商社像を論ずると言っても，現在の「資源冬の時代」を総合商社がサバイバルできなければ，議論は「画餅」に終わる。そこで，第2部以下のサプライ・チェーン・マネジメントの観点からの本格的分析に入る前に，次章（第3章）では，総合商社が資源需給調整完了の見込まれる2020年までサバイバルできるかを検証する。

第3章
資源需給調整後の総合商社の収益力回復

　2011年以降，コモディティ・スーパー・サイクルの終焉により，資源価格は2000年代の持続的高騰から一転して持続的下落を続け，資源部門に注力してきた総合商社は業績悪化に苦しむだけでなく，巨額の資源プロジェクトが市場淘汰の嵐の中で減損・撤退の憂き目を見ている。「資源商社No.1」を目指す伊藤忠商事が連結純利益4,000億円を目指す一方，三菱商事・三井物産は資源市況回復を待ち堪えるほかない「手詰まり」状態が続いてきた。

　しかしながら，資源需給調整は2020年頃には完了する見込みであり，中国経済が「新常態」移行後も6％台成長を維持し，インド・ASEAN等も高成長を続けることから，世界資源需要は2050年まで着実に拡大することが期待される。したがって，需給調整完了後，資源価格が上昇基調に転ずれば，総合商社の資源部門は再び収益力を回復し，商社全体の収益力も復活するだろう。

　また，三菱商事・三井物産は，相対的に資源安だった1970年代からLNG，鉄鋼原料等の資源ポートフォリオを構築してきたため，両社の資源資産は高い収益力を保っており，2000年代後半の高値を前提とした資源プロジェクトの撤退が続く中でも，両社の資源資産は損益分岐点を超える水準で稼働しており，強靭な企業力を発揮している。

　なお，本稿は2016年10月時点での分析であり，2016年後半以降資源市況は回復傾向を強めており，総合商社の資源部門の業況は軟化している。以下分析は限られた情報公開に基づく推計であるが，読者の判断の羅針盤たり得ると考える。

1 資源需給バランスと資源価格

　資源市場は基本的に需給バランスにより動いており[12]，2011年以降の資源価格の急落・低迷も需給の乖離によるものであり，需給のミスマッチ解消まで資源価格は低迷を続けると予想される。今後の総合商社の資源部門の運命は，①国際的な需給調整がいつまで続くか，②需給調整後の資源価格の水準はどうなるかにかかっている。1では，資源市場で短期的に解消できない需給バランス乖離がなぜ生ずるに至ったかを論じ（(1)），その上で，各国機関の見解に基づき上記①②に関する見通しを示したい（(2)）。

(1) コモディティ・スーパー・サイクルの生成と終焉
中国等の爆発的経済成長に追いつかない資源供給

　総合商社を含む資源会社が資源価格の持続的高騰により好業績を続けた「コモディティ・スーパー・サイクル」は，2000年代，中国等新興国の経済成長に伴う資源需要の爆発的成長に供給サイドの能力拡大が追いつかず発生した。特に，中国はインフラ投資・製造業発展により2003～2010年（2008, 2009年除き）2桁成長を続け，2010年には米国を抜いて世界一のエネルギー消費国となった。例えば，新興国で低コスト燃料として好まれる石炭に関しては，中国でも発電・鉄鋼生産に大量の石炭が用いられ，米国エネルギー情報局（EIA）調べでは中国の石炭消費量は2011年に2000年比で3倍となり世界消費の半分を超えた。一方，2000～2004年に世界の石炭供給は需要に追い付けず在庫量が減少し，その後も2007年まで在庫水準が1990年代に比べ低水準にとどまったため，2000年代の国際石炭価格の持続的高騰が発生している。

---

[12] 2000年代以降，投機マネーがコモディティ市場にも流入するようになったものの，資源は一般に市場参加者が多く，価格は需給バランスにより決まる。確かに先物取引が中心である品目（原油・銅等）では投機マネーが価格に影響を与えるが，投機マネーも基本的に需給の先行き期待に基づき動いており，需給バランスから乖離した価格は長くは維持できないため，資源の価格変動は需給バランスの変化から考察できる。

〔図7〕 鉄鉱石・石炭・銅価格の推移

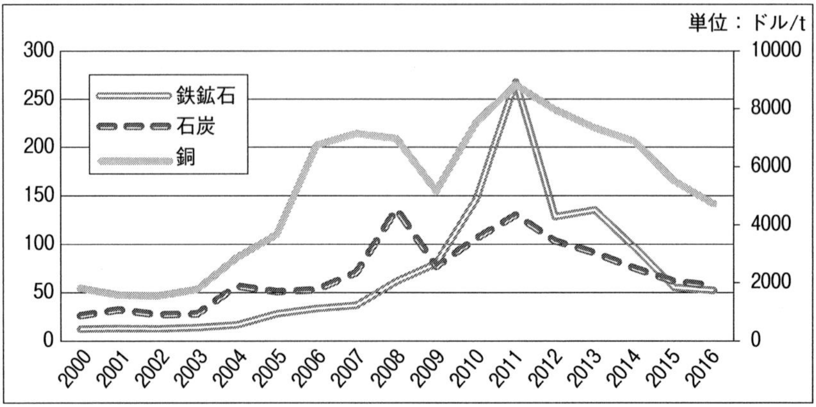

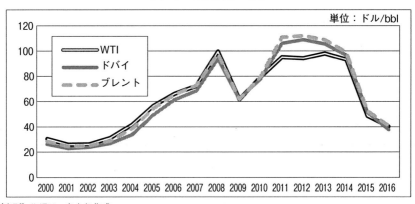

(出所) IMFデータより作成
(注) 鉄鉱石・石炭は左軸数値，銅は右軸数値を参照。2016年は1～6月の平均値

〔図8〕 原油価格の推移

(出所) IMFデータより作成
(注) 2016年は1～6月の平均値

資源供給能力拡大の矢先の皮肉な新興国の成長鈍化

　ただし，短期的には価格弾力性が低い（供給が価格に応じて柔軟に伸縮しない）資源市場も，長期的には価格弾力性は高く，供給は価格変動に応じて増減する。価格上昇により開発投資の収益分岐点が上昇すると，2000年代央以降，世界的に油田・鉱山の新規開発による生産規模拡大が進み，技術革新に伴う生

産効率向上も供給拡大を促した。しかし，皮肉なことに，中国等新興国の経済成長は2010年をピークに鈍化に転じ，中国・習政権が投資主導の高度成長から消費主導の持続可能な成長への転換を方針に掲げ，鉄鋼・セメント等の過剰生産抑制を進めると，（世界生産量の6割弱を占める）粗鋼生産や電力消費量の伸びが鈍化した結果，資源供給の過剰が発生し均衡価格が下落，2011年央以降資源価格は持続的下落を続けコモディティ・スーパー・サイクルは終焉した。

(2) コモディティ・スーパー・サイクル後の長期資源需給見通し

コモディティ・スーパー・サイクル終焉後，国際資源市場は現在の需給調整に入った。需要の伸び悩みにかかわらず供給は増加傾向にあり[13]，今後，需給緩和と市況低迷が長期間続くと見込まれることから，総合商社は各社の資源ポートフォリオと企業体力と相談しつつ，特に2000年代後半以降の資源プロジェクトから撤退するか，需給調整期の赤字に市況回復まで耐えるか，資源ビジネスの在り方の見直しを迫られている。

世界経済の中期的な見通し

資源ビジネスは厳しい局面にあるが，中期的な見通しは暗くはない。IMFは「World Economic Outlook 2016」で，世界経済はリーマン危機前の成長を望めないが[14] 3％台後半の成長は可能としており，中国の成長率は2014年7.4％から2020年に6.3％に減速に止まり，インドは7.2％から7.8％に加速し，新興国全体は2020年まで5％成長を続けると見る。資源ビジネスに関係深いインフラ

---

13) 資源需要の低迷にもかかわらず資源供給が増加傾向にあるのは，第一に，高い生産シェアと価格競争力を有するOPECや国際資源メジャーが，価格低下に伴う収入減を生産量の拡大により補完しようとしており，第二に，資源高期に多数の新規参入が発生したため，大手生産者はシェア維持と競合者潰しのため，敢えて新規参入者やコスト競争力の低い中小生産者に競争を挑んでいるためであり，需給は短期間で調整される目途が立たなくなった。2016年12月にOPECとロシア等非OPEC加盟国は15年ぶりの協調減産を合意したが，原油価格上昇は力強さを欠いている。
14) IMFは世界経済の減速原因として構造的要因（潜在成長率低下）を指摘している。先進国では，リーマン危機以降膨らんだ需給ギャップが成長率の高まりにより縮小しつつあるが緩慢であり，新興国では，人口動態の変化や技術ギャップ縮小により中国の経済減速が続き，リーマン危機以降の世界経済を牽引してきた力は低下せざるを得ないとする。

投資も2015〜2025年に世界で33兆ドル（道路10兆ドル，電力7兆ドル，上下水道6.8兆ドル等），アジア圏では14兆ドルの投資が見込まれるため，世界経済は新興国を中心に着実に拡大することが期待できる。

〔図9〕 先進国・新興国の実質GDP成長率の推移

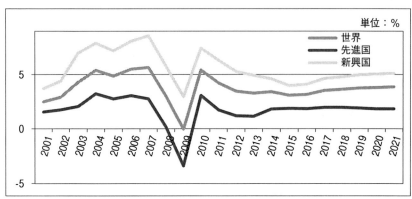

（出所）IMF「World Economic Outlook 2016」（2016年4月公表）に基づき作成
（注）2001〜2015年は実績値。2016〜2021年は予想値

資源ビジネスの中期的見通し

こうした世界経済動向を踏まえると，マクロの資源消費はマクロ経済成長率と有意に連動するため[15]，資源需要は中長期的に増加を続け，それに伴い資源ビジネスも収益性を回復すると予想される。ここでは総合商社の2000年代のドル箱だったLNGビジネスを事例として，資源ビジネスの中期的見通しを考察しよう。

---

[15] 例えば，石油天然ガス・金属鉱物資源機構（JOGMEC）が1985〜2014年の経済成長率及び原油価格と石油消費量に関して重回帰分析を行った結果，石油消費は経済成長率により有意に説明でき，原油価格変化が石油消費に与える影響は軽微であることが分かった。

分析区分	所得弾性値	価格弾性値
全世界	0.451**	−0.015*
OECD	0.359**	−0.025*
非OECD	0.675**	−0.008

（注）各弾性値係数のアスタリスクは統計的信頼性（*P＜0.05，**P＜0.01）

(参考)

　原油・天然ガスの単位について一言すると，原油は「バレル（barrel）」（略語はbbl）で計量され（バレルは樽の意味で1バレルは約159リットルに相当），天然ガスは「立方フィート（cf）」で計量される。原油と天然ガスは燃料として代替性があり，原油1［bbl］と同じ熱量を得るには天然ガス6,000［cf］を燃焼させる必要があるため，原油1［bbl］は天然ガス換算で6,000［cf］とされる。

　原油・天然ガスの価格について，原油は1バレル当たりの価格である［ドル/bbl］が使用されるのに対し，天然ガスは［ドル/100万Btu］が使われる。Btuは英国熱量単位（British thermal unit）の略語であり，1［Btu］は1ポンドの水の温度を60.5［°F］から61.5［°F］に上昇させるのに必要な熱量であり，天然ガス1,000［cf］を燃焼させるとおおむね100［万Btu］の熱量が得られる。慣行上，［ドル/1,000cf］ではなく「ドル/100万Btu」を価格表示には使用する。

　天然ガスは石油と代替性があり，日本のLNG長期契約は原油価格連動設定となっている（下式参照）[16]。国内LNG価格のベースとなる原油価格について，EIA，石油天然ガス・金属鉱物資源機構（JOGMEC）等は複数の需給シナリオを想定しつつも，2020年までに国際的需給調整が完了し70～80［ドル/bbl］で均衡すると予測する[17]。ここでA 14%，a 0.80ドルと仮置きし，EIA予想等の2020年70［ドル/bbl］均衡に従うと，2020年の国内LNG価格は10.60［ドル/100万Btu］となると見込まれる。

LNG価格（CNF）＝　JCC × A ＋ a　（定数項）
　※JCC＝日本の輸入原油の平均価格（CIF），A＝連動比率（%），a＝0.8－1.00ドル
　※A＝17%では原油価格にフル連動。多数契約はA＝13～15%で14%台が多いとされる。

---

16) JXエネルギー「石油便覧（ウェブ版）」(http://www.noe.jx-group.co.jp/binran/part06/chapter03/section02.html)。
17) EIA，JOGMECは，IMFの世界経済見通しを踏まえ，石油需要は2015～2020年に110～130万［b/d］増加し9,600万～1億［b/d］に拡大するとする（［b/d］は一日当たりのバレル数の意）。供給に関しては，OPEC諸国の生産と非OPEC諸国の非在来型開発の動向に不確定要素が大きいため複数の需給シナリオを想定（2014年EIAは，2040年のBrent価格を75～204［ドル/bbl］の幅で予想）。

なお，国内価格は北米シェールガス輸入の影響も踏まえる必要がある。東日本大震災後の原発停止と火力転換により国内価格が2012年18.15［ドル/100万Btu］まで高騰した時，北米シェールガスが日本の「救世主」として期待された。2013年のEIA予想では，エネルギー源のシェールガス転換により米国のシェールガス生産量は2011〜2040年に113％増加し，米国ヘンリーハブ価格は2012〜2030年に3〜6［ドル/100万Btu］に上昇するとされる（2020年に生産量が消費量を上回り米国は天然ガス純輸出国に転換）。北米シェールガスの輸入には液化・輸送に8〜9［ドル/100万Btu］を要するため[18]，ヘンリーハブ価格6［ドル/100万Btu］である場合，輸入価格は14〜15ドルとなることから，北米シェールガスは「救世主」ほどの価格競争力はない模様であり，需給調整完了後の国内LNG価格は10.60［ドル/100万Btu］が目安となると考えられる。

2　資源需給調整完了後の総合商社のLNGビジネス

　資源需給調整完了後，国内LNG価格が10.60［ドル/100万Btu］（北米ヘンリーハブ価格が6［ドル/100万Btu］）で均衡した場合，総合商社のLNGポートフォリオは収益性を回復するだろうか。

(1)　油価変動に伴う増減益の試算

　総合商社を含む資源会社は個別プロジェクトの採算性に関して情報公開していない。三菱商事は「2015年度決算及び2016年度業績見通し」（2016年5月12日公表）で「（油価（ドバイ）が）1＄/BBLの上昇/下降につき年間20億円の増益/減益」とする。三菱商事が注意書きするように，LNG事業の収益は販売価格の油価反映のタイミング，為替変動，生産・販売数量の変動等の影響も受けるため，油価変動のみで決定されるわけではないが，便法として油価以外は条件が同一であるとして資源需給調整後の同社のLNG事業（シェールガス事業を含む）の収益性を試算しよう。2015年度，同社のエネルギー事業（投資残

18）村井美恵「日本と米国の天然ガス価格差は縮まるか」（マネックス証券2012年6月19日）。

高でLNG及びシェールガス事業が9割超を占めるが石油事業も含む）は油価45.5［ドル/bbl］の水準で年間連結純損▲214億円となったことから，油価70［ドル/bbl］（LNG輸入価格10.60［ドル/100万Btu］に相応）水準では，単純計算上，同社エネルギー事業の年間連結純利益は276億円となる。

ここからも三菱商事のエネルギー事業の収益性は資源需給調整完了に伴い回復すると推察されるが，2015年度，三菱商事はエネルギー事業で▲680億円の大口減損を行っており（西豪州ブラウズLNGプロジェクトで開発計画見直しにより▲400億円，石油・ガス探鉱・生産事業で価格見通し引下げと開発遅延等により▲240億円，シェールガスの遊休資産再評価で▲40億円），その多数は一過性のもので翌年度以降反動が生ずることも追加的に考慮すると，同社エネルギー事業の年間連結純利益は900億円前後となる。条件が同一でないため比較はできないが，過去，油価が70［ドル/bbl］近傍にあった2006年度（60.9［ドル/bbl］），2007年度（77.41［ドル/bbl］）に同社はエネルギー事業で連結純利益 809億円，816億円を稼得しており，900億円は資源需給調整完了後の収益見通しとして大きく外れていないのではないだろうか。

ただし，2015年度第2四半期決算発表のあった2015年11月時点では，三菱商事は油価1［ドル/bbl］の上下動に伴い年間▲15億円の増減益が生ずるとの見通し（2014年度決算時点で提示）を維持しており，その基準に従うと，2014年度に83.5［ドル/bbl］の油価水準でエネルギー事業は連結純利益823億円を稼得していることから，2015年度は45.5［ドル/bbl］の油価水準で連結純利益は253億円となるはずが，実態は▲214億円となっている（1［ドル/bbl］下落に伴い▲20億円減益する見通しに立てば連結純利益は63億円となると算定）。したがって，油価変動に伴う増減益に基づき収益推定には限界が存在しており，あくまで便法に過ぎないことを承知しておく必要がある。

同様の試算を三井物産についても行うと，2015年度，同社のエネルギー事業（石油事業も含む）は連結油価53.0［ドル/bbl］の水準で年間連結純損▲39億円となり，連結油価1［ドル/bbl］上下に伴い連結純利益が29億円増減することから，連結油価70［ドル/bbl］水準では[19]同社エネルギー部門の年間連結純利益は454億円となる。また，三井物産もエネルギー事業で▲1,290億円の減

損を行ったが，そのうち一次性のもので翌年以降反動の生ずる分が271億円存在することから，同社エネルギー事業の年間連結純利益は油価以外の条件が同一であれば725億円となる。この数値はあくまでも目安に過ぎず，三井物産のエネルギー事業が資源需給調整の完了後に2000年代後半水準の収益性を回復し得ることを窺わせるに過ぎない。

(2) 個別LNGプロジェクトごとの収益性判断

(1)では，資源需給調整完了後の総合商社のLNG事業の収益状況について，油価変動に伴う収益増減の見通しに基づき試算した。このマクロ的なアプローチに加えて，ここでは個別LNGプロジェクトごとに資源需給調整後の収益がどうなるかを考察しよう。

石油・ガス開発プロジェクトでは投資決定時の原油・天然ガス価格の見通しが重要であり，通常，ある程度の価格上昇を前提として，投資決定時点の価格を底値として採算性が判断される[20]。したがって，プロジェクトの採算性は投資決定時の価格水準を見ると一定程度判断することが可能であるが，ここでは各プロジェクトの投資決定された時点でのLNG価格を損益分岐点と仮定して，LNGの輸入価格が10.60［ドル/100万Btu］となった時点で各プロジェクトの収

---

[19] 三井物産は「原油価格は0～6月遅れで当社連結業績に反映されるため，この期ずれを考慮した連結業績に反映される原油価格を連結価格として推計」としており，2020年時点の連結油価を改めて算定する必要がある。原油価格の上昇局面では「期ずれ」を考慮した数値は市場価格より低くなり，下降局面では高くなると考えられるが，今後の資源需給調整が一本調子で進むのか，一進一退の変動を伴うかは予測できないことから，ここでは「期ずれ」算定をせず単純に70［ドル/bbl］の均衡価格を採用した。

[20] 兼清賢介監修（2013）『石油・天然ガス開発のしくみ　技術・鉱区契約・価格とビジネスモデル』（化学工業日報社）によれば，通常のエネルギー開発事業では，将来のエネルギー価格を「現在の価格（または過去数年間の平均価格）×エスカレーション（インフレーションを前提とした価格上昇率）」の方式により算定し，その価格動向によりプロジェクトの経済性を評価するとしている。本書では，各LNGプロジェクトの投資決定時点での国内輸入価格をベースとして10.60［ドル/100万Btu］との価格差を見ることで各プロジェクトの収益性を判断しようとしているが，厳密には各プロジェクトで異なる価格エスカレーション率を考慮に入れて価格差は見る必要がある（もっとも兼清（2013）は「現在価格」のままでプロジェクトの収益性を判断することもあるとしており，そうであるならば，本書の各時点の国内輸入価格を基準とするアプローチもあながち不適切というわけではないこととなる）。

益状況がどのようになるかを見る。

過去の天然ガス価格のトレンドを見ると（図10），2020年目途の需給調整完了時における各プロジェクトの収益性は以下のように考え方を整理することができよう。

①コモディティ・スーパー・サイクル前に計画立案され開発着手された事案に関しては，LNG輸入価格が3［ドル/100万Btu］台である時期に収益予想されており，10.60［ドル/100万Btu］の価格水準は無論，現在（2016年10月時点）の7.5［ドル/100万Btu］水準でも高い収益力を有すると考えられる。
②コモディティ・スーパー・サイクル発生後の2000〜2007年に計画立案され開発着手された事案に関しては，同時期にガス価格は5.24［ドル/100万Btu］から8.41［ドル/100万Btu］に上昇しているが，需給調整完了後の10.60［ドル/100万Btu］水準でも収益力を有すると考えられる。
③東日本大震災前の2008〜2010年に計画立案されたプロジェクトは（原油価格高騰を強気に織り込んでいない限り），当時のLNG輸入価格が8〜10［ドル/100万Btu］の水準にあったことから，10.60［ドル/100万Btu］水準では収支相応程度ではないかと推察される。
④東日本大震災後の原発停止・火力転換に伴うLNG輸入価格急騰を受けて計画されたプロジェクトには，持続的原油高騰を織り込み15［ドル/100万Btu］超の水準を前提としたものもあり，10.60［ドル/100万Btu］の価格水準では収益状況は厳しいのではないか。

〔図10〕 天然ガス価格の推移

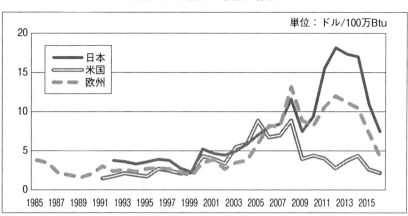

（出所）IMFデータに基づき作成
（注）2016年は1〜6月の平均値

(3) 三井物産のLNG事業の収益性

　三井物産は連結純利益に占める資源比率が2013年度87%，2014年度86%と資源依存度が高く，LNGプロジェクトの歴史は半世紀に及ぶ。LNG海上輸送が実用化された1970年代，欧米に30年遅れて日本でも天然ガス利用がスタートすると，三井物産は1970年アブダビ・プロジェクト参画以来，多数のプロジェクトに関与してきた。では，2020年に需給調整完了後，同社のLNGプロジェクトの採算性がどうなるだろうか。

三井物産のLNGポートフォリオ

　三井物産のLNGポートフォリオは以下の9プロジェクトから構成され，基本的に持分権益は日本国内（電力・ガス会社等大口顧客）へのLNG供給を目的とするが，赤道ギニアは北米市場供給を目的としており，現在，立上げ中のモザンビークは，日本輸入価格が価格基準となるアジア市場だけでなく，北米・欧州市場への供給も想定している。

〔表1〕　三井物産のLNGプロジェクト

カタール・ガス1	○1984年にQatargas社が設立，1996年操業開始，960［万トン/年］。権益比率は国営カタール石油65%，Total社・ExxonMobil社各10%，三井物産・丸紅各7.5%。 ○中部電力400［万トン/年］，東京電力・東北電力・関西電力・中国電力・東京ガス・大阪ガス・東邦ガス総計200［万トン/年］等に供給。
カタール・ガス3	○Qatargasが2010年操業開始，780［万トン/年］。2003年にプロジェクト参画。 ○権益比率はQP68.5%，コノコフィリップス30%，三井物産1.5%。 ○日本には2013年以降輸出開始，東北電力・関西電力等に供給。
アブダビ	○Abu Dahbiガス液化（ADGAS）が1971年設立，1977年操業出荷開始。570［万トン/年］。権益はアブダビ国営石油会社70%，三井物産15%，BP10%，Total 5%。 ○三井物産の権益は東京電力向け。なお，ADGASは別途東京電力と1994～2019年の長期供給契約締結（2012生産年度以降全量約570［万トン/年］引渡し）。

オマーン	○1992年，オマーン政府，Shell，Total，PartexがOman LNGを共同設立。1999年に日韓企業がプロジェクト参画，2000年操業・輸出開始。710［万トン/年］。 ○権益比率はオマーン政府51%，Shell30%，Total5.54%，三菱商事2.77%，三井物産2.77%，Partex 2 %，伊藤忠商事0.92%，Korea LNG 5 %。 ○三井物産等日本各社の権益は日本等極東供給が目的。
インドネシア・タングー	○2005年SPCが10社により設立。2009年生産・出荷開始。760［万トン/年］。 ○権益比率はBPインドネシア37.16%，日本企業 7 社（三菱商事，三井物産等）45%，中国海洋石油総公司13.90%。三井物産は連結子会社を介し8.56%。 ○中国の福建LNG受入基地へ260［万トン/年］，韓国K-Power社等に年間115［万トン/年］，メキシコ・センプラ・エナジー社LNG受入基地へ年間370［万トン/年］供給。2011年以降，日本向けには東北電力・中部電力に62［万トン/年］を供給。
サハリンⅡ	○1991年，ソ連は国際入札によるサハリン北東部沖開発を決定。1994年Shell，三井物産，三菱商事がサハリン・エナジー社を設立（当初権益比率はShell55%，三井物産25%，三菱商事20%）。 ○1999年に原油試産成功後，2001年露政府の計画承認を受け，2008年本格稼働に向けて開発着手。しかし，2005年 7 月，露政府の環境対策要求により計画修正するも2006年 9 月に露政府は開発中止を命令。12月露ガスプロム社参画が決定，露政府は改めて計画承認。2009年 3 月操業・出荷を開始。 ○新権益比率はガスプロム50%+ 1 株，Shell 27.5% - 1 株，三井物産12.5%，三菱商事10%。日米に原油18［万バレル/日］，LNG960［百万トン/年］を輸出。
赤道ギニア	○2005年，赤道ギニアLNG社が米国マラソン・オイル社と国営ガス会社ソナガス社により共同設立されるのに三井物産・丸紅が参画。340［万トン/年］。権益比率はマラソン社60%，ソナガス社25%，三井物産8.5%，丸紅6.5%。 ○2007～24年に340［万トン］のLNGを英国BG社に長期供給，BG社は対米輸出を企図。2007年操業・輸出開始。三井物産はポートフォリオ多様化の観点から初の大西洋域プロジェクトとして参画，米国向けビジネスを開始。

	○ただし，米国シェールガス生産本格化に伴い価格競争力を喪失，欧州市場にシフト（2014年に三井物産が権益売却を検討中との報道あり）。
NWS （西豪州沖）	○豪North West Shelf（NWS）LNGは1989年生産開始（750［万トン/年］）後，2004年，2008年に各440［万トン/年］生産拡張。権益は豪Woodside，Shell，BHP Billiton，BP/Chevron，MIMI（三井物産・三菱商事が折半出資）が16.7％ずつ。 ○NWSは生産拡張のため西豪州沖ブラウズ・プロジェクトを構想，2010年代後半に1,200［万トン/年］で生産開始，2,500［万トン/年］まで拡張。2012年に三井物産・三菱商事はMIMI社を通じ，Woodside社から権益約14.4％を取得し参画（年170万トンを日本等アジアに輸出）。 ○2014年央以降の原油価格急落を受けて，12月に事業計画の基本設計着手を半年間先送りしたが，最終投資決定も2016年後半に延期。
モザンビーク	○米独立系石油会社Anadarko社はモザンビーク北部沖合での石油・天然ガス開発を計画。2007年12月，三井物産はポートフォリオ拡充の観点から参画決定。インド及びタイの国営石油会社等の参画も得て探鉱開始（6社JV）。 ○権益はAnadarko社36.5％，三井物産子会社20％，モザンビーク国営石油公社15％，インド国営石油会社10％，インドVideocon社10％，タイ国営石油会社8.5％。 ○2012年5月，Rovuma海上AREA 1鉱区での可採埋蔵量が35〜65兆cfを超すとの調査結果を公表（世界有数の埋蔵量）。2018年操業に向けてプラントの基本設計を開始，1,000［万トン/年］のLNG開発（フェーズ1）着手。

（出所）アニュアル・レポート，プレス・リリース等に基づき作成

三井物産の各LNGプロジェクトの収益性

　上記プロジェクトに関して，最終投資決定された時点（ないし近傍時点）で事業前提となる基準価格を求めて2020年目途の均衡価格と比較してみよう。カタール・ガス1及び3，アブダビは1980年代に計画立案・開発着手された事案で[21]，LNG輸入開始前であるため1(2)の数式より基準価格を求めると，ドバイ

21）カタール・ガス3は2003年三井物産参画，2010年生産開始の事案だが，ここではカタール・ガス1の同一鉱区での生産拡張であり，同等の収益力を有すると評価できるとした。

原油が1986〜1995年に年平均で15.95［ドル/bbl］未満であるため3.0［ドル/100万Btu］となる。また，オマーンは，事業参画に先立つ1997〜1999年の年平均輸入価格が3.3［ドル/100万Btu］であり，以上プロジェクト（以下「第1群」とする）はおおむね3.0［ドル/100万Btu］を損益分岐点とし，10.6［ドル/100万Btu］の均衡水準において高い収益力を有する。

次に，インドネシア・タングーは，コモディティ・スーパー・サイクル開始後に計画立案・開発着手されたが，2002〜2007年に原油価格は20〜70［ドル/bbl］，LNG輸入価格は4.43〜8.41［ドル/100万Btu］に上昇した。事業前提の価格水準を，プロジェクトの特定目的会社が組成された2005年に求めると（7.03［ドル/100万Btu］），タングーは10.6［ドル/100万Btu］水準でも収益力が高い。サハリンIIは1990年代に計画立案されたが，2005年に露政府の介入により事業計画・権益比率が大幅に変更されたため，2005年の輸入価格を採算判定基準とすれば，タングーと同様に収益力が高い（両プロジェクトを「第2群」とする）。

一方，2010年代以降のプロジェクトは慎重な判断が必要である。NWS（西豪州沖）は，2014年の天然ガス価格急落を受けて最終投資決定を2016年央に延期したが，資源需給調整の長期化を懸念してプロジェクト推進を遅らせていることを踏まえると，NWSは10［ドル/100万Btu］超が採算基準ではないかと考えられる。モザンビークは輸入価格が8.41［ドル/100万Btu］である2007年に立ち上げられており，日本等アジア仕向け分は2020年以降10.6［ドル/100万Btu］の価格水準で高い収益力を有すると見られる。

〔図11〕 三井物産のLNGプロジェクトの採算性

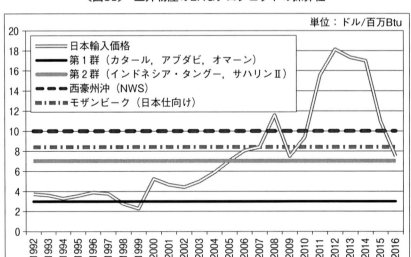

(出所) IMFデータに基づき作成
(注) 2016年は1～6月の平均値

　以上は日本輸入を目的とするが，三井物産はポートフォリオ多様化の観点から米国・欧州市場向け資産開拓も進めている。第一に，赤道ギニアは対米輸出を想定したが，2005年最終投資決定後に北米でシェールガス生産が本格化し構想が崩れた。EIAは米国シェールガス価格が2015～2030年に3～6［ドル/100万Btu］に上昇すると予想するが，赤道ギニアが2005年の米国ヘンリーハブ価格（8.86［ドル/100万Btu］）を採算基準としているならば，北米市場で競争力を持ち得ない（欧州価格は需給調整後12［ドル/100万Btu］で均衡見込みのため，欧州向けとすれば収益確保の見通しが立つ）。第二に，モザンビークは米国・欧州供給も想定，2007年立上げ時の北米ヘンリーハブ価格は6.98［ドル/100万Btu］，欧州価格は8.14［ドル/100万Btu］を踏まえると，需給調整後の北米価格6［ドル/100万Btu］，欧州価格12［ドル/100万Btu］の水準では，同プロジェクトは北米では価格動向見合いであるものの，欧州では競争力を有すると考えられる。

〔図12〕 三井物産のLNGプロジェクトの採算性（米欧仕向け）

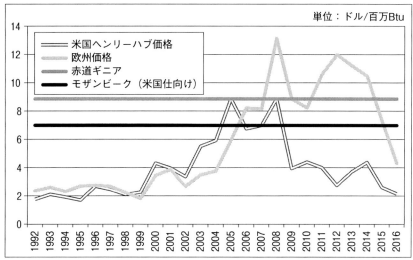

（出所）IMFデータに基づき作成
（注）2016年は1～6月の平均値

　以上，三井物産のLNGポートフォリオは，カタール・ガス1及び3，アブダビ，オマーンのような高収益プロジェクトが基盤を形成しており，タングー，サハリンⅡ，モザンビークも，原油・ガス価格が急騰した2008年前に投資決定等されているため，需給調整後の10.6［ドル/100万Btu］の価格水準でも優良資産になると考える。なお，2020年頃までの需給調整期に2016年上半期の価格状況が続いても，赤道ギニアを除き，総体として堅実な収益力を維持しており（NWS西豪州沖，モザンビークは生産開始前），三井物産エネルギー事業は需給調整期を破綻なく乗り越えるであろう（図11・12）。

(4) 三菱商事のLNG事業の収益性

三菱商事のLNGポートフォリオ

三菱商事のLNGプロジェクトは大括りで9つ存在する。

〔表2〕 三菱商事のLNGプロジェクト

ブルネイ	○1969年，ブルネイ政府，Shell，三菱商事でブルネイLNG設立。1972年生産開始。720［万トン／年］。権益比率はブルネイ政府50％，Shell・三菱商事25％。 ○東京電力，東京ガス，大阪ガス，韓国外公社等に供給。
マレーシアⅠ，Ⅱ，Ⅲ	○1978年，Malaysia LNG（MLNG）が国営石油会社ペトロナス，サラワク州政府，三菱商事により設立（三菱商事は5％出資）。1983年生産開始。サラワク州沖ガス田の天然ガスを液化，日本・韓国・台湾等の電力・ガス会社向けにLNGを販売。 ○その後，東アジア等の旺盛なLNG需要に対応すべく，1992年にMLNG Dua社（1995年生産開始），1995年にMLNG Tiga社（2003年生産開始）を立上げ。三菱商事はMLNG Dua社に10％，MLNG Tiga社に子会社経由にて5％出資。 ○生産能力は2,570万［トン／年］，日本向けに2014年1,500万トン輸入（全輸入量の16％）。
NWS	○豪North West Shelf（NWS）LNGは1984年に豪Woodside Petroleum，Shell，BHP Billiton，BP/Chevron，MIMI（三井物産・三菱商事が折半出資）が設立（16.7％ずつ権益保有）。 ○1989年生産開始（750［万トン／年］）。2004，2008年に各440［万トン／年］生産拡張。東北電力，東京電力，東京ガス，関西電力，大阪ガス，韓国ガス等に供給。
オマーン	表1「オマーン」参照。
カルハット	○2002年，Qualhat LNGがオマーン政府，Oman LNG，西ユニオン・フェノッサ・ガス社より設立。2002年，大阪ガス，三菱商事，伊藤忠商事が参画。2005年生産開始。 ○最大生産能力370［万トン／年］。権益はオマーン政府46.8％，Oman LNG36.8％，ユニオン・フェノッサ・ガス社7.4％，大阪ガス・三菱商事・伊藤忠商事各3％ ○欧州・アジア向けに供給。日本には大阪ガス，東京電力等に供給。
サハリンⅡ	表1「サハリンⅡ」参照。
インドネシ	表1「インドネシア・タングー」参照。三菱商事の権益比率は日・

ア・タングー	インドネシアの合弁子会社を通じて13.2%。
インドネシア・ドンギ・スノロ	○2007年、Donggi-Senoro LNG（DSLNG）が三菱商事、韓国ガス公社、インドネシア国営石油会社プルタミナ、インドネシア民営石油探鉱会社メドコにより設立。2011年最終投資決定。 ○中央スラウェシ州ガス田で約200万［トン/年］のLNGを生産。権益比率は子会社を通じ三菱商事44.9%、韓国ガス公社15.0%、プルタミナ29%、メドコ11.1%。 ○2015年生産開始、日本・韓国の電力会社・ガス会社に供給。
豪ウィートストーン	○1998年に米Chevron社が設立したChevron Australiaが2009年に西豪州ウィートストーンでの海上生産計画立ち上げ、2011年最終投資決定。東京電力が2009年参画決定、2012年に原発事故に苦しむ東電の要請で三菱商事・日本郵船が参画。 ○2017年生産開始を目指して建設作業中、890［万トン/年］。 ○権益比率はChevron80.2%、Shell 8 %、PEW10%、九州電力1.8%。三菱商事は孫会社PEWを通じて3.96%の権益保有。

（出所）アニュアルレポート、プレス・リリース等に基づき作成

三菱商事の各LNGプロジェクトの収益性

まず、LNG輸入価格統計のない1991年前のプロジェクトについて、1969年立ち上げ1972年生産開始のブルネイでは、1969～1972年のアラビアンライト公示価格の年平均は2.08［ドル/bbl］であり、1(2)の数式に従えば事業前提の基準価格は1.09［ドル/100万Btu］となる（第一次石油危機後の高騰価格をベースとすると、1974～1977年の年平均アラビアンライト公示価格は12.43［ドル/bbl］であるから基準価格は2.54［ドル/100万Btu］）。1983年生産開始のマレーシアは、第二次石油危機で原油価格が1979～1985年に跳躍的に騰貴しており異常値を含むため、マレーシアⅡ・Ⅲの設立された1992～1995年の年平均ドバイ原油価格3.54［ドル/bbl］を使うと、基準価格は1.29［ドル/100万Btu］となる。また、1984年組成され1989年生産開始したNWSは、1985～1988年の年平均ドバイ原油価格は17.47［ドル/bbl］であることから、算式より3.2［ドル/100万Btu］が基準価格となる。

次に、輸入価格統計のある1992年以降は、オマーンは(3)のとおり3.3［ドル

/100万Btu］を基準価格とできる。2005年生産開始のカルハットも同様に処理すると2002〜2004年の年平均輸入価格5.1［ドル/100万Btu］が基準価格となる。インドネシア・タングー，サハリンⅡは(3)のとおり最終投資決定の2005年の輸入価格7.03［ドル/100万Btu］が基準価格になる。また，インドネシア・ドンギ・スノロ，豪ウィートストーンは2011年に最終投資決定したが，同年には東日本大震災による原発停止・火力転換に伴いLNGが急騰し異常値が含まれるため，2008〜2010年の輸入価格の年平均9.49［ドル/100万Btu］を基準価格とする。

　以上，三菱商事のLNGポートフォリオは，ブルネイ，マレーシア，NWS，オマーンのような高収益プロジェクトが基盤を形成しており，タングー，サハリンⅡ，ドンギ・スノロも，原油・ガスが急騰した2008年前に投資決定等されているため10.6［ドル/100万Btu］の価格水準でも優良資産になると考えられる。なお，2020年頃までの需給調整期に2016年上半期の価格状況が続いても収益に問題は少なく（ウィートストーンは生産開始前），三菱商事エネルギー事業は需給調整期を破綻なく乗り越えるであろう。

(5) シェール関連プロジェクトの収益見通し

　総合商社のエネルギー事業については，2000年代央以降の北米シェール革命への関与を省くわけにはいかない。ここでは三井物産のシェール関連ビジネスを概観する。2014年以降の原油・ガス価格の低迷により北米でのシェール関連プロジェクトは苦境に陥っているが，三井物産は大規模減損しつつも需給調整期を乗り越えられるであろう。

三井物産のシェール関連プロジェクト

　三井物産の石油・天然ガスのポートフォリオはアジア圏に偏重しているため，同社は北米シェール革命に対応して2000年代後半よりプロジェクト立上げに取り組み，マーセラスとイーグルフォードの2プロジェクトに参画，北米産シェールガスの日本等アジア輸出に向けてキャメロン天然ガス液化事業に三菱商事とともに参画した。

〔表３〕 三井物産のシェール関連プロジェクト

マーセラス・プロジェクト	○マーセラス・シェールは米国北東部のニューヨーク州からペンシルベニア州，ウェストバージニア州など広域に延びるシェールガス田。埋蔵量が豊富で，大需要地である米北東部に隣接するため，2009年より熾烈な開発が展開。 ○2010年２月，三井物産はMitsui E&P Texas LP（MEPTX社）を通じ，米国Anadarko社がペンシルベニア州マーセラスで開発・生産中のシェールガス事業に参画を決定。プロジェクトは生産期間60年，生産量6.0〜7.7万［バレル／日］（2018〜2020年にピーク）を予定，開発経費200〜250億ドルを予定。 三井物産は権益の15.5％を，開発費用14億ドルを肩代わりすることで取得。 ○三井物産は，マーセラスの天然ガスをパイプラインによりニューヨーク州等米国北東部に供給し，地産地消型のビジネスを計画。
イーグルフォード・プロジェクト	○2011年６月，三井物産は子会社MEPTX社を通じ，米国SME社がテキサス州イーグルフォードで開発・生産を進めるシェールオイル／ガス事業への参画を決定。マーセラスがシェールガスを主体とするのに対し，イーグルフォードは付加価値の高い軽質原油が主体。生産期間約30年間，最大生産量は原油換算約2.0万［バレル／日］，開発費用12億ドルを予定。 ○三井物産は，SME社がプロジェクト地域に保有する下記権益の12.5％を，開発費用6.8億ドルを肩代わりすることで取得（今後10年をかけて1,000本超の井戸を順次掘削する過程で開発費をその都度負担）。 (a) 持分面積約160km^{2}のイーグルフォード・シェール層 (b) 持分面積約30km^{2}のピアサル・シェール層（(a)の下層に位置）
キャメロン社の天然ガス液化事業	○2013年５月，三井物産・三菱商事は米センプラ・エナジー社の子会社キャメロンLNG社と20年間の液化委託契約を締結（総投資額90〜100億ドル，年間液化量1,200万トン）。両社はそれぞれの子会社を通じてキャメロン社に出資（センプラ社50.2％，GDF Suez社・三井物産・JLI社16.6％）。 ○三井物産はLNG生産開始後20年間にわたり年間400万トンのガス液化能力を確保。米国内で調達した原料ガスをキャメロン基地へ輸送，キャメロン社が液化したLNGを日本中心に需要家に販売予定（東京ガスは年間52万トン，東京電力は年間40万トンを米国ヘンリーハブ価格連動で購入）。 ○2014年２月に米国政府がキャメロン基地からのLNG輸出を許可。

これを受けて三井物産・三菱商事は同年8月に最終投資決定，2018年の輸出開始に向けて液化設備建設等に着手。

(出所) アニュアル・レポート，プレス・リリース等に基づき作成

原油価格動向と三井物産のシェール関連の巨額減損

　BP社は米国シェールガスの平均損益分岐点を4.85 [ドル/100万Btu] とする。シェールガス開発が拡大し，米国で天然ガス価格が原油価格連動ではなく国内需給で決定されるようになると，ガス価格は2009〜2011年に4 [ドル/100万Btu] 前後を推移した後に2012年に2.75 [ドル/100万Btu] に落ち込み，2014年には4.37 [ドル/100万Btu] まで持ち直すが，2015年には再び2.61 [ドル/100万Btu] に急落，一貫して平均損益分岐点を下回り続けてきた（IMF Primary Commodity Prices）。にもかかわらずシェールガス開発が続けられたのは，米国生産者が，原油に近い価格で販売できるコンデンセート油等NGLを併産し利益確保してきたためであり，高騰する原油価格は彼等の命綱だった。

　しかし，2013年以降のOPECの増産と北米シェールガス/オイルのブーム的生産拡大により需給が大幅に緩和した結果，2014年央以降原油価格が暴落を始め，2014年6月105.24 [ドル/bbl] から2015年1月47.60 [ドル/bbl] に下落，さらに2016年1月には31.70 [ドル/bbl] に下落したため，これまでシェールガス生産を支えてきたNGL生産が採算割れに追い込まれる。当然，原油価格下落は三井物産のプロジェクトにも影響し，2014年度にイーグルフォードで▲589億円の減損を計上，2015年度には，イーグルフォードで▲194億円，マーセラスで▲182億円の評価損を計上した。

三井物産のプロジェクトの今後の見込み

　まず，イーグルフォードは軽質原油生産を中核としており，現在，需給調整が完了し原油価格が70 [ドル/bbl] を回復するのを待っている[22]。問題はそれまで持ち堪えられるかだが，三井物産は2012〜2021年に井戸を順次掘削する過程で，その都度必要な開発費を負担する義務を負うに止まるため，油価好転まで井戸掘削を控えればコストは抑制でき，住友商事の北米タイトオイル事業と

異なり「厳冬期」を乗り切れるだろう。

　次に，マーセラスは価格競争力の強いシェールガス生産地帯であり，2010年のマサチューセッツ工科大学の試算では，損益分岐点は2009年の生産条件で併産コンデンセート油量 0 の場合には 4 ［ドル/100万Btu］だが，100万立方フィートのガスに57［bbl］のコンデンセート油を併産する場合（原油価格は70［ドル/bbl］と仮定），ガスを 0 ドルで販売しても採算がとれるとする。マーセラスも，落ち込んだ米国ガス価格と原油価格が，需給調整完了により 4 ［ドル/100万Btu］，70［ドル/bbl］まで回復するのを待つしかないが，三井物産は将来の開発費用（1,400億円）を必要となる都度負担する契約を結んでおり，需給調整期には新規開発抑制により追加負担は生じず，「厳冬期」を乗り切れよう。

　なお，三菱商事の北米シェールガス事業も，既存のシェールガス開発事業者から一部権益取得する代わりに，将来発生する開発費用を負担する契約となっており，資源需給調整期には新規開発抑制により追加負担は発生しない。三菱商事は既に2015年度に原油・ガス価格下落に伴う評価損を減損処理しており，これ以上の価格下落は想定できないことから，資源需給調整期の「厳冬期」は三菱商事も乗り切れるものと考える。

(6) 結 論

　三菱商事，三井物産のLNGポートフォリオは，1980年代や1990年代に開発着手した高収益性プロジェクトが多数を占めており，2000年代のインドネシア・タングー及びモザンビークも，LNG価格が急騰し始める2008年前に投資決定されたものであり，2020年までの資源需給調整期の10.0［ドル/100万Btu］の価格水準でも収益を確保できると考える。また，シェール関連開発に

---

22) 2015年 2 月，飯島社長（当時）は「原油価格下落は一定程度の影響はあるが，現行水準で事業基盤を揺るがすことはない。LNGの世界需要はアジア圏の需要増を中心として2030年までに 5 億5,000万トンに倍増が見込まれる」とWall Street Journalの取材で語り，イーグルフォード等で投資決定時の見込みと違い採算割れが続いても，原油価格が再び70～80［ドル/bbl］の水準まで持ち直すまで，事業を持ち堪えさせるしかないとの考えを示唆した。

関しても，両社は新規開発抑制により損失をコントロールでき，2020年の資源需給調整完了まで持ち堪えることができよう。このように，三菱商事，三井物産は石油・ガス事業において強靭な資源ポートフォリオを形成しており，資源需給調整期の厳しい淘汰の波を乗り切れるだけでなく，需給調整完了後には資源ポートフォリオが再び強固な収益基盤として復活すると考える。

同様の分析を三菱商事，三井物産の鉄鋼原料ビジネス等についても行うと，2012年比で資源価格が3割程度に下落した現在（2016年10月）の水準でも，両社の資源ポートフォリオは収益力を保っており，資源需給調整期の厳しい淘汰の波を乗り切れるだけでなく，需給調整完了後には資源ポートフォリオが再び強固な収益基盤として復活すると見込まれる。しかしながら，現在の国内中心型ビジネスのままでは，資源需要の伸びは期待できず，国内経済の停滞と縮小に伴走する形で成長性を喪ってしまう。

総合商社が21世紀においても成長企業たり続けるには，現状に満足しているわけには行かず，2000年代央以降手つかずのまま放置されてきたビジネスのグローバル化に資源・非資源を問わず本格的に取り組む必要がある。この点を第2部「2020年代の総合商社の成長戦略」で論ずる。

2020年代の総合商社の成長戦略
〜グローバル・サプライ・チェーンと世界企業化〜

PART 1

資源部門の成長戦略

　需給調整の完了まで非効率プロジェクトの淘汰が続くが，資源価格回復に伴い総合商社の資源部門は収益力を回復しよう。しかし，総合商社の資源ビジネスが現行形態のままで2000年代の輝きを取り戻せるかは疑問である。2000年代の資源ビジネスは，海外で権益確保した資源を国内顧客に輸入供給するものだった。しかし，日本経済は少子高齢化に伴い規模縮小さえ懸念されるため，2020年代以降も同形態のビジネスを続けるならば，総合商社に成長は期待できない。内需依存型の資源ビジネスはジリ貧にならないだろうか。

　三菱商事，三井物産のドル箱であるLNG事業では，サプライ・チェーンの構造変化により総合商社の優越的地位が崩されつつある。2000年代，電力・ガス会社はコスト節減のためLNG消費を増やすと同時に，LNGの自主権益確保，輸送船の自己調達に乗り出した。川下顧客の上中流進出は，東日本大震災後のLNG高騰により加速，2016～2017年の電力・ガス小売の完全自由化により不可逆化した。中長期的に総合商社はLNGの国内販売拡大を期待できず，国内顧客主体のビジネスは成長性を喪失せざるを得ない。

　これらは総合商社にビジネス転換を迫る。資源部門は海外顧客を開拓し，ビジネスを国内顧客中心から海外顧客中心に転換する必要がある。第2部では，LNGを例として資源ビジネスの構造変化と国内中心型ビジネスの限界を論じた上で，総合商社が展開しつつある資源ビジネスのグローバル化を取り扱う。資源ビジネスが海外顧客に軸足を移すに伴い，国内市場を介しないグローバル・サプライ・チェーンのウェイトが高まろう。

第4章

LNGビジネスを巡る環境変化と新たな成長戦略

1 資源ビジネスを巡る環境変化
～日本経済の長期停滞に伴う国内中心展開から海外成長取込みへ～

総合商社におけるLNGビジネスの重要性

　三菱商事，三井物産は，LNG輸入ビジネスの成功が定かではなかった1970年代より海外LNGプロジェクトに取り組んできた。1973年と1980年の二次の石油危機により原油価格が高騰し，LNGが原油や重油・軽油・ナフサ等を改質した石油系ガスに対しコスト競争力を持つに至ると，1980年代以降LNGはガス発電や都市ガスの原燃料として急速な普及を遂げ，日本の一次エネルギー

〔図13〕　日本の一次エネルギー供給の推移と電力化率

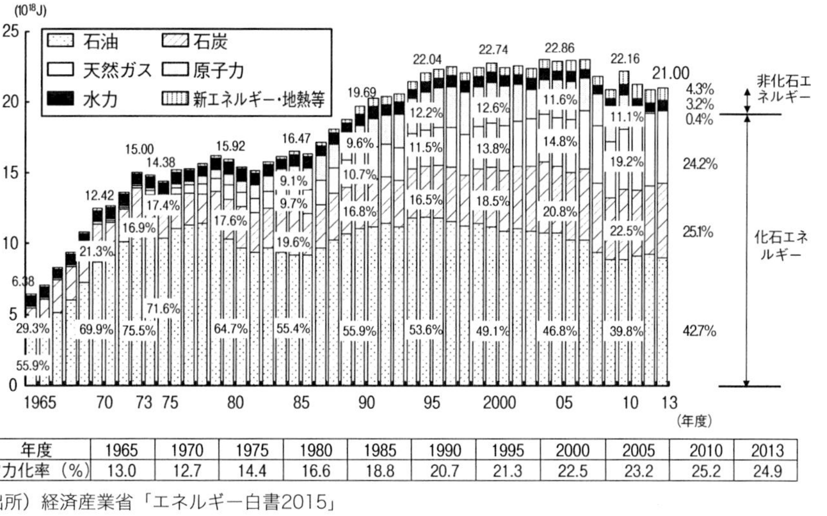

年度	1965	1970	1975	1980	1985	1990	1995	2000	2005	2010	2013
電力化率（％）	13.0	12.7	14.4	16.6	18.8	20.7	21.3	22.5	23.2	25.2	24.9

（出所）経済産業省「エネルギー白書2015」

供給に占める天然ガスの割合は1990年10.7%から2010年19.2%に倍増する。この過程で，三菱商事，三井物産は，国内で成長拡大する天然ガス需要に応えるべくLNGプロジェクトを次々と立ち上げた。

2000年代央，三菱商事はLNG事業を念頭に置きビジネス・モデル（"Value Chain Design"）を定立したが，LNGプロジェクトにおける総合商社の役割は日本顧客開拓とファイナンス組成にあり，三菱商事・三井物産は，①川上で一部権益を握り，オペレーターに協力してLNGプロジェクトを立ち上げることでプロジェクト全体への影響力を確保，②川下では，上流事業に関する情報及びノウハウに欠ける国内電力・ガス会社がLNG長期購入契約を締結するのをサポートし，③川中ではLNG船を傭船確保し顧客への安定供給を確実化するなど，LNGサプライ・チェーンでオルガナイザー機能を発揮してきた[23]。LNGビジネスは，2000年代の資源価格の持続的高騰を受けて三菱商事，三井物産の「ドル箱」となり，2014年8月の原油価格暴落までは両社資源部門の収益を支える堅固な土台だった。

〔図14〕 三菱商事の部門別連結純利益の推移

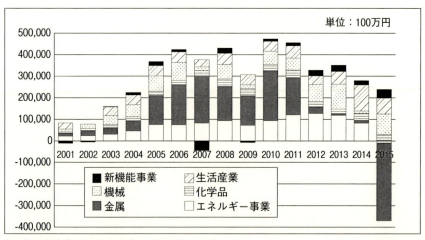

（出所）三菱商事有価証券報告書により作成

---

23) 三菱商事（2013）pp.127〜136，三井物産「アニュアル・レポート2015」pp.46〜53，榎本（2012）pp.64〜65。

〔図15〕 三井物産の部門別連結純利益の推移

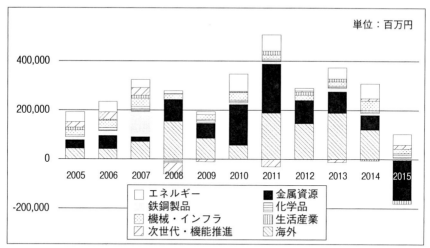

(出所) 三井物産有価証券報告書により作成

2020年代以降の資源ビジネスの基礎条件

　2020年代以降の総合商社の資源ビジネスを巡る基本条件は，①長期デフレに加えて少子高齢化により国内経済は停滞し続け，国内資源消費は横這い又は微減を続ける，②海外需要はアジア圏を中心とする新興地域の経済成長により拡大を続けるの二点であり，総合商社は従来の国内中心の資源ビジネスを海外需要に軸足を移したグローバルなものに転換しなければならない。この課題は，2000年代央に商社各社が中期経営計画等で指摘してきたことだが，2000年代の資源バブルに湧く中で本格的な取組は遅れていた。

　総合商社の資源ビジネスを牽引してきたLNG事業は，中国の爆発的な経済的成長に伴い中国市場でのビジネス・チャンスが生まれた鉄鉱石・石炭事業等と比べると，国内ユーザーを顧客とする内需性が濃厚だった。このため，2020年代以降の総合商社の資源ビジネスの在り方を考える上で，内需停滞による影響を最も強く受けるであろうLNGビジネスは格好の考察対象であり，国内停滞・海外成長の経済条件の中で資源ビジネスをグローバルなものに転換する必要性を理解する格好の助けとなろう。

エネルギー消費は経済成長に直結する。国内エネルギー消費は国内経済の成長に合わせて拡大してきたが，1995年以降日本経済が長期デフレ停滞に陥ると横這いに転じ，2008年リーマン危機後の世界同時不況で急落するや，その後の日本経済の低調さに合わせて停滞している。OECDが2012年公表したJohansson et al.（2012）"Looking to 2060"は，2060年までの日本の平均成長率を1.3％（世界2.9％）とし，日本経済が世界経済に占める比率（GDP）も2011年7％，2030年4％，2060年3％と低下すると予測。国内市場に依存した資源ビジネスは成長を期待できない。一方，IEA予想では，世界エネルギー需要は化石燃料を中心に2050年まで拡大を続け，Johansson et al.（2012）は，中国・インドの世界経済上の地位は2011年の17％，11％から2030年28％，11％，2060年には28％，18％に上昇し続けると予想。資源ビジネスの鍵は新興地域の需要の伸びをいかに捉まえるかにあることが分かる。

〔図16〕 世界エネルギー需要予測

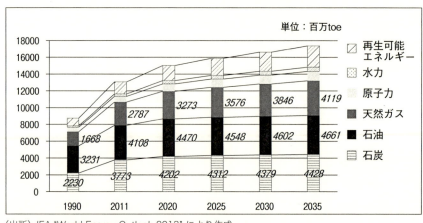

（出所）IEA "World Energy Outlook 2013" により作成

2　LNGサプライ・チェーン構造の変質

　総合商社の資源ビジネスは，内需主体から外需主体への転換が必要だが，LNG事業ではサプライ・チェーン構造の変質がその動きを加速させる。"Value Chain Design"は川上・川下が市場的・取引的に分断されていることが前提で

あり，資源会社がユーザーにLNG購入を直接働きかけたり，ユーザーが資源会社とLNG長期購入契約をまとめる事態を想定していない。しかし，2000年代，電力・ガス自由化を背景として，国内電力・ガス会社は上中流進出を開始，2011年東日本大震災後LNG価格が暴騰すると，その動きを本格化させた。これは総合商社の川上から川下に向けた展開とは逆方向ながら，"Value Chain Design"と同様の仕掛けを志向するものであり，電力・ガスの完全自由化に伴うコスト削減の至上命題化により不可逆的な動きとなった。国内経済の長期停滞に加えてサプライ・チェーン構造の変質は総合商社にダブル・パンチとなる。

特に，国内ガス会社は，これまでもガス卸売市場で大きなシェアを有し，自社の導管網を通じて需要者に広域供給するだけでなく，自社傭船により国内中小ガス事業者やメーカーにもガス供給してきた。川下で圧倒的な地位に立つガス会社が，海外LNGプロジェクトでの自社調達・権益確保を拡大し国内販売も強化した場合，最終需要者を直接把握していない総合商社は対抗が難しい。このため，日本向けLNG輸入に関して，総合商社がこれ以上成長することは期待できず，将来のLNG部門の成長は海外顧客開拓（アジア圏では中国・インド等，大西洋圏では北米・欧州等）の成否にかかることとなる。

(1) 伝統的なLNGサプライ・チェーン

LNGサプライ・チェーン

電力・ガス会社の上中流進出が総合商社のLNGビジネスに与える影響を考える前に，従来のLNGサプライ・チェーンと取引の特徴を見よう。LNGプロジェクトでは，売主側ではガス田開発，パイプライン建設，液化プラント建設，LNG船建造（Ex-Ship契約の場合）等巨額の初期投資が必要であり，買主側もLNG受入基地建設やLNG船手配（FOB契約の場合）等巨額投資が求められる。投資リスクを売主・買主で分散するため，LNGプロジェクトは関係事業者の役割分担の下に一体的に運用されてきている。

○上流　天然ガスの探鉱・生産・液化過程
○中流　液化したLNGをタンカーで受入れ基地まで輸送する過程
○下流　搬送されたLNGの受入れ・再ガス化・配給過程

LNGサプライ・チェーンにおける関係事業者の役割

　上流事業者の役割は，商業化に有望なガス田権益を確保して探鉱を行い，天然ガスの生産（リグ掘削，水・砂・炭酸ガスの分離処理），液化（液化プラントまでのパイプライン建設，液化プラントの運営管理），出荷（出荷港整備，LNGタンカー積込み）の各段階を経てSPA（売買契約）に基づく条件でLNG供給することにある。主要事業者はShell，ExxonMobil，BP等国際石油会社，Pertamina（インドネシア），Petronas（マレーシア），Qatar Petroleum（カタール）等国営石油会社であり，総合商社もマーケティング，ファイナンス面から液化プラント権益を確保しコンソーシアムの一員となってきた。

〔図17〕　伝統的なLNG取引における当事者関係

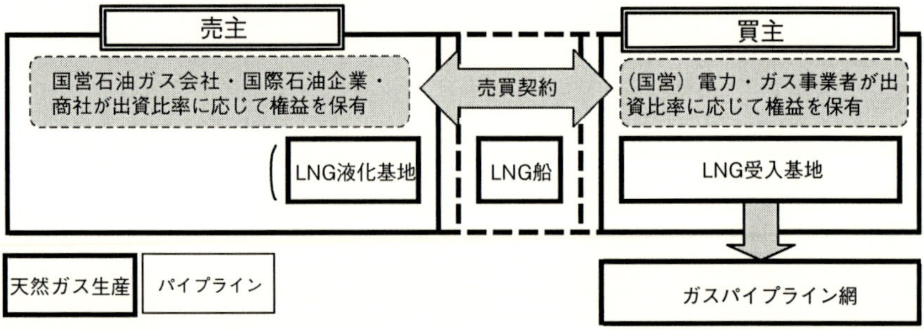

売主		買主
国営石油ガス会社・国際石油企業・商社が出資比率に応じて権益を保有	←売買契約→	（国営）電力・ガス事業者が出資比率に応じて権益を保有
LNG液化基地	LNG船	LNG受入基地
		↓
天然ガス生産　パイプライン		ガスパイプライン網

※LNG船は受渡条件がEx-Ship・CIFの場合は売主側に属し，FOBの場合は買主側に属する。
（出所）日本エネルギー経済研究所作成

　中流事業者の役割は，出荷港でタンカーに積載されたLNGを，安全かつ効率的に予定受入れ基地に輸送することであり，取引形態により受渡し条件はEx-Ship，FOB，CIFに大別される。そして，下流事業者は，LNGをSPAで定められた条件で受け入れ（購入し），再ガス化し，電力会社であれば自社消費し，都市ガス会社であれば産業用又は民生用に顧客に配給する。日本では，電力・ガス会社が下流事業者として受入れ基地を建設・運営するが，海外でも，

韓国KOGAS，台湾CPC，仏Gaz de France，伊ENIなど独占的ガス会社が下流事業者を務める（北米では都市ガス会社，産業用需要家，パイプライン事業者が下流事業者として受入基地の建設や運営を行う）。

従来のLNG取引の特徴

　従来のLNG取引では，巨額の設備投資に係るリスク回避のため，契約当事者・取引期間・取引数量・受渡条件（仕向地規定）等に関して，他エネルギー取引に比べて契約が非常に硬直的である点に特徴がある。

〔表4〕　LNG取引の特徴

契約当事者 と契約期間	LNGプロジェクトは，売主（上流事業者）・買主（下流事業者）が大規模投資を確実に回収するため長期安定的取引を志向する傾向があり，限定された当事者間で20年以上にわたる売買取引となるのが一般的だった。
引取条件	●LNG売買契約では，一般的に買主がガスを引き取れない場合にも支払義務を課すTake or Pay条項が存在。同条項は引取保証の一種であり，大規模なLNGプロジェクト投資に関しては，一定数量の引取保証付きの売買契約の存在を前提として，売主側は金融機関からの資金調達が可能となる。 ●LNG売買主は，年間契約引取数量を契約規定する一方，需給予測と現実の乖離を補正するため，一定範囲で引取量を修正する柔軟性を認める。LNGプロジェクト草創時の1960～1970年代，下方弾力性は3～5％程度（95～97％引き取り）だったが，近年拡大傾向にある（上方弾力性は5％程度）。
仕向地の 規定と制限	一般的なLNG売買契約では，仕向地は1カ所，追加的に緊急時対応として1カ所が規定される。売主にとって受渡し，買主においては引取の確実性を高めるための措置であり，受渡条件がFOBで輸送が買主の管理下にある場合でも，契約で規定された仕向地以外での受渡しや，買主による第三者転売を認めない仕向地条項（Destination Clause）が付される。

（出所）森川他（2006）に基づき筆者作成

(2) 2000年代のサプライ・チェーン上の事業者関係の変化
国際的な事業者間の役割分担の変化

　LNGサプライ・チェーンでは，2000年代に次の①〜③の構造変化が生じ，LNGフローや取引の多様化，市場のグローバル化など，サプライ・チェーンの各段階で競争激化が始まる。

---

①1990年代までは天然ガスのパイプライン供給ができない日本が主要ユーザーだったが，地球温暖化対策として欧米での需要が増え，中国・韓国等が新たな顧客として登場すると，上流の国際石油会社・国営石油会社等が，拡大するLNG市場へのアクセス確保のため，北米・欧州を中心にLNG受入れ基地建設等の下流進出を積極化した。

②電力・ガス会社等の下流事業者も，調達コスト削減，新収益源確保等のために，ガス権益確保など上流進出を進めた。1990年代に欧米では電力・ガス自由化が実施され，川下で電力・ガス料金が市場メカニズムで決定されるようになると，川上の原燃料も市場原理を貫徹して低コスト調達する必要が生じ，電力・ガス会社は川上・川中に進出を本格化する。

③中国やインドが，エネルギー安全保障の観点から経済成長に必要な資源を確保すべく，国営石油会社をしてガス権益獲得やLNGプロジェクト参画に積極的に取り組ませるようになり，川上資源を巡る争奪戦が厳しくなった。

国際動向と電力・ガス自由化を受けた国内事業者の動き

　日本の動きは欧米の後追いだったが，2000年代，総合商社はグローバルなLNG取引拡大を見据え，LNG受入れ基地建設や液化施設使用権取得等に取り組む一方，電力会社・ガス会社もガス権益確保・自社船保有など上中流進出をスタートする。

　電力・ガス会社の動きの背景には，欧米に追随する形で1990年代央以降進められた電力・ガス自由化[24]があり，1995〜2006年に電力・ガス供給の6割がゼロから急ピッチで自由化された結果，電力・ガス会社は小売事業での価格競争に備えるため，LNG調達拡大による原燃料コストの引下げに取り組まざるを得なくなる[25]。1990年代まで電力・ガス会社は総合商社にLNG調達を依存してきたが，2000年代にLNGが燃料源として世界的に普及し開発がグローバ

ル化した結果,総合商社が全ての重要プロジェクトを手掛けられなくなり(加えて総合商社は1990年代末以降経営危機に陥りLNGプロジェクトに新規参加する余力を失っていた),電力・ガス会社は自ら川上権益確保と川中輸送事業に取り組まざるを得なくなった[26]。ただし,東日本大震災以降までは試行段階に止まり,総合商社のLNGサプライ・チェーン上の優位性は揺るがなかった。

---

[24] 電力では,1995年電力事業法改正により独立系発電事業者の発電事業参入が認められ,1999年改正では,大規模工場・オフィスビル・デパート(2万V以上で受電,契約電力が2,000kw以上)が自由化。特定規模電気事業者が電力会社の送電網を利用して電気供給できるようになり,2003年改正で小売自由化は高圧の全ユーザー(50kw以上)にまで拡げられ,国内販売電力量の約6割が自由化された。ガスでは,1995年ガス事業法改正により大口供給(年間契約数量200m^3以上)に関して小売自由化が実現,1999年改正により小売自由化範囲は100m^3以上に拡大した。大手都市ガス4社には託送供給約款作成が義務づけられガス小売参入事業者が大手都市ガス会社の導管を利用してガス供給できるようになった。小売自由化範囲は2003年改正で50m^3以上,2006年改正で10m^3以上に拡大,国内ガス供給の59%が小売自由化された。

[25] LNGの自主調達にはLNGの量的確保と安価確保の二つの目的があるが,2000年代の電力・ガス会社はLNGの量的確保に軸足を置いてきており,東日本大震災による原発停止・火力転換に伴うLNG価格騰貴後とは状況が異なる。

[26] 国際的には,2000年代,中国が急速な経済成長に石炭資源確保が追いつかず,代替エネルギー源としてLNGに着眼,国営石油会社が主体となり世界各地の天然ガス・プロジェクトにおいて権益獲得に奔り出す。中国の資源権益確保の動きは「爆買い」として世界各地で先進政府・企業の警戒感を惹起したが,国内ガス・電力会社も,将来的なLNG供給源を確保するため,中国勢等に対抗してLNGの自主調達を積極化した面もある。

[参考] 国内ガス・電力会社の具体的取組

ガス会社

- ガス会社にとりLNGは商品であり，ガス自由化以前から，国内市場でのLPGとの競争上，安価なLNG調達は死活問題だった。輸入LNGのほとんどを消費する電力会社（東京電力3割，中部電力1割等）が国内価格を決定してきたが，燃料コストを規制価格に転嫁できた東京電力等は厳しく調達価格を値切る交渉をせず，ガス会社は高値買いさせられてきた。このため，ガス会社は安価なLNGを獲得すべく，電力会社に先行する形で上中流進出に乗り出す。
- 2003年，東京ガスは，LNG自主権益確保の第一歩として，豪ダーウィンの北西約500km，東ティモールの南東約250kmに位置するバユ・ウンダン天然ガス田を開発しLNG生産を行うDarwinプロジェクトに，東京電力とともに参画する（権益比率は東京ガス3.36%，東京電力6.72%）。生産されたLNGのうち，東京ガスは100万［トン／年］，東京電力は200万［トン／年］を2006年から17年間購入する契約を締結。引き続き東京ガスは2005年12月に豪プルート・プロジェクトから150〜175万［トン／年］のLNGを購入する契約（契約期間は2010年から15年間）を締結，プロジェクト権益の5％を取得する。2005年10月には，豪ゴーゴン・プロジェクトとの間で120万［トン／年］のLNG購入の売買契約（契約期間は2010年から25年間）を締結し，プロジェクト権益の1％を取得した。また，中流事業に関しても，2000年に自社船2隻の建造・保有を皮切りに2005年までに保有船を4隻に拡大し，2008年までに追加的に2隻，2010年度までに総計7隻の自社船保有を計画した（※）。
- （※）東京ガスがLNG売買契約とセットにしたLNGプロジェクトの権益取得を中心に上流事業を展開したのに対し，大阪ガスはより多様な上流事業を展開。下流事業との相乗効果を目指すものから，上流事業単体での収益獲得を目指すものまで，目的とリスクに応じた明確なポートフォリオ構想をもって上流事業に進出した。

カテゴリー1	将来のLNG調達のコアとなるプロジェクトに開発段階から参画，LNGの安定確保のためにプロジェクト全体に関与（豪ゴーゴン・ガス田の権益確保等）。
カテゴリー2	既存プロジェクトにマイノリティ参画。操業・販売等の情報を迅速かつ正確に取得（インドネシアのユニバースガスアンドオイルへの出資）。
カテゴリー3	生産中や生産直前等で，地政上も問題のない地域での低リスク上流事業に参画。上流企業との関係強化，ノウハウ・技術的知見の蓄積，原油価格変動のリスクヘッジ，収益拡大等目的は多様多岐。

電力会社

- ガス自体を商品とするガス会社はLNG自主調達にいち早く動いたが，電力会社では，天然ガス発電は発電ポートフォリオの一部に過ぎず，2000年代，原子力発電シフトによりコスト競争力強化を図っていたため，上中流進出の動きは

遅れた。また，東日本大震災以降は燃料費上昇の価格転嫁はトップランナー制度導入等により難しくなったが，2000年代は料金転嫁が相対的に容易であった。

東京電力	豪州	○2003年，Darwin LNG社の推進するバユ・ウンダン・ガス田の開発・生産プロジェクト（ダーウィンプロジェクト）に出資決定（権益比率6.72％）。 ○2006年以降17年間にわたり東京電力は生産されるLNG200万［トン／年］を引き取り（輸送に必要なLNG船は東京電力が手配するFOB契約）。
	LNG船	LNG船2隻保有，2隻保有予定。
中部電力	豪州	○2009年11月，Chevron, Shell, ExxonMobilが推進する豪ゴーゴン・ガス田の権益を0.417％取得。2013年以降25年間LNG 6万［トン／年］確保。 ○権益比率はChevron 49.583％，Shell25％，ExxonMobil25％に対して中部電力0.417％と名目的なもので，プロジェクトのコントロール力なし。
関西電力	豪州	○2007年8月，関西電力は豪プルート・プロジェクトから175〜200万［トン／年］のLNGを購入（2010年から15年間）する契約を締結，権益5％を取得。

（出所）各年アニュアル・レポートに基づき筆者作成

(3) 東日本大震災後の国内電力・ガス会社の上中流進出の本格化
東日本大震災に伴う発電の火力転換とLNG価格高騰

2011年3月，東日本大震災により東電福島第一原発でシビア・アクシデントが発生すると，国民の原発安全性に関する懸念により定期検査入りしていた原子力発電所を再稼働できないまま，国内の原子力発電所は停止状態となり，国内電力会社各社は火力転換を迫られる（火力比率2010年61.7％→2011年78.9％→2012年88.3％）。

従前，石油火力は燃料コストが割高なため，日中の電力需要の変動に応じて発電量を調整するピーク時供給力として利用され，一方，LNG火力発電は燃料コストが石油火力に対し優位にあり，日々の電力需要の変動に応じて発電量を調整するミドル供給力として利用されてきた。このため，原発事故後の火力転換で，稼働率50％程度だったLNG発電がフル稼働されるようになり（石炭火力発電は安価ながら設備稼働率が70％と高く発電量の上積み余地なし），日本のLNG輸入量は2011〜2015年度に27.7％と急増した。

〔図18〕 日本のLNG輸入量

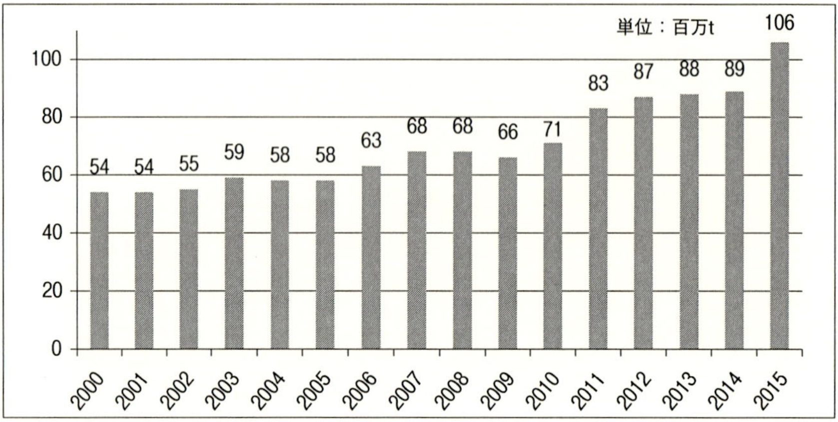

単位：百万t

年	2000	2001	2002	2003	2004	2005	2006	2007	2008	2009	2010	2011	2012	2013	2014	2015
輸入量	54	54	55	59	58	58	63	68	68	66	71	83	87	88	89	106

(出所)　財務省「貿易統計」により作成

　輸入量急増に加えて，高騰する原油価格に連動してLNG輸入価格も上昇した結果，日本のLNG輸入代金は短期間で大幅拡大し（2011年度の輸入代金は前年度比52%増の5.4兆円，2012年度は6兆円），電力・ガス会社は厳しい収益状況に陥る。

電力・ガス会社の収益状況の悪化

　電力会社では，原発停止とLNG調達急増により，2010年度比で2011年度2.3兆円，2012年度3.1兆円，2013年度3.6兆円，2014年度3.4兆円の追加コストが発生した（経済産業省試算）。電力会社は電力料金値上げを申請したが，原子力発電所の再稼働やリストラ徹底等を前提とした値上げを一部認可されるに止まり，燃料調達コストの価格転嫁ができず収益状況が悪化する。同様に，ガス会社も，燃料調達コスト上昇を受けて料金引上げを申請したが，200社以上の事業者が地域ごとに競争するガス市場では価格引上げに限界があり（平均販売価格は過去30年間に約50%に低下），収益状況が悪化する。

〔図19〕 東京電力・関西電力の収益状況（連結損益）

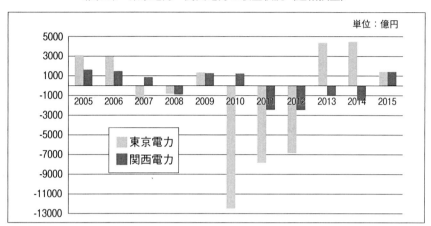

（出所）有価証券報告書により作成

電力・ガス会社のLNG自主調達の本格化

こうした中，電力・ガス会社は，安価なLNG供給の安定確保に向けて，川上ではLNGプロジェクトや北米シェールガス・プロジェクトに参画，ガス権益確保を本格化させるとともに，川中のLNG輸送に関しても，自社傭船や輸送事業進出を本格化させた。

〔表５〕 電力・ガス会社のLNG自主調達の動き

東京ガス
●東京ガスは2011年11月に「チャレンジ2020ビジョン」を策定し，同社の設備投資・投融資額の16％相当の3,200億円をLNGサプライ・チェーンの上下流事業等に投入することとし，海外上流事業の拡大を重要な経営戦略と位置づけた。ビジョン策定時，東京ガスは6カ国11プロジェクトと長期契約を締結，年1,100万トン超のLNGを購入する体制を整え，豪ダーウィン・プロジェクト，プルート・プロジェクト等で上流権益を部分的に獲得してきたが，原料価格低減及び調達源の拡大・多様化に向けて上流権益参画，エネルギー他社との共同調達，LNG液化事業参画等をさらに積極化するとした。また，LNG調達量増大に応じ，川中でもLNG船団を拡充，調達の柔軟性を向上し原料輸送費を低減することも重要取組事項とした。
●2012年4月にプルート・プロジェクトが生産開始し年150〜175万トンの輸入が

始まるが，東京ガスはさらに2012年6月，イクシス・プロジェクト（国際石油開発帝石がマジョリティ投資を行い日本初のオペレーターを務める事案であり，当初年産840万トンを予定し，権益比率1.575%），クイーンズランド・カーティス・プロジェクト（売買契約のみ，2015年以降年120万トン輸入）に参画した。また，北米シェールガス革命等に対応し，2013年4月に米国コーブポイント・プロジェクトからLNGを年140万トン輸入する売買契約を締結，2014年7月に米国キャメロン・プロジェクトからLNGを年52万トン輸入する売買契約を締結する。北米シェール関連上流権に関しても，2013年4月，米国テキサス州バーネット堆積盆地におけるシェールガス開発に参画した（権益比率25%，当座，米国市場でのガス販売を予定）。

大阪ガス

- 大阪ガスは1972年ブルネイを嚆矢に調達先拡大に努め，2014年にはパプアニューギニアからの調達も開始するなど8カ国からLNGを購入している。上流権益に関しては2009年に豪ゴーゴン・プロジェクト（権益比率1.25%，2015～40年に年約137.5万トン購入），2011年にカナダ・コルドヴァプロジェクト（権益比率7.5%，2019年以降生産輸入予定），2011年に豪イクシス・プロジェクト（権益比率1.2%，生産開始後15年間，年約80万トン購入）に参画した。
- 非在来型プロジェクトに関しても，大阪ガスは2012年に米国ピアソル・シェールガス開発プロジェクト，2013年にパプアニューギニアのコンデンセート・ガス開発プロジェクトに参画。北米シェールガス輸入に向けて，中部電力とともに米国テキサス州フリーポートLNG液化事業に参画（権益比率25%），液化設備3系列（1系列の液化能力は年間約440万トン）を建設中であり2018年の初出荷を予定している。
- また，大阪ガスはLNG船を他社と共同保有するなど6隻の自社船団を編成しており，2014年度に追加的に1隻の自社船を調達した。パプアニューギニア・プロジェクト，豪ゴーゴン及びイクシス・プロジェクト等の生産開始に伴うLNG輸送量拡大を見越し，自社船団の有効活用による安定的かつ経済的な原料調達を構想している。

東京電力

- 2000年代，天然ガスそのものを商品として販売するガス会社と比較して，電力会社のLNGバリュー・チェーンの上中流展開の動きは緩慢だったと述べた。ただし，1社で国内輸入LNGの3割を消費してきた東京電力は，電力他社に先駆けて2000年代前半から上流権益獲得に取り組んでおり，2003年豪ダーウィン・プロジェクト（権益比率6.72%），2009年豪ウィートストーン・プロジェクト（権益比率11.25%）に参画した（2008年時点で9プロジェクトに関与）。また，2009年までに5隻の自社LNG船を保有し，安定的・経済的輸送を図ってきた。

第 4 章　LNGビジネスを巡る環境変化と新たな成長戦略　　79

- 2011年3月の東日本大震災後，東京電力は保有原発が全号機停止し供給電力の9割を火力発電により賄わざるを得ない事態となり，電力供給コストの上昇だけでなく福島原発対応費用により経営状況が著しく悪化する。東京電力では発電におけるLNG使用率が7割と他電力会社と比較して高水準にあるため（経常費用に占める燃料費が全体4割超に拡大），燃料調達面では，シェールガス革命により大規模開発が進む米国・カナダのシェールガス由来の安価な軽質LNGの調達に取り組んだ（原発対応で資源調達まで社内経営資源を回す余力がない中，震災前の自主権益確保ではなく，三菱商事・三井物産等との長期購入契約による調達が主となった）。
- また，東京電力は，2016年4月以降の電力小売完全自由化と2020年以降の送配電部門の法的分離を睨み，発電・送配電・小売の垂直統合型組織を見直し，2016年4月に燃料調達・発電・送配電・小売を分社化し持株会社傘下とすることを決定。その一環として，2015年4月に中部電力とJERAを共同設立し，将来的に発電燃料の調達・販売を一元化し，世界最大規模の取扱量を武器として燃料調達における選択肢拡大を図り，上流事業の強化により燃料の安定的確保と安価確保を目指すこととした（JERAは総合商社に対抗する存在となる可能性がある）。

関西電力

- 関西電力は日本のLNG調達量の1割弱を東南アジア・豪州を中心に調達しており，2000年代以降の天然ガス・スポット市場の成長に対応して，長期契約以外にも短・中期契約やスポット調達などLNG調達の柔軟化に努めてきた。2007年には豪プルート・プロジェクトに参画，東京ガスとともに5％の権益を確保，2010～2025年に年175～200万トンのLNG調達を確保した。
- 東日本大震災後は2011年12月に豪イクシス・プロジェクトからLNGを2017～2031年に年80万トン購入する契約を締結。北米シェールガスに関しても，2013年に住友商事とコーブポイント・プロジェクトのLNG購入に関する基本合意書を締結，生産開始から約20年間，年80万トン程度のLNGを米国天然ガス価格指標で購入することとなった。
- なお，関西電力は燃料サプライ・チェーンの生産から受入れまでの各段階に関与し，調達先の分散化や価格決定方式の多様化に取り組み，燃料調達の安定性の確保，発電所の稼動計画の変動に的確に対応できる柔軟性の向上，経済性の維持・向上を図っている。

（出所）各社アニュアル・レポートより作成

(4) 電力・ガス会社の上中流進出と総合商社LNGビジネス

では，2000年代に始まり東日本大震災後に本格化した川下ユーザーの上中流展開は総合商社ビジネスにいかなる影響を将来的にもたらすことになるのだろうか。

サプライ・チェーンにおける総合商社の優位性の低下

1980～1990年代，LNGプロジェクトで権益投資する日本企業は総合商社に限られた。プロジェクトにおける総合商社の役割は日本顧客（電力・ガス会社）開拓とファイナンス組成にあり，川上生産と川下ニーズのマッチングによりプロジェクトを成立させ，川中ではLNG輸送船確保などサプライ・チェーンの円滑化に貢献してきた。

総合商社は，電力・ガス会社が必要とするLNGを全量権益確保しているわけではなかったが，①川上で一部権益を握り，オペレーターに協力してLNGプロジェクト立上げを支えることでプロジェクトへの影響力を確保し，②川下では，上流事業に関する情報・ノウハウに欠ける国内顧客が長期購入契約を締結して所要のLNGを確保することをサポート，③川中ではLNG船を傭船確保し顧客への安定供給を確実化するなど，LNGサプライ・チェーンでオルガナイザー機能を発揮してきた。

2000年代央，三菱商事はこれを"Value Chain Design"と呼び，自社ビジネス・モデルとした。

"Value Chain Design"の成立条件はサプライ・チェーン上で川上・川下が市場的・取引的に分断されている点にある。資源会社が直接的にユーザーにLNG購入を働きかけ，ユーザーが直接的に資源会社とLNG長期購入契約を結ぶ事態を想定していない。

川下ユーザーが，総合商社を介さずにLNGプロジェクトに参画し，LNGを自社傭船により輸入するようになると，総合商社のサプライ・チェーンへのコントロール力は限りなく弱まり，電力・ガス会社の自主調達コストから乖離したフィーは請求できなくなる。

電力・ガス会社の上中流進出は，総合商社の川上から川下に向けた展開とは

逆方向ながら，"Value Chain Design" と同じ仕掛けを志向するものである。製品輸出を総合商社に委託していた国内メーカーが，1960年代以降海外販売・サービス網の構築に乗り出し，輸出・現地販売を自社で遂行するようになると，総合商社の輸出代行はカントリーリスクの高い国・地域や，メーカーに展開余力のない国・地域に限定されていった歴史があるが，LNGビジネスについても同様の展開がスタートするのではないか。

商社ビジネスの国内フロンティア縮小

(1)で見たように，LNGプロジェクトは最終投資決定時に長期購入契約者を確保した上で開発に踏み切るビジネスであり，事後的な事情変更があっても売主・買主が契約変更できる自由度は低い。このため，電力・ガス会社がLNGの自主権益確保に乗り出しても，従来，総合商社を介して調達していた分が自主調達分に代替されるわけではない。電力・ガス会社のLNGポートフォリオに新規の自主調達分が加わるだけであり，電力・ガス会社の上中流進出の本格化をもって，直ちに両者が競合関係に入るわけではなく，総合商社と電力・ガス会社は引き続き重要なパートナーである。

しかし，LNGプロジェクトは20年超の長期事業であるとしても，未来永劫採掘できるわけではなく，今後，総合商社が1980年代，1990年代に立ち上げたプロジェクトが順次採掘を終えて行く事態は避けられない。この場合，電力・ガス会社は，既存プロジェクト完了により生ずる不足分を自主調達分に代替していくことが想定される。過去のプロジェクトが新規プロジェクトに置き換えられていくスピードはゆったりしたものであるが，総合商社のLNGビジネスのフロンティアは徐々に縮小せざるを得ない。

余剰問題の加速する総合商社と電力・ガス会社の国内競合

現在，原子力発電所の再稼働によりLNGの国内需要の減少が見込まれる一方，東日本大震災後の電力・ガス会社のLNG調達の動きが結実化しつつあるため，国内電力・ガス会社の長期契約量が長期的に需要を上回る可能性が高まっており，経済産業省「LNGマーケット研究会」（2015年11月発足）によれば，2020

年以降1,000万トン程度の余剰が生ずる事態もあり得るとする[27]。

　余剰LNG問題は，アジア圏でのLNGスポット市場の整備等により転売スキームが整備されることが根本的解決への道であるが，余剰LNGの全てが転売自由なわけではないこともあり，電力・ガス会社は他の国内ユーザーへの販売に力を注ぐと予想される。既に電力・ガス会社は，国内において海外自主調達能力のない電力・ガス会社へのLNG販売を強化しており，他社販売分には自主権益確保したLNGを供給源に充てるようになっている。例えば，関西電力は2002年に大阪ガスへの託送により開始したLNG販売を本格化しており（2013年時点で130顧客確保，大阪ガスの導管を流れるガスの1割が関西電力託送分），大阪ガスは2010年に東京電力と共同で静岡ガスとLNG供給契約を締結していたが，2014年には広島ガスとLNG供給契約を締結している。

　特に，国内ガス会社は，ガス卸売市場で大きなシェアを有し，自社の導管網を通じて需要者に広域供給できるだけでなく，自社傭船により国内中小ガス事業者やメーカーにも供給可能である。国内川下で圧倒的な地位に立つガス会社が，海外プロジェクトでの自社調達を拡大し国内販売も強化した場合，最終需要者を直接把握しない総合商社には対抗が難しい。総合商社の国内向けLNGビジネスは，電力・ガス会社に市場蚕食される形となり，総合商社のLNG輸入ビジネスの成長余地は一層狭まると考えられる。

---

[27] 貿易統計では，LNG輸入量は東京電力福島第一原発事故前の2010年までは7,000万トンを下回っていたが，2014年は年間を通じて全原発が停止したため過去最高の8,850万トンに膨らんだ。経済産業省「LNGマーケット研究会」資料は，長期契約に基づくLNGの調達量は2017年に約9,500万トンのピークを迎えた後，2018年約9,000万トン，2019年と2020年に8,000万トン超と減衰していくものの，一方，IEAは2020年の日本のLNG需要が7,200万トンに縮小すると予測し，経済産業省・LNGマーケット研究会も国内需要は2014年の8,850万トンをピークとして2020年7,200万トン，2030年には6,200万トンまで減少すると予想しているように，LNGの大幅な調達過剰が必至の情勢である。

3 2020年代のLNG部門の成長戦略

(1) LNG部門の新たな成長戦略

　第1部第3章2で三井物産・三菱商事のLNG事業で例示したように，総合商社の資源ポートフォリオは長年の努力により強靭であり，現行の国内顧客を中心としたビジネスのままでも安定した収益基盤たり得る。しかし，2020年以降も国内経済は長期デフレ停滞から脱却できず，少子高齢化により縮小さえも懸念されることから，国内資源消費に拡大余地はなく，資源ビジネスは総合商社の「成長エンジン」たり得ないであろう。

　また，国内電力・ガス会社の長期契約に基づく調達量が年1,000トン近くも国内需要を超過する事態が長期化することが必至であるところ，電力・ガス会社は内外市場で過剰分の第三者転売に努め，ガス会社は自社のガス供給網を活かし国内ユーザーの囲込みに向かうと予測される。その結果，総合商社は，ただでさえ成長性に欠ける国内市場を電力・ガス会社に蚕食されかねない。

　これまでの国内電力・ガス会社向けのままでは，総合商社のLNGビジネスは成長を期待できず，企業成長を追求するのであれば，海外顧客開拓によるLNGビジネスのグローバル化に取り組まざるを得ない。総合商社は2000年代央以降「世界企業化」「地場化」を課題に掲げ，国内顧客中心から海外顧客中心の取引構造への転換を目指してきたが，石油・ガス等は各国のエネルギー安全保障に関わるため，グローバルな顧客開拓は容易でなかった。資源の宴終焉後，総合商社は不採算化した資源投資の処理に追われているが，2020年代以降の資源ビジネスのフロンティアはグローバル化にある[28]。

---

28) 総合商社が2000年代央以降中国・インド顧客開拓，北米シェールガス革命に対応した北米ガス供給事業に取り組んできたことは適切な選択であるが，現実的には，経済発展に伴い天然ガス需要の急増が期待されていた中国・インドでは従来予測ほど天然ガス消費は伸びておらず，また，北米シェールガス開発も過剰供給のため米国内での競争は熾烈であり，顧客開拓につなげられるかは分からず，総合商社のLNG事業の先行きは試練が待っている。

〔図20〕 世界の主な天然ガス貿易（2013年）

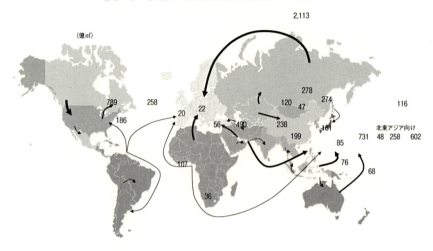

(出所) Cedigaz「Natural Gas in the World 2014」, BP「Statistical Review of World Energy 2014」を基に経済産業省作成

(2) 具体的な取組

　これまでも，三菱商事・三井物産は「国内中心の顧客構成からグローバル分散した顧客構成に」を目標として，国内市場を中心として海外と国内を結ぶサプライ・チェーンを主体とする取引構造を作り替え，海外資源地と海外需要地を直接に結ぶグローバル・サプライ・チェーンを育てようとしてきた。2000年代後半以降，豪州・中東LNG産出地と2030年までにLNG消費の拡大が期待される中国・東南アジア・インドを結ぶサプライ・チェーンを構築することを課題としてきたが，なかなか進捗が得られていない。

　2014年以降，三菱商事はカナダのブリティッシュ・コロンビア州でShell，韓国ガス公社，中国石油天然气集団とシェールガス共同開発プロジェクトを立ち上げており，北米シェールガス事業を軸として中韓の国営資源会社との連携を構築しようとしている[29]。また，三井物産が2007年以降社運をかけて取り組むモザンビーク・プロジェクトでは，同社はインド・タイの国営資源会社の参加を実現，需要成長が期待できる東南アジア・南インドへのLNGサプライ・チェーンを構築しようとしている。ただし，中国・インド等の国策資源会社も

自主権益確保を目指しており，LNGプロジェクトに関する経験・ノウハウを蓄積すれば，総合商社の力を借りずに自主的にプロジェクト参加するようになる可能性は高く，国際顧客開拓は必ずしも容易ではない。

(3) "Value Chain Design"からのビジネス・モデルの転換

　従来の国内顧客を相手として海外資源地と国内消費地を結ぶサプライ・チェーンにおけるビジネスにおいては，総合商社はサプライ・チェーンの川上から川下までトレーディング・事業投資等により多段階関与し，サプライ・チェーンのオルガナイザーとして，その効率化・成長発展に貢献してきた。この"Value Chain Design"では，川上資源会社と川下資源ユーザーが市場的・取引的に分断されており，総合商社が川上で資源権益を確保すると同時に川下で資源ユーザーを囲い込めるかが，モデル成立の鍵を握ってきた。

　今後，国内顧客に代わり海外顧客を相手として海外資源地と海外需要地を結ぶグローバル・サプライ・チェーンでは，川下のLNGユーザー（電力・ガス会社）を直接把握しているのは総合商社ではなく，中国・韓国・インド・タイ等の国営会社など地場企業である。このため，総合商社がサプライ・チェーン上で「優越的地位」に立ち，オルガナイザー役を務めることは難しい。むしろ当初よりオルガナイザー役は断念して，川上の資源権益確保を強化して（従来の権益比率は5％程度の名目的なものだったが，プロジェクトのオペレーターに次ぐ影響力を得られる15～30％あるいはマジョリティ投資まで比率を高める等），アジア圏の増大するLNG需要に柔軟に対応できるLNG資産を獲得し，それを武器として海外需要の確保を目指すべきではないだろうか。

---

29) 三菱商事は2014年5月にShell，韓国ガス公社，中国石油天然気集団と，カナダのブリティッシュ・コロンビア州キティマット港周辺におけるLNG輸出プラントの共同開発計画（LNGカナダ）の合弁事業契約を締結（権益比率はShell50％，三菱商事15％，韓国ガス公社15％，中国石油天然気集団20％），LNGプラントの設計・建設・生産を担うLNG Canada Development社（バンクーバー）を設立。2系列（年間600万［トン/系列］）で1,200万［トン/年］のLNG生産を予定。カナダの豊富なシェールガスの日本等アジア市場への長期安定供給を構想。

そして，中国・インド国営会社など川下ユーザーに対しては，川中のLNG輸送船のチャーター，新規プロジェクトの紹介等のサービスを提供し取引先としての魅力を訴え，川上の天然ガス生産国の国営資源会社には，液化設備建設・整備のための資材供給・プラントメーカー仲介など各種サービス機能を提供することで，彼等が新規プロジェクトを立ち上げる場合のパートナーとして指名を受けられるよう努力すべきであろう。

　こうなると，サプライ・チェーンへの関与も，従来の川上から川下まで多段階関与する"Value Chain Design"は経営資源の有効活用の観点からは推奨されず，川上の資源プロジェクトへの高権益比率での参加，川中のLNG傭船サービス提供等のポイントを絞った関与で足りるのではないだろうか（個別のサプライ・チェーンに投入する経営資源を節約することで，多数のプロジェクトに関与し収益機会の拡大を図るべきであろう）[30]。

---

30) 三井物産は，北米シェールガス事業において，現地ガス会社と提携して北東部でのガス供給事業に取り組むとともに，シェールガスを化学工業原料とする化学品生産に乗り出すなど，「攻め筋」を中心としたビジネスの面的展開に取り組もうとしている。これは"Value Chain Design"というよりは，サプライ・チェーンの関連事業領域に展開することで収益機会を拡大し資源ユーザーを新規開拓するビジネス展開である。

第5章
鉄鋼関連ビジネスの新たな成長戦略

　第4章では，国内経済の長期デフレ停滞と少子高齢化に伴う更なる活力停滞により，総合商社が企業成長を追求するならばLNGビジネスを国内顧客主体のものから海外顧客に軸足を置いたグローバルなものに作り替える必要があることを見たが，この事情は鉄鋼関連ビジネスにおいても同様である。

1　世界鉄鋼生産と国内鉄鋼生産の動向

鉄鋼業の成長パターン

　一国の鉄鋼需要には成長パターンがあり，初期段階では道路・橋梁・ビル等インフラ整備のため棒鋼・型鋼など建設用鋼材が需要されるが，次第に鋼板類・鋼管類等の需要も加わり，国家基盤が整備され経済発展が進むと家具・家電・自動車等個人消費向け需要が増え，鉄鋼需要が高度化・多様化する。さらにユーザー産業の高付加価値化と技術集約化に伴い，鉄鋼製品も抗張力・防錆・耐震性・電磁鋼板など高度化が進む。鉄鋼産業は基本的に内需産業であるため，各国鉄鋼業の成長は国内市場規模に制約される。

1億トンで長期横這いを続ける日本鉄鋼生産

　日本では本格的高炉一貫製鉄は1901年に開始されたが，戦後の経済復興から高度成長期の旺盛な社会・産業インフラ整備需要に応え，自動車・電機等の高級品需要に対応する過程で，我が国鉄鋼産業は質量ともに急速な発達を遂げ，1981年に米国を抜いて粗鋼生産で世界首位に立った。この間，日本経済は1968年にドイツを抜いて世界第2位（GNP）の経済大国となり，名目GDPは1997年に523兆円のピークを記録した。しかしながら，1990年代初のバブル崩壊により日本経済は長期デフレ停滞に陥り，名目GDPは横這いを続けて2015年には499兆円となった。国内粗鋼生産もこうした経済動向を反映して1億〜1億

1,000万トンの間を横這いし続け，新日鐵住金が高級鋼板の海外需要地生産を打ち出したように，国内には成長余地がなくなっている[31]。

世界の鉄鋼生産センターの中国等アジア圏シフト

一方，海外に視点を転ずると，2000年代，中国の鉄鋼産業は爆発的な成長を遂げた。1978年3,178万トンだった粗鋼生産は2013年8億2,200万トンと25.9倍に拡大。1980～1991年に年率6.3％，1991～2000年に年率8.4％の成長を遂げた後（1996年以降世界粗鋼生産首位），2001年WTO加盟以降粗鋼生産は二次関数的な伸びを示し，2001～2005年3倍増，2005～2011年に倍増を達成する（2011年に世界シェア45.7％）。中国の鉄鋼生産拡大は旺盛な国内需要に支えられたものであり（建材需要が主），鉄鋼需要は2001年1億7,000万トンから2013年に7億トンに成長した（世界鉄鋼需要は2001～2013年に8.5億トンから14.5億トンに増大，伸びの9割が中国の需要拡大によることとなる）。

現在，中国は成長鈍化と新常態移行に向けて鉄鋼需要は横這いとなっており，世界鉄鋼協会によれば1億～1億5,000万トンの過剰生産が発生しているため（習政権は経済に打撃とならない形での生産縮小を推進），今後はインドが経済成長の本格化に伴い鉄鋼生産を急増させると予測される。OECDのJohansson et al.（2012）のGDP成長予測を踏まえても，2030年には世界GDPの4割，2060年には5割を占めるに至る両国が世界鉄鋼生産の中心を担うことは確実であり，鉄鋼原料の一大需要地も日米欧の先進国から中国・インド等アジア圏の新興地域にシフトすることとなろう。

31）日本経済新聞2015年5月22日付（「新日鉄住金，米で最高級鋼板生産　車の軽量素材」）。

〔図21〕 世界GDPシェアの推移（2011－2060）

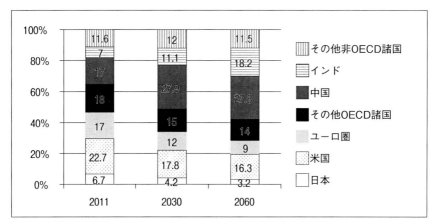

（出所）OECD "OECD Economic Policy Papers No.03"（2012）により作成

鉄鋼ビジネスの成長戦略としてのグローバル化

　総合商社の鉄鋼ビジネスは，戦後，国内メーカーに鉄鋼原料を供給することで成長してきたが，2000年代以降の世界鉄鋼生産センターのシフトにより，企業成長を追求するには，国内顧客中心の取引構造から，中国・インド等成長地域の顧客に軸足を移した取引構造に転換する必要が生じている。2000年代の中国鉄鋼産業の爆発的成長は，BHP Billiton，Rio Tintoなど国際資源メジャーの成長の好機となり，中国企業に鉄鋼原料を供給することで巨額の収益を上げることに成功した。

　総合商社も中国企業への鉄鋼原料供給により2000年代高収益を上げてきたが，海外顧客を相手として海外資源地と海外需要地を結ぶサプライ・チェーンが取引構造の中核となるまでには至っておらず，三菱商事がグローバル化を成長戦略として，2013年1月に金属グループの金属資源トレーディング本部の本社機能をシンガポールに移転し，アジア圏規模の鉄鋼サプライ・チェーン構築に乗り出している。

2　2000年代の中国鉄鋼原材料需要の急成長への対応

　2000年代の中国の鉄鋼産業の成長は爆発的であったが，日本鉄鋼連盟（2008）「中国の鉄鋼需給の現状と今後の展望」によれば，道路・橋梁・ビル等インフラ整備のため棒鋼・型鋼など建設用鋼材が国内需要の5割を占め（日米欧は25%），総合商社が得意とする高級鋼向け原材料ではなく，汎用鋼向けの原材料が主に需要されたため，総合商社が中国企業と国際資源メジャーとの取引の隙を縫って市場参入することは容易ではなかった。2000年代，三菱商事は，中国への鉄鋼原料販売で好業績を上げた豪州石炭会社BMAへの投資により高収益を得たが，これは三菱商事が中国で顧客開拓を行い，鉄鋼サプライ・チェーンを築いた成果ではなく，事業投資配当というべきものだった。

(1)　三菱商事の豪州石炭会社BMAへの投資

　三菱商事は，2009年度経済産業省クリーン・コール部会への提出資料（http://www.meti.go.jp/committee/materials2/downloadfiles/g90403a06j.pdf）において，伝統的資源ビジネスと資源投資ビジネスを区別した。伝統的資源ビジネスとは，総合商社が高度成長期以降の日本企業の旺盛な資源ニーズに応えるべく展開してきたもので，例えば豪州で石炭・鉄鉱石プロジェクトにマイノリティ出資して資源権益を確保し，自社の持分を国内輸入して国内顧客に供給する事業であり，"Value Chain Design"は2000年代に三菱商事が資源ビジネスについて定型化したビジネス・モデルである。

　一方，資源投資ビジネスとは，国際資源メジャーの資源生産子会社に50%以上の出資を行って本格的に経営参画し，収益を出資比率に応じて得るものである。総合商社は資源会社ではないため，探鉱・試掘・開発・生産・販売等資源ビジネスのノウハウがなく，単独でゼロから資源会社を立ち上げて探鉱・開発・生産・経営を行うことは難しい。そこで，国際資源メジャーと共同で資源ビジネスを運営することで，資源ビジネス経営を国際メジャーに依存しつつ果実を得ると三菱商事は説明している。2000年代，三菱商事は資源投資ビジネスにより中国鉄鋼原料需要の成長から収益を得た。

BHP Billiton社の原料炭事業における中核会社であるBMA（BHP Billiton Mitsubishi Alliance）は豪州最大の石炭生産企業であり，原料炭の海上輸送のシェアが世界最大（3割）を誇っているが，三菱商事は2001年に完全子会社MDP（Mitsubishi Development）を通じてBMAにTOBを仕掛けて同社株式の50％を取得し，BMAに本格的に経営参画する[32]。その直後，爆発的成長を開始した中国が世界の鉄鉱石・石炭の50％超を消費するに至り，中国国産の鉄鉱石・石炭だけでは質量ともに賄いきれず，豪州等から鉄鉱石・石炭を大量輸入するようになった。

　その結果，国際資源メジャーは中国への鉄鋼原料輸出により未曾有の成功を2000年代に勝ち取る。すなわち，恒常的に不足する鉄鋼原料を安定確保したい中国の意図と，世界の鉄鋼生産センターとなった中国販路を開拓したいBHP Billiton社等の思惑が一致し，BMAは年間5,000万トン生産する原料炭及び一般炭の約7割を中国向けに輸出するようになり，石炭ビジネスの重点を日本から中国に切り換えた。三菱商事は，石炭の国際供給フローの変化に対応し，自ら中国向け石炭を権益確保して中国顧客に供給したわけではなかったが，BMAを通じて間接的に中国における原料炭需要の急成長から高収益を得るのに成功した[33]。

---

32) 1990年代後半の鉄鋼不況下，日本鋼管と川崎製鉄が企業存続をかけて合併するなど（JFE），鉄鋼メーカーは経営危機に陥っていたが，1998年に日産が系列取引を止めて最安値を提示した鉄鋼メーカーより調達する方針を打ち出すと（ゴーン・ショック），鉄鋼メーカーは総合商社の鉄鋼原料トレーディングに関する口銭を厳しくカット，総合商社は伝統的なトレーディング・ビジネスでは収益が上げられない状況に追い込まれる。三菱商事は口銭商売の将来への危機感から，国際資源メジャーの資源ビジネスに50％以上出資して経営参画することで配当収益を得る資源ビジネスを考案，2001年にBMAにTOBを仕掛けて（完全子会社MDPの）50％出資会社とした。当時は国際的な資源不況にありBHP Billiton社もTOBを歓迎したが，2000年代の中国の経済成長に伴う鉄鋼生産の爆発的成長はBMAに巨額の予想外の収益をもたらし，三菱商事も「資源の宴」の果実を味わうことができた。

33) 世界鉄鋼生産センターの中国シフトに対して，総合商社も，鉄鋼サプライ・チェーンの川上（鉄鋼原料）分野において中国顧客の開拓に取り組むが，伝統的な総合商社ビジネスにおけるマイノリティ出資による鉄鉱石・原料炭の持分では中国の急成長する需要に応えることは難しく，そもそも中国企業には，日本の総合商社を介して国際資源メジャーから鉄鋼原材料を調達する必要やメリットはなかったため，総合商社の中国顧客開拓は難航した。

(2) 三菱商事のBMAを通じた中国展開への評価

　三菱商事のBMA投資は中国の鉄鋼原料需要の成長を予見したものではなく，1990年代の経営危機下での偶然の取組が2000年代の中国鉄鋼生産の爆発的成長という世界史上空前絶後の事態に遭遇し，巨額収益を三菱商事にもたらすに至ったものである。

　資源ビジネスのグローバル化の観点からは，総合商社がグローバル・サプライ・チェーンを構築したとは評価できず，原料炭生産地の豪州と消費地の中国を結ぶサプライ・チェーンを構築した豪州石炭企業に投資したに過ぎない。資源投資ビジネスの成功とは言えても，資源ビジネスのグローバル化ではない。2012年以降の中国経済の減速により中国鉄鋼生産も頭打ちを迎え過剰生産解消が不可避化しているが，2020年代以降，鉄鋼ビジネスが事業成長するには更にインド等アジア圏の鉄鋼生産の成長の波を捉える必要がある。資源会社を経営するのでなく，資源会社に対する投資では，総合商社がアジア圏で鉄鋼原料をグローバル供給するのに必要となるノウハウ等は蓄積できない。

　2020年代以降，インドでもBMA投資の再現が可能かは予測不能であり，事業投資ではなく自ら鉄鋼ビジネスに取り組み，インド・東南アジア等アジア圏の鉄鋼原料・製品需要の成長を捉まえることが企業成長追求上必要であろう[34]。

3　鉄鋼ビジネスのグローバル化に向けた取組
　～三菱商事金属グループの海外本社機能移転～

(1) 世界鉄鋼生産・需要センターのアジア圏シフトと三菱商事の取組

　2000年代の世界鉄鋼生産の中国シフトでは，三菱商事は投資ビジネスにより成功を収めたものの，自社で中国鉄鋼サプライ・チェーンを打ち立てるまでに

---

34) この点，資源ビジネス後発組の伊藤忠商事は2014年に中国総合商社・天津物産集団有限公司とともに鉄鉱石等の輸入・加工・販売会社「天津物産天伊国際貿易有限公司」を設立（出資比率は伊藤忠商事49％，天津物産集団51％），伊藤忠商事の海外ネットワークを通じて鉄鉱石等を調達，天津物産集団の中国国内の鉱石処理設備，販売網を活用して中国地場企業への鉄鋼原料供給に乗り出した。中国国内の鉄鋼生産は先行きが厳しいが，これは鉄鉱石生産地の豪州と鉄鋼消費地の中国を結ぶサプライ・チェーンを構築するもので，日系商社が初めて中国公営総合商社と共同で鉄鉱石販売を行う試みである。

は至らなかった。

　現在，中国では鉄鋼原料需要が2020年頃にピーク・アウトする見込みであり，習政権は鉄鋼等の過剰生産解決に取り組んでおり[35]，インドの経済的台頭に伴い，2050年に向けて世界の鉄鋼生産の重心はさらにインド等にシフトすると予測される。鉄鋼製品需要も，2015～2025年に14兆ドルと大規模な社会インフラ整備が進められ（第1部第3章1(2)参照）建設・機械・造船・電機・自動車等の産業が勃興するアジア圏での成長が期待されている。

　こうした中，資源会社は2000年代の中国一辺倒の顧客開拓に代わり，経済成長の本格化とともに社会・産業インフラの巨大需要の発生するインド・東南アジア等に事業展開しようとしている。総合商社も2020年代以降鉄鋼ビジネスの成長を追求するならばアジア圏での事業展開を本格化しなければならないが，三菱商事も内需型事業である鉄鋼ビジネスをアジア規模のものに転換しようとしている。

　すなわち2013年1月に三菱商事は，鉄鋼原料・製品需要地の東アジア・東南アジア・南アジア等と，鉄鋼原料供給地の豪州等を結ぶサプライ・チェーンの構築・拡大に向けて，鉄鋼原料トレーディング等の本社機能をこれらの地域の結節点であるシンガポールに移転した。総合商社の鉄鋼ビジネスは内需型ビジネスの典型であるが，三菱商事はアジア圏の成長する鉄鋼原料・製品需要を捉えるために，まずは川上の鉄鋼原料トレーディングの脱国内・アジア化に向けて世界本社機能を移転した。

(2) 従来の総合商社の鉄鋼ビジネスの内需性

　ただし，三菱商事の鉄鋼原料トレーディングの海外本社機能移転は，取引実態を反映させたものではなく，外形先行で取引実態を後から築こうとするものである。三菱商事は鉄鋼サプライ・チェーンをアジア圏規模のものに作り替え

---

[35] 中国では鉄鋼消費7億3,000万トンに対し粗鋼生産は8億2,000万トン（粗鋼生産能力11億トン）と不均衡状態が恒常化している（世界鉄鋼協会）。余剰鉄鋼の海外安価輸出（約1億トン）はダンピング輸出として国際非難を受けており，中国政府は中国経済の失速や失業問題の深刻化を惹起しない範囲で，老朽設備廃棄・企業合併等の合理化措置により2016年から5年かけて1億5,000万トンの生産能力をカットしようとしている。

ようとしているが、同社の鉄鋼ビジネスは国内市場に依存した内需性の高いものである。三菱商事金属グループのグローバル化に向けた取組を理解するには、鉄鋼ビジネスの内需性を理解しておく必要がある。

　三菱商事は、鉄鋼分野でも、サプライ・チェーンに川上から川下まで多段階関与する"Value Chain Design"をビジネス・モデルとするが、サプライ・チェーンのオルガナイザーたり得るほどの優越的地位になかった[36]。というのは、国内市場には、高炉メーカー等の製鉄した鋼板を加工するメーカーは一次、二次、三次にわたり多数存在して総合商社は川中の加工部門で優越的地位に立てず、川下でも、最終ユーザーがLNG需要者（電力会社・ガス会社）と異なり、業種・業態・規模・需要面で千差万別であったため顧客囲込みは難しく、総合商社がオルガナイザー役を果たす地合いがなかった。

〔図22〕　三菱商事の鉄鋼サプライ・チェーン

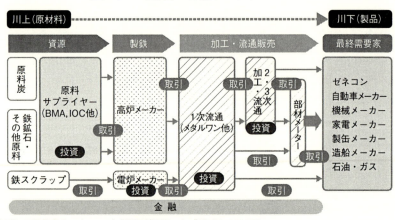

（出所）三菱商事ホームページ「投資家情報」中「ビジネスモデル」
（注）BMAは三菱商事とBHP Billiton社が折半出資する原料炭事業会社。IOCはRio Tineo社、三菱商事、カナダ信託会社の共同出資によるカナダ最大の鉄鉱石生産企業。

36）黄孝春（2003）「鉄鋼―高炉メーカーと総合商社の取引構造およびその変容」、島田克美他著『総合商社　商権の構造変化と21世紀戦略』（ミネルヴァ書房）pp.203～232。

三菱商事に限らず鉄鋼サプライ・チェーンでの総合商社の立場は弱く収益力は脆弱だった。1970年代前半，鉄鋼産業が原油高騰と円高により構造不況業種化し，高炉メーカーと自動車メーカー等がコスト削減のため直取引を一般化すると，総合商社の加工・流通過程での地位は低下した。1980年代も「鉄冷え」は続き，総合商社は鉄鋼建材・鋼管・特殊鋼等の分社化で収益悪化に歯止めをかけるのが精一杯で，1990年代，バブル崩壊後の内需縮小と高炉メーカーの経営統合により，影響力はさらに後退した[37]。

国内鉄鋼製品ビジネスの苦境と2000年代の幸運

　鉄鋼サプライ・チェーンでの地位の弱さに加えて，鉄鋼製品トレードの利益率は鉄鋼原料と比べて低く，鉄鋼市場がバブル崩壊後の国内需要収縮を迎えると，鉄鋼製品市場の不振は鉄鋼製品の加工・卸にも深刻な影響を与えた。1999年，日産自動車の鋼材調達先選別を契機とする鋼材価格の値崩れは鉄鋼再編の決定打となったが，総合商社の鉄鋼製品部門にも大打撃となり，バブル崩壊後に財務状況が深刻化していた伊藤忠商事と丸紅は2001年に鉄鋼製品部門を伊藤忠丸紅鉄鋼に分社統合，2003年には三菱商事と旧日商岩井の鉄鋼製品部門がメタルワンに分社統合する事態に至る。

---

[37] 1990年代，国内高炉メーカーは，①国内建設市場縮小，②過剰生産設備の存在等で採算悪化に苦しみ，1999年に日産自動車の鋼材調達先選別を契機として鋼材価格の値崩れが発生すると，「生き残り」のための業界再編に着手。2002年に日本鋼管と川崎製鉄が経営統合しJFEホールディングスを設立，新日本製鐵，住友金属工業及び神戸製鋼所が資本・業務提携を締結して，二大グループに再編された。

〔図23〕 鉄鋼製品の年平均価格（東京）推移

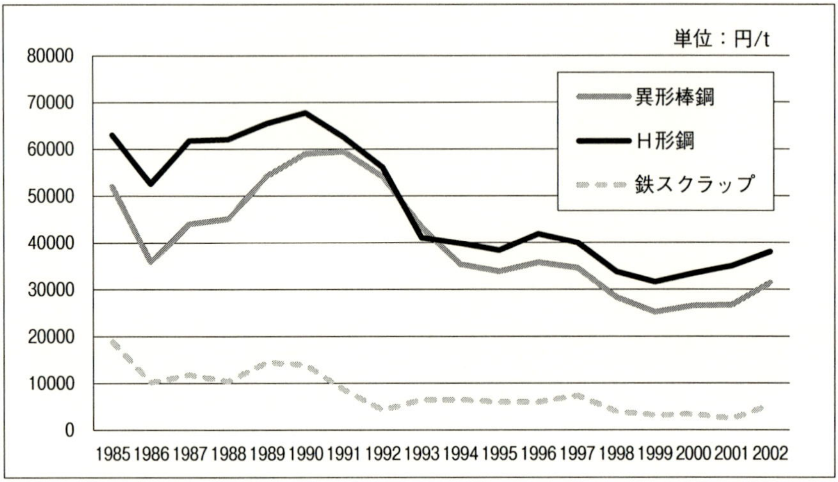

単位：円/t

凡例：異形棒鋼、H形鋼、鉄スクラップ

（出所）経済調査会「積算資料」により作成

　2000年代初頭の鉄鋼ビジネスの先行きは厳しく，三菱商事の鉄鋼製品事業の中核に位置するメタルワンにせよ伊藤忠丸紅鉄鋼にせよ，発足時には国内市場の低迷により経営破綻の危機にあった。しかし，総合商社の鉄鋼部門は2000年代に中国の経済成長と日本メーカーの中国展開の2つの「神風」により救われる。第一に，2000年代に中国の爆発的成長等により資源価格が高騰を続け，鉄鋼原料部門がエネルギー部門と並んで総合商社の業績を牽引する好業績部門に生まれ変わる。第二に，2000年代，中国進出した日系メーカーが自動車・電機向け表面処理鋼板・電磁鋼板，建材・容器・鋼製家具向け鋼板，二次流通向け薄板類等を大量に需要する幸運にメタルワン等は恵まれた。メタルワン等は，素材の流通・加工・保管・納入管理等の総合的サービスを提供し，グローバル展開する日本企業の海外需要を押さえ，目覚ましい成長を遂げる[38]。

---

38) 三菱商事ホームページ，「MCライブラリー」の「プロジェクト物語」中，「メタルワン」参照（http://www.mitsubishicorp.com/jp/ja/mclibrary/projectstory/vol04/page2.html）。

(3) 今後の三菱商事金属グループの成長戦略

アジア圏における新規顧客開拓

　三菱商事の鉄鋼ビジネスは2000年代中国の爆発的な経済成長に救われた。特に，2で見たように，川上の鉄鋼原材料トレードでは，三菱商事は中国の爆発的な鉄鋼原料需要拡大から資源投資ビジネスを通じて巨利を得た。しかし，中国経済減速等を背景とした資源の宴終焉により鉄鋼原料価格は低迷しており，中国では2016年1月に国務院常務会議が掲げた1～1.5億トンの鉄鋼過剰生産調整により鉄鋼原料需要は減少必至である。また，新日鐵住金，JFE等の国内需要者は引き続き重要な顧客ではあるが，国内鉄鋼生産は1985年以降1億1,000トン前後を横這いするに止まり，成長は期待できない。このため，今後，三菱商事が鉄鋼原料トレードの成長を図るには，経済成長に伴いインフラ関連需要拡大が期待できるアジア圏で新規顧客を開拓する必要がある。

　また，川中（鉄鋼製品の加工・卸）では，メタルワンは2000年代に中国展開する日系企業の鉄鋼製品需要を捉まえて経営危機を脱出できたが，日本メーカーの中国展開も一段落したため，今後日系企業関連需要は伸びを期待できない。また，国内経済も少子高齢化により更なる活力鈍化に陥ると見込まれるため，国内需要は横這い以上を期待できない。このため，メタルワンも企業成長を図るには，中国・インド・東南アジア等の鉄鋼製品需要を捉まえる必要があり，アジア圏で勃興しつつある地場ゼネコン，自動車・家電・製缶等の地場メーカー等を顧客開拓しなければならない[39]。

鉄鋼ビジネスのアジア圏規模化に向けた取組

　三菱商事は2020年代以降の金属グループの成長に向けて，川上の鉄鋼原料ビジネスだけでなく川中・川下の鉄鋼製品ビジネスのグローバル化も進めようとしている。三菱商事は2013年にMitsubishi Corporation RtM International社（RtMI）をシンガポールに設立，金属資源トレーディングに関する本社機能を移転しグローバル・ベースで事業統括させるとともに，日本には支社の三菱商

---

39) メタルワン「新・経営計画2016年（2015～2016年度）」（2015年5月公表）。

事RtMジャパン社を設置し国内高炉メーカー等に関する事業を管掌させた。シンガポールを世界本社として，東アジア，東南アジア，南アジアの高炉・電炉メーカーの顧客開拓を本格化しようとしている。

　ただし，(2)で見たように鉄鋼サプライ・チェーンは内需型のものであり，川上・川中・川下を一気にグローバル化することは難しい。メタルワンもアジア圏展開を成長戦略としているが，事業基盤は伝統的な国内顧客に置いており（2015年度の連結売上高の55.5％が国内関連），三菱商事が鉄鋼原料トレードのアジア規模化のため本社機能を海外移転したような急進的な措置は採れず，当分の間，三菱商事の鉄鋼部門のグローバル化に向けた取組は川上の鉄鋼原料トレードを中心としたものになると考えられる。

　川中のグローバル化はメタルワン次第である。海外資源地で調達した鉄鋼原料を中国・東南アジア・南アジア・日本の鉄鋼メーカーに供給し，各地の鉄鋼メーカーが製造した鋼板等を地場流通させ，最終需要者に供給するサプライ・チェーンの構築まで三菱商事の取組が及ぶかは定かでないが，いずれにしても，三菱商事は2013年の金属資源トレーディングの本社機能のシンガポール移転により，「日本国内の需要者を顧客として，金属資源の安定供給を図るビジネス」から，「アジア新興国で急成長する製鉄会社などの顧客開拓」により，国際資源会社（豪州石炭・鉄鉱石）とアジア顧客（鉄鋼・鉄鋼製品メーカー・鉄鋼製品需要者）を結ぶアジア域内ビジネスへの転換をスタートした。この気宇壮大な取組が成功することを期待したい。

PART 2 非資源部門の成長戦略

　グローバル化は非資源部門にも共通の戦略である。総合商社は2000年代央以降，中国等の海外成長の取込みに向けてグローバル展開を進めた。三菱商事は中東で化学品生産に乗り出し，安価な原料により地場生産した化学品を中国・東南アジア等に供給するグローバル・サプライ・チェーンを構築した。非資源に強い伊藤忠商事は，三菱商事・三井物産が国内市場をグリップしているため，早くから海外展開に活路を見出してきた。

　資源ビジネスも海外顧客獲得は容易ではないが，非資源ビジネスは川上に生産者，川下に最終需要者が多数存在し，総合商社に限らず「囲込み」は難しい。各国市場では食料・繊維等で有力地場企業が流通網を握っているケースが少なくなく，競争環境は厳しい。総合商社は海外市場参入のため地場有力企業との提携等に取り組んでいるが，地場企業と総合商社の意図・戦略等が一致せず中国市場等では苦戦が続いている。

第6章
総合商社の非資源部門シフトとグローバル展開の重要性

1 「資源の宴」終焉後の非資源ビジネスの位置付け

　資源の宴終焉後,総合商社は資源部門の業績悪化に対応して,非資源部門（食糧・食品,衣料,化学品,建材,金融,不動産等）の強化に乗り出している。「非資源商社No.1」を掲げる伊藤忠商事は非資源部門に牽引される形で2015年度連結純利益が2,400億円となり,資源減損で連結純損の三井物産,三菱商事を抜いて総合商社トップに躍り出た。

　2000年代の総合商社の好業績は資源部門に牽引されたが,基盤は総合事業会社等のビジネス・モデル,事業ポートフォリオ管理等にあり,ポートフォリオ管理上,資源・非資源バランスは重視されてきた。三菱商事は2015年度▲1,500億円の連結純損を計上したが,チリ銅鉱山事業等に係る減損▲4,500億円をカバーしたのは非資源部門の連結純利益2,000億円だった。住友商事も,北米タイトオイル事業,アナコルダ銅事業の減損等により収益悪化が続いているが,非資源部門がやはり同社の収益を下支えしている[40]。

　しかし,資源価格が低迷を続けて資源部門の収益が悪化し続ける中,短期的

[40) 例えば,住友商事のメディア・生活関連産業部門では,同部門を牽引するジュピター・テレコム（J:COM）がケーブルテレビ・多チャンネル番組供給事業を行っており（2014年度末で契約世帯数国内シェア50％）,テレビ・通信・インターネットのサービスを一体提供するとともに,業界の草分けとしてテレビショッピング事業を展開している。リテイル分野では,テレビショッピングに加えて,食品スーパー（サミット）,ドラッグストア（トモズ）を主力事業として,消費者の多様なライフスタイルに対応した事業展開を実施している。なお,建設不動産では,オフィスビルや商業施設の賃貸・運営事業,住宅開発・分譲事業,不動産ファンドビジネス等を展開しており,2013年以降の不動産好況の中で実績を上げてきた。

第6章　総合商社の非資源部門シフトとグローバル展開の重要性　　101

には資源・非資源バランスの修正は正解であるとしても，非資源部門は内需依存型の事業分野が多く，資源部門と同様に国内経済の長期停滞問題に直面している。このため非資源ビジネスにおいても，総合商社が中長期的成長を追求するならばグローバル展開型の非資源ビジネスへの取組が不可欠である（いたずらに非資源比率を短期で引き上げることは，内需に依存する国内中心型ビジネスへの傾斜をもたらし，長期的な企業成長につながらない，資源部門の不振を補う一時しのぎに終わりかねない）。

2　非資源ビジネスのグローバル展開

(1)　伊藤忠商事の非資源部門の海外展開

　非資源ビジネスには，国内中心型とグローバル展開型の2種あり，「非資源商社No.1」を標榜する伊藤忠商事の非資源ビジネスは2000年代よりグローバル展開に注力してきた。国内市場を三菱商事・三井物産等の所謂「財閥系商社」に押さえられている関係で，伊藤忠商事が成長するには，資源・非資源を問わず国内市場に注力していては限界があり，海外展開が重要となった（第1部第1章2(3)参照）[41]。

紙・パルプ・ビジネス事業のグローバル展開

　例えば，伊藤忠商事は，アジア・ヨーロッパ・北米に構築したパルプ販売ネットワークを基盤として，「世界ナンバーワントレーダー戦略」を推進している。特に，ブラジルで王子製紙等と合弁設立したCelulose Nipo-Brasileria S.A.は，ユーカリの高い原木生長量と徹底した生産効率化により，パルプ生産拠点として世界レベルでの優位性を築いている[42]。2012年には世界最大級のフィンランド針葉樹パルプメーカーMETSä FIBRE OYの発行済株式24.9%を取得，針葉樹パルプの新規商圏も獲得。これによりリーディング・グローバル・パルプ・トレーダーとしての地位を一層堅固なものとした。

---

[41] 伊藤忠商事は，繊維部門では，総合商社他社が1970年代以降の「繊維不況」により繊維部門から縮小・撤退する中で「残存者メリット」を獲得，1980年代以降はブランド・ビジネスの新機軸により国内市場で強固な立場を築いてきた。

ゴム・タイヤ・ビジネスのグローバル展開

　天然ゴムはタイとインドネシアで世界生産の約6割を生産するが，伊藤忠商事は天然ゴム加工業には国際的大型資本の参入が少ないことに着眼し，インドネシアではスマトラ島南部にABP社を合弁設立，スマトラ南部の生産量の35%を生産，タイではパートナー2社との合弁生産によりタイ全体の約4割を生産するなど，東南アジアにおいて総合商社最大級の天然ゴム加工事業を展開。さらに天然ゴムをタイヤ・メーカーに卸し，川中ではタイヤ・メーカーから製品販売委託を受けてブランド販売を行っている。

　また，伊藤忠商事は天然ゴム加工，タイヤ製造販売で培ったノウハウを活かして，露・米・欧ではタイヤ卸・小売事業にも進出。英国では，2004年に買収したタイヤ卸売Stapleton's社に対して，日本のタイヤ販売事業のノウハウ・販売モデルを導入，現地最大手卸に成長させることに成功した。さらにタイヤ流通の小売段階に進出すべく，2011年，英国大手Kwik-Fit社を買収，日本のノウハウ・販売モデルを導入して顧客サービスを改善，同社の欧州販売ネットワークを通じて欧州中古タイヤ販売に取り組んでいる。

化学品ビジネス

　伊藤忠商事はタキロン，シーアイ化成を関係会社として，住宅資材・工場用建材等の合成樹脂加工品取引に強みを有してきた。合成樹脂は成熟産業であり高成長・高収益を期待できるハイテク部門ではないが，市場シェアを確保できれば，安定収益を長期期待できる。同社は，中国・米国・サウジアラビア・トルクメニスタン等に汎用合成樹脂の供給会社を確保，北米・東アジア・欧州で販売体制を整え，生活資材関連分野において，合成樹脂加工品のグローバル調

---

42) 1973年，セニブラ社は，日伯合弁の国家事業として，ブラジルのミナスジェライス州に設立された。現在，王子製紙を中心とする国内大手製紙会社14社，JICA，伊藤忠商事の出資のもと，日本資本100%の企業として運営されている。同社は25万haの土地を所有（神奈川県の広さに相当），このうち13万haにユーカリ植林を行い，年間120万トンのパルプを生産している。その原料には再生可能な植林木のみが用いられ，高い原木成長量と徹底した生産合理化により，セニブラのコスト競争力は世界のトップレベルにあり，伊藤忠商事は同社への出資・参画により，生産から販売までの全バリュー・チェーンに関与している。

達・供給網を構築している。川上原料生産では，中国で三菱化学との合弁によりポリエステル原料生産を2007年から開始，製品の過半を伊藤忠商事が中国国内向けに販売。ブルネイでは2010年より三菱ガス化学と合弁でメタノール生産をスタート，中東・東南アジア・中国向けに伊藤忠商事が販売している[43]。

(2) 総合商社の非資源部門の海外展開

非資源ビジネスは国内取引に重点を置くものが多いが，総合商社他社においても，2000年代，地場取引・第三国取引に取り組んで成功した事例は多数列挙できる。三菱商事であればタイいすゞ事業，住友商事であれば自動車部門が成功事例として有名であるが，ここでは三菱商事化学品部門，住友商事自動車部門の事例を紹介しよう。

三菱商事化学品部門のグローバル展開

経営破綻の危機に瀕した1990年代末〜2000年代初の事業再構築期に，三菱商事化学品グループは「コア・ビジネスへの集中」，「資源立地型事業（原料競争力のある地域での生産）」に取り組み，2000年代以降，同社は原料競争力のある地域で生産した化学品を中国・東南アジア等の需要地に供給する（国内市場を介さない）グローバル・サプライ・チェーンをいち早く構築した。

---

43) 伊藤忠商事は樹脂製品製造の強化のため，2009年シーアイ化成を持分法適用会社から完全子会社化。同社は，包装用フィルム，建装用資材，農業・土木用資材等を米国・中国・伊・ウルグアイ等で生産しており，伊藤忠商事は合成樹脂のグローバル市場開拓への寄与を期待している。また，2006年，伊藤忠商事はインドネシアにてゴミ袋を生産する日本サニパックを100％子会社化，2011年には，プラスチック袋を生産するNarendra Plastic社（インド・ムンバイ）を買収し，東アジア地域，特にASEAN諸国を中心にゴミ袋，プラスチック袋のグローバル供給力を強化。なお，中国でも，福助工業の上海・天津生産会社（プラスチック袋），理研の上海生産会社等に出資，合成樹脂加工品の供給体制を整えている。

〔表6〕 三菱商事化学品グループのグローバル展開

汎用品第一本部	石油化学・クロールアルカリ分野において，合成樹脂原料，合成繊維原料等のトレーディングと事業投資を実施。ポリエステル原料は，繊維・PETボトル向けに中国需要が拡大しており，新興国を中心に需要の持続的拡大が見込まれる。主要生産地は，コスト競争力のある中東，シェールガス開発に伴い石油化学産業再興の動きのある北米，内製化の進む中国等にシフト。三菱商事では，各地域のニーズに応じた柔軟な供給体制確立を目指し，特に中国市場を重視して，中国国産品・輸入品を合わせて柔軟にユーザーに納品できる供給体制確立と，市場におけるインサイダー化を課題としている。事業投資としては，マレーシアでAromatics Malaysiaを合弁設立（出資比率30%），パラキシレン・ベンゼン製造販売事業を展開している。
汎用品第二本部	メタノール，アンモニア，エタノール，化学肥料等のトレーディングと事業投資を実施。メタノールは中国等新興国市場で需要が顕著に拡大，各国でプラントの新増設が続いている。三菱商事は，原料の天然ガス・鉱産物・農産物の地域的な偏在に鑑み，資源立地型事業投資や長期購入契約による製品安定確保に取り組んでいる。アンモニア生産については，インドネシアでKaltim Parma Industri社を合弁設立（50%出資），2002年より生産開始。メタノール生産はベネズエラでMetanol De Oriente, Metor社を合弁設立（出資比率25%），製造販売を2010年より開始した。
機能化学品本部	プラスチックや機能商品，電子材料の原材料・素材から材料部品の川中・川下分野でグローバルな供給体制を強化することを課題として，中国等新興国の需要増を背景に合成樹脂・塩化ビニールの販売を伸ばしている。生産関連会社への事業投資はせず，100%子会社の三菱商事プラスチックなど販社投資に重点を置き，製品調達力強化のため海外スタッフや分社・販社の人材の商品評価力向上等に取り組んでいる。
サウディ石油ユニット	サウジアラビアでのポリエチレン，エチレングリコール製造販売事業を分掌。三菱商事はサウディ石油化学（30%出資）を通じ製造会社SHARQに出資，包装資材・フィルム・PET樹脂・ポリエステル繊維等の川上原料を製造供給。2010年の第三次増設以降，生産量倍増を達成，製品はアジア，欧州向けに販売。樹脂販売強化策の一環としてフィルム，袋等の川下加工業に事業投資し，コスト競争力のあるSHARQ製品を三菱商事プラスチック経由で国内需要家向けに輸入販売している。

（出所）アニュアルレポートに基づき作成

住友商事自動車部門の海外展開

　自動車ビジネスでは，最上流の原料調達から部品製造，完成車製造，輸出，卸売，小売，融資，レンタル，リースに至る長大なサプライ・チェーンが形成されており，アフターサービス，リサイクルも含めればサプライ・チェーンに関与する企業は数えきれないが，川上から川下まで多段階関与して事業展開する企業は総合商社のみである。

　住友商事自動車部門も製造，販売流通，ファイナンス・リースとサプライ・チェーン全域で事業展開している。同社の自動車ビジネスは，自動車メーカーの海外輸出・販売委託業務からスタートし，1970年代以降，自動車各社が主要市場の欧米・東南アジアで自前の販売・サービス網を構築していくと，中東・中南米地域等のメーカーに余力のない地域での輸出・販売業務を請け負うようになる。このため，住友商事では，成長性の限られた輸出・販売以外の収益分野を模索，エンド・ユーザーに近い川下の自動車金融に目をつけて東南アジア・東欧で自動車・二輪車ローン事業に取り組んだ。

〔図24〕　住友商事の自動車バリュー・チェーンにおける事業展開

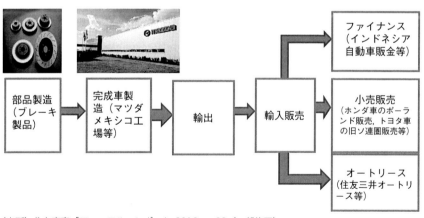

（出所）住友商事「アニュアル・レポート2012」p.28（一部修正）

住友商事の海外自動車金融事業の中心は，人口約2億4,000万を擁し，2014年度の四輪・二輪自動車の販売台数が123万台，774万台で，今後も伸びの期待されるインドネシアにある。自動車金融は申込獲得・審査・契約・融資・回収から成り，資金力に加えて，地場事情に通じた担当者による，顧客の返済能力審査，顧客との日常的コンタクト等を通じた遅滞のない債権回収が重要である。住友商事はOto Multiartha社（四輪），Summit Oto Finance社（二輪）に1994年以来出資し自動車金融事業を展開している。

　また，住友商事は，1999年ルノーとの経営統合後の日産の部品調達見直しにより経営不振に陥った自動車部品（ブレーキディスク等）製造会社キリウを買収，川上の部品製造段階に進出したが，2000年代に自動車生産がグローバル化して世界メーカーの新興国での生産拠点構築が進む中，キリウが中国・インド・メキシコ・タイ工場で生産した自動車部品を，自社のグローバル・ネットワークにより顧客開拓し，販路を広げている。キリウ買収による製造段階への進出は，自動車メーカーとの新興国・新興地域での完成車製造につながり，住友商事はマツダと合弁でメキシコに自動車製造事業会社（マツダ・デ・メヒコ・ビークル・オペレーション）を設立，2014年1月以降，今後，北米・中南米で需要の高まりを見込む低燃費の小型車の量産を開始した。また，インドでは，いすゞ自動車との提携を強化し商用車の生産拡大を目指している[44]。

---

44) 三菱商事は資源の宴終焉の2012年頃まで"Value Chain Design"をビジネス・モデルとし，総合商社他社も類似のコンセプトで自社ビジネスをIRしてきた。住友商事は自動車サプライ・チェーンを川上から川下まで多段階にわたり，トレーディング・事業投資・金融等広範な事業展開をしているものの，サプライ・チェーンの各段階における事業は，三菱商事のLNGビジネスの生産・液化・輸送・国内貯蔵・供給のように川上から川下まで連鎖一貫するものではなく（キリウの自動車部品製造とインドネシアの自動車金融は相互独立した事業展開である），事業展開地域もアジア，北米，中南米，中東等と文字通り世界中に散在しており，海外でビジネス・チャンスのある地域に事業展開した結果という体を示している。ここでは，サプライ・チェーンにおける独占的ないし寡占的なコントロール力を前提としてサプライ・チェーン全体の発展を図るといったビジネスは追求されておらず，自社が展開する事業で得られた知見・ノウハウを，サプライ・チェーンの川上・川下で活用することで新規収益事業を立ち上げる「複数事業の有機的連結」が展開されている。

第7章

非資源部門のグローバル展開を阻む壁（地場市場参入の困難）

　資源，非資源を問わず，外国企業にとり海外市場参入は容易ではない。資源ビジネスは各国国営資源会社の存在により海外顧客の獲得は容易でないが，食料・繊維など非資源ビジネスの場合も，各国市場には有力地場企業が存在し流通網を握っており，多数の競争相手を打ち負かして市場参入することは容易ではない。総合商社は地場有力企業との提携等により市場参入に取り組んでいるが，地場企業との間で意図・戦略等が「同床異夢」で一致していないため，提携が所期の成果を産まないケースが少なくない。2020年代以降も総合商社が企業成長を続けられるかはグローバル提携戦略の成否にかかっているが，本章では伊藤忠商事食料カンパニーのグローバル提携戦略を見る。

1　伊藤忠商事食料カンパニーの国内SIS戦略

　伊藤忠商事食料カンパニーは2014年度の全社連結純利益3,006億円の37.1%に相当する1,114億円を稼ぎ出し（2015年度は一過性利益の反動等により2,404億円中255億円），同社の安定収益基盤となっている。これまで食品カンパニーは国内市場を強固な収益源として，川上では，米国・豪州等主要生産地の生産会社（穀物油脂・畜産品・コーヒー等）を関連会社・子会社として資源確保を図り，川中では，製造段階で伊藤忠製糖・伊藤忠飼料・プリマハム等を子会社化，卸段階では伊藤忠食品及び日本アクセスを中核会社として食品流通網をコントロール，川下では，量販店・スーパー（ユニー），コンビニエンスストア（ファミリーマート），外食チェーン（吉野家等）を押さえ，「原料から製品，食料全般にわたる事業領域で，国内外で資源開発からリテイルまでを垂直統合した効率的な商品の生産・流通・販売」に取り組んできた（SIS戦略）[45]。

しかしながら，国内市場を中心とした事業活動には成長の限界があり，2000年代後半，リーマン危機に起因する景気後退以降，新たな市場を求めて海外進出する動きが，食品メーカー・食品流通業の間では加速している。伊藤忠商事も「アジア（日本・中国を含む）における食料業界のリーディングカンパニー」を長期的目標として，国内市場で成功したSIS戦略を中国・東南アジアでも再現することを狙っている。同社食料カンパニーの海外展開は早くも2000年代前半よりスタートしており，中国・東南アジアでの戦略的パートナー探しと協業の具体化に試行錯誤しつつ取り組んでいる[46]。

---

45) 川中・川下では，日本経済が長期デフレ停滞から脱却できず，国内市場が緩やかに縮小し業界寡占化が進行する中，卸・小売の一体的な事業展開により効率性を高め，小売サポート体制の強化と新規商品開発によりマーケット・シェアを維持することが総合商社では課題となった。このため，伊藤忠商事は三菱商事と同じく食品卸再編に取り組み（2006年日本アクセスを子会社化，2007年日本アクセスと西野商事の統合，同年の国産青果物卸アイスクウェア設立等），2009年のスーパーマーケットのユニーとの資本・業務提携など川下分野の強化を図った（2015年以降推進されてきたコンビニエンスストアのファミリーマートとユニーの統合はその流れの一環である）。また，伸び悩む国内消費を前に消費者ニーズを掘り起こすため，伊藤忠商事は，各部門と食品メーカー，ベンダー・卸，量販店・スーパー等による商品開発会議を開催し，宅配食品・冷凍食品・飲料等の新商品開発に当たってきた。

46) 伊藤忠商事はインドネシアにおいて1991年よりツナ缶製造販売事業，1995年よりコーヒー製造販売事業を実施してきたが，近年は2012年より雪印メグミルクのプロセスチーズ製造販売事業，2014年よりカルビーの菓子製造販売事業に参画している。

　ツナ缶製造・販売では，伊藤忠商事ははごろもフーズと国内・中東向けツナ缶詰の製造・販売会社を合弁設立（伊藤忠商事47%，はごろも33%を出資）。伊藤忠商事が経営全般，はごろもフーズが生産管理に責任を負う形で事業展開してきたが，2014年にはツナ缶のインドネシア現地販売のため生産工場拡張に踏み切り，現地供給を開始している。

　コーヒー製造販売では，伊藤忠商事は，UCC上島珈琲，インドネシアのプラシーダアネカニアガとインスタントコーヒー製造会社（ACI: PT. Aneka Coffee Industry）を合弁設立（出資比率は伊藤忠商事26.8%，UCC上島珈琲23.2%，プラシーダアネカニアガ50%）。1995年以降，伊藤忠商事は，インドネシア最大のコーヒー製造・輸出企業Prasidha Groupの子会社プラシーダアネカニアガと提携することで，インドネシア産コーヒーを原料ポートフォリオに加え，UCC上島珈琲の流通網を通して国内供給するビジネスを企画推進してきたが，現在，ACIはインスタントコーヒーからブレンドコーヒー（顧客の特注に応じたブレンド品を含む）に及ぶインドネシア産コーヒーのグローバル供給に乗り出している。

　これに対し，プロセスチーズ製造販売事業，カルビー菓子製造販売事業は，日本メーカーのグローバル展開を伊藤忠商事がアシストするもので，プロセスチーズ製造販売事業は，雪印メグミルクが中期経営計画で成長戦略として打ち出したプロセスチーズの現地製造・販売を行うもので，出資比率は雪印メグミルク51%，ロダマス社40%，伊藤忠商事9

〔図25〕 伊藤忠商事食料カンパニーの垂直統合戦略

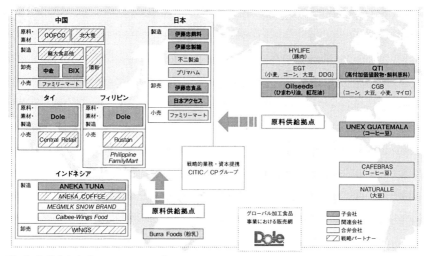

(出所)伊藤忠商事「アニュアル・レポート2015」

2　中国市場参入第1幕：2000年代の中国SIS構築への挑戦

　中国展開の初期段階にあたる2000年代前半，伊藤忠商事は北米・豪州で集荷した食品原料を中国・東南アジアに輸出，中国・東南アジアで現地戦略パートナー及び日本食品関連企業との提携で築いた製造・加工・卸売・小売のサプライ・チェーンを通じ，製品流通させることを構想する。中国進出を目指す外資系企業と同様に，伊藤忠商事も自社戦略の実現において最適な現地パートナーの発見・確保に苦労してきた。

(1)　台湾系・頂新集団との提携とファミリーマートの川下展開

　伊藤忠商事は，中国企業との直接提携による投資リスクを回避するため，ま

％と雪印メグミルク主導である（ロダマスはインドネシアの華人系コングロマリット）。また，カルビー菓子製造販売事業は，2008年までユニリーバ・インドネシアへのライセンス生産によりスナック菓子を現地販売していたカルビーが，日本市場での販売の伸び悩みを受けてインドネシア市場への再進出を図るもので，食感などの強みを生かすため，自社が運営に携わる工場を建設して現地生産販売を目指している。出資比率はカルビー90％，伊藤忠商事10％出資で設立されたSPCが50％，インドネシアの代表的財閥企業Wings groupが50％とカルビー主導となっている。

ず台湾資本・頂新集団を戦略パートナーに選んだ。頂新は1990年代より中国市場参入，インスタント・ラーメン，清涼飲料事業を始めとする食品関連事業で成功を収めてきた企業であり，日本食品・飲料メーカーの製品を品揃えに加えることで中国事業の一層の発展を企図した。2002年に伊藤忠商事は頂新と包括戦略提携を合意後，2004年にアサヒビールとともに頂新の清涼飲料（茶系飲料水，ミネラルウォーター）・物流事業に資本参加するとともに，ファミリーマートの中国店舗網整備を後押しして，川下のコンビニエンスストア分野から中国食品バリュー・チェーン構築に着手する。

　ファミリーマートは1988年台湾を皮切りにアジアを中心として海外店舗網構築に積極的に取り組んできたが，中国には2004年7月に上海に1号店をオープン後，上海を足掛かりとして2007年広州・蘇州，2011年杭州，2012年成都・深圳，2013年北京・天津に進出，2012年度末1,200店舗，2020年度末までに8,000店を目標に店舗網を拡大した（2012年2月末で中国の800店舗中約640店舗が上海に集中）。地場密着型のコンビニエンスストア事業は地場パートナーとの提携が重要であり，ファミリーマートの中国展開は頂新集団及び台湾ファミリーマートとの提携が支えたが（伊藤忠商事はグローバルな商品調達網及び流通インフラを提供），2011年には頂新がファミリーマート中国の株式の59.65％を取得，実質的運営を担うこととなった[47]。

47）ファミリーマートは国内では第3位のコンビニエンスストアであるが，1988年台湾を皮切りに（1990年韓国，1993年タイ）アジアを中心として海外展開に積極的に取り組んできた。2009年には海外店舗数が国内店舗数を抜き，2013年末で国内1万162店舗に対して海外1万2,949店舗と差は開き続けている。地域密着型のコンビニエンスストア事業では，現地有力パートナーとの連携が基本であり，ファミリーマートは地場企業へのライセンス方式ではなく，地場パートナーと合弁会社を設立し自ら事業参画する方式を基本としている（現地有力パートナーとの連携は，フランチャイズ拡大による既存小売業への悪影響を懸念する地方政府，地域で異なる法律・規制への対応でも重要）。現地パートナーとは，持続的にコンビニエンスストアビジネスを発展させるため事業戦略，企業理念を含めて認識を共有，ファミリーマートが商品・接客ノウハウ・事業ノウハウ等の経営資源を提供するとともに，現地パートナー企業のマーケット情報やネットワークを活かして，現地に最適化したビジネスを展開。コンビニエンスストアは中国で「便利店」と呼ばれ，中国初の便利店は1987年広州市で地元資本により誕生，2012年末時点で中国全土で約6万6,000店舗（トップ44社計）が存在し，日系企業は中国市場で熾烈な競争を闘っている（上海は世界屈指のコンビニエンスストア激戦区）。

(2) 日系食品・飲料メーカーとの川中展開と現地食品卸買収

　ファミリーマートの川下展開と同時に，伊藤忠商事は川中での事業展開を図り，2004年のアサヒビール・頂新との飲料事業に続き，2005年にはカゴメ・頂新との飲料事業（野菜飲料・野菜果実飲料），2008年には敷島製パン（Pascoブランドで著名な日本国内第2位の製パン企業）・頂新との製パン事業（Pascoブランドの菓子パン・食パンをファミリーマート及び頂新集団のスーパー等を通じて販売），日本製粉・頂新とのプレミックス粉事業を立ち上げ，2008年には頂新集団に20％出資して関係強化を図った。また，日本食品メーカー（ニチレイ，マルハニチロ等）からの調理冷凍食品の製造委託で成長した龍大食品集団（山東省）に伊藤忠商事は2009年資本参加し，2015年にプリマハム，龍大と高品質食肉食品事業等を立ち上げている。

　ただし，頂新集団との提携は，頂新が製品ラインアップ拡充のためブランド追加したい日本食品・飲料がメインとなるため，伊藤忠商事がそれ以外の食品メーカー等の中国進出を支援するには独自の一般食品卸が必要となった。そのため，2007年1月，中国現地法人・伊藤忠集団は，上海中金（1995年設立，上海市を中心にスーパーマーケット，コンビニエンスストア，飲食店等292社・5,500店舗に商品供給する食品卸。2007年の売上高は約21億円））を連結子会社化した（80％出資）上で，2009年7月に食品卸大手・日本アクセスを上海中金に資本参加させ，経営ノウハウ供与，営業・物流の機能拡充を図り，上海中金に華東地域（上海を中心に江蘇省及び浙江省地帯を総称した長江デルタ地帯）をカバーする役割を与えた[48]。また，伊藤忠商事は中国浙江省最大の地場系日用雑貨卸である杭州新花海商貿有限公司を買収，日系企業と欧米企業の化粧品・スキンケア製品等の販売網を強化し，新花海の地場営業・末端顧客サービ

---

[48] 2007年1月，伊藤忠商事の中国現地法人・伊藤忠集団が，上海中金（1995年設立，上海市を中心にスーパーマーケット，コンビニエンスストア，飲食店等292社・5,500店舗に商品供給する食品卸。2007年12月期の売上高は1億4,215万元（約21億3,000万円））に80％出資し連結子会社化。さらに2009年7月，食品卸大手・日本アクセスが伊藤忠集団出資分のうち25％を買い取り上海中金に資本参加。日本アクセスは上海中金を中国流通市場での卸事業展開の中核と位置づけ，日本アクセスの経営ノウハウを供与し営業・物流面等で機能拡充を図り，日本の食品メーカーや小売業の中国進出を支援。

スのノウハウの吸収を図っている[49]。

(3) 中国国内での川上資源確保〜COFCO提携と進捗しないプロジェクト〜

　川上に関しても，伊藤忠商事は米州・豪州等に加えて中国国内でも食糧調達源を確保すべく，2008年，中国最大の食料関連国有コングロマリット企業の中糧集団（COFCO）と包括戦略提携を締結した（食糧・食品の製造・加工，流通，輸出入・第三国取引，食糧資源確保等の広範な分野で，ビジネス情報交換，人的交流を含めた経営資源の相互活用を実施）。ただし，COFCOは穀物輸出入，食料製造加工，製粉・製油等原料加工，酒類・飲料・チョコレート等食品事業等の広範な事業分野で中国トップクラスにあり，「Farm to Table（畑から食卓まで）」をスローガンに垂直統合戦略を推進しており，伊藤忠商事の中国SIS戦略と競合するため，具体的な共同事業については十分な成果が上がっていない[50]。かつ，COFCOは三菱商事も戦略パートナーとしており，同集団との提携は伊藤忠商事の独擅場というわけでもない。

　ただし，COFCO提携の成果は乏しいものの，伊藤忠商事は「食の安全」の観点から中国川上資源へのアクセスに成功している。近年，中国では，所得水準向上に伴い高付加価値食品へのニーズが増しており，食の安全・安心への関心の高まりから産地対策が重要化している。これまで，伊藤忠商事は黒竜江省農墾総局と提携して，中国東北部の農産物（大豆，トウモロコシ，米等）を日

[49) 2009年9月，伊藤忠商事の中国現地法人・伊藤忠集団は，中国浙江省最大の地場系日用雑貨品卸である杭州新花海商貿有限公司の株式85％を取得し連結子会社化。新花海は化粧品やスキンケア商品の取扱いに強く，欧米系のメーカー・小売等からサービス面で高い評価を受け，浙江省を中心に約1,000もの小売取引先を確保。伊藤忠集団は，1997年に北京伊藤忠華糖総合加工有限公司（BIC）を設立し，日系企業を中心に衣食住の総合卸を展開，沿岸部・内陸部都市に12拠点を構築してきたが，新花海の連結子会社化により，日系のメーカー・小売に加えて欧米系のメーカー・小売を顧客化（BIC・新花海の日用雑貨分野における2010年度売上は約11億元と日用雑貨品卸として中国最大規模）。伊藤忠商事は，新花海とBICが共通に取り扱うブランド商品の売上増加を図るだけでなく，各社が従来単独で取り扱ってきたブランド商品を両社の販路に乗せることでシナジー効果を追求しようとしている。なお，新花海が有する地場営業・末端サービスのノウハウをBICに取り込み，日用雑貨品分野の販売基盤強化を企画。

本及び中国ユーザーに販売してきたが，提携を深掘りして，日本の栽培技術及び食品の安全・安心に関するノウハウを農墾総局傘下の農場に提供，中国国内で安全・安心な食料を安定供給するビジネスの立上げを企画する。2009年，伊藤忠集団は農墾総局傘下の北大荒鑫亜経貿有限責任公司に資本参加（出資比率10％）し，北大荒を通じて「安全・安心な」大豆・トウモロコシ等を中国国内ユーザーに供給することとした。

(4) 垂直統合には遠い「虫食い」的サプライ・チェーン関与

以上のように，伊藤忠商事は戦略パートナーとの提携により中国市場で川上・川中・川下に参入しようとしているが，川下のコンビニエンスストア分野においてはファミリーマートが健闘，頂新集団との提携は飲料・菓子パン事業等で成果を上げたが，川上のCOFCOとの提携は部分的なものに止まり，川中での頂新との協業は頂新側の事情（既存の品揃えに日本食品・飲料を付加してラインアップの魅力を高めたい）により限界があり，上海中金のカバー範囲も華東地域に制約される。中国垂直統合バリュー・チェーンの実現に向けて川上・川中・川下の空白を埋めようとしている段階で，10年以上が経過したにもかかわらず国内並みの垂直統合からは程遠い状況にある。

---

50) これは，2004年にCOFCOは戦略的包括提携を締結した三菱商事でも同様であり，三菱商事も長い時間をかけて協業の可能性を詰め，ようやく2009年に中国国内で高品質かつ安心・安全な食肉を安定供給するビジネスの共同実施決定に漕ぎ着けた。三菱商事が伊藤ハム，米久等の参画を得て，日本の高品質食肉の生産・加工技術と生産・加工・販売における安全・安心のノウハウを提供し，COFCOが食肉生産拠点を提供・拡充し（生産拠点を6カ所から14カ所に拡大，販売量を8倍増に），食肉製品を中国国内の卸・小売流通網に乗せる体制で2011年8月からプロジェクトをスタート。中国年間売上高を2010年度23億元（約300億円）から2017年度181億元（約2,350億円）に拡大することを目標としている。これは三菱商事の海外食肉事業強化とCOFCOの中国国内での高級食肉事業拡大という意図が合致した成果であるが，中国国内で垂直統合戦略を進める中国最大の食料関連コングロマリットであるCOFCOとの協業余地は必ずしも大きくない。

3　中国市場参入第2幕：CITIC・CPとの提携

　2000年代より取り組んできた中国SIS戦略が遅々として進まない中，伊藤忠商事は食料部門を含む中国ビジネスを一気に前進させるべく，中国市場で事業基盤構築に成功しているタイの華僑系財閥チャロン・ポカパン（Charoen Pokphand：CP）グループを戦略パートナーとして，中国・東南アジアでのSIS戦略の加速を構想する。同グループとの協業を検討する過程で，「瓢箪から駒」ではないものの，2015年1月に中国国有コングロマリット企業CITIC（中信集団）に対して，CPグループとともに資本参加する話がまとまり（CITIC株式20％を1兆2,000億円で伊藤忠商事とCPが折半取得），伊藤忠商事はCITIC・CPとの提携により中国国内で製造・加工・卸売・小売のバリュー・チェーン構築を進めようとしている。

(1)　タイ華僑財閥CPとの提携

　伊藤忠商事は，2014年7月にタイの華僑系財閥CPグループと戦略的業務・資本提携契約を締結し，中国・東南アジアにおける食料・農産物ビジネスで協業していくことを公表した（資本提携に関しては，伊藤忠商事が，CPの中国・ベトナムで飼料・畜産・水産事業を展開する子会社であるC.P.Pokphand社（CPP）の株式25％を取得，CPグループが伊藤忠商事の株式4.9％を取得）。

　CPグループは家畜の飼料生産からスタートし（中核事業の飼料生産は世界最大級の事業規模），1980年代以降，農畜産物，食料品，情報通信，流通，金融，医薬品等に多角化，ASEAN全域，中国，欧州の17カ国に多国籍展開するに至った，タイ最大かつアジア有数のコングロマリットである。CPグループの強みは，通常の外資系企業と異なり，中国の地場市場で事業基盤構築に成功した数少ない企業の一つである点にある。CPは中国名「正大（チアタイ）集団」として認知される中国最大の外資系企業集団であり，300社以上の企業が29省で農畜産品を始めとする事業を手掛け，中国政府・顧客に豊富な人脈を構築している（中核企業のCPPは飼料製造で中国最大手の一つであり，中国全土に販売網を展開）。

この提携では，伊藤忠商事は，中国・アジアの農産物・食料品分野で抜群の知名度と強固な販路等ネットワークを有するCPグループを戦略パートナーとして，中国でのビジネスを進化拡大させることを狙った[51]。伊藤忠商事は，川下のコンビニエンスストア分野ではファミリーマートが善戦しているが（中国国内第14位），食品バリュー・チェーンの川上・川中では，他の外資系企業と同様に地場市場への浸透に苦戦している。頂新集団との提携は頂新のビジネスの補完的なものに止まり，中国国内で垂直統合戦略を進めるCOFCOとの協業はもともと間口が広いものでなかった。

　伊藤忠商事は，中国は安定成長期に入ったとはいえ6％台の成長が見込まれ，かつ，経済成長が量から質に転換しつつあることを踏まえ，自社の経営資源（日本の優秀な技術，グローバル調達する商品群等）とCPグループの販路等事業インフラを組み合わせ，今後中国市場で成長する高品質な商品ニーズを広範囲でつかむことを目指した。

(2) 伊藤忠商事・CITIC・CP三者提携への発展

　伊藤忠商事とCPグループは，2014年7月の戦略的業務・資本提携契約を締結後，CPのためのトウモロコシ等飼料原料調達と日本向け畜産物・畜産加工品輸出等からスタートして協業を順次拡大していくこととしていたが，CPが中国政府より提案された国有企業CITICへの資本参加に関して伊藤忠商事にも参画を求め，中国政府等に対する根回し等にも成功した結果，2015年1月に伊藤忠商事・CITIC・CP3社提携による協業に発展することとなる。

　現在，中国政府はこれまで中小国有企業に限定されていた民営化を国有大企業にも拡大する国有企業改革を推進しており，その一環として，経営ノウハウ吸収や国際展開加速を目的として外国資本を含む民間資本を受け入れる「混合所有制」に取り組んでおり，CITICはその看板案件である。CITICは，1979年に中国政府の経済的な対外窓口として政府100％出資により設立された中国国

---

[51] CPグループは伊藤忠商事の原料調達拠点を通じて飼料原料（トウモロコシ，大豆粕，飼料用麦等）を調達し，伊藤忠商事のグローバル・ネットワークを通じてグループ各社の商品を販売することでグローバル化を加速させようとしている。

際信託投資公司に由来する企業集団であり，金融・資源エネルギー・製造業・建設・不動産・インフラ等広範な事業を中国内外で展開しており，2014年度末の総資産は92兆円にもなる中国最大のコングロマリットである。

　CPグループは1979年に外資系企業として初めて中国市場に進出後，養鶏・養豚・卵を中心として，中国農家の生産性向上のためのノウハウ提供や農産物買取り，融資等を通じて農業振興・農民所得向上に寄与してきた実績があり，中国政府等と強いパイプを有している。かかる関係から，中国政府がCITICの混合所有化にあたりCPグループに対して株式取得を働きかけたところ，CPグループは1兆円近くになる巨額投資を単独で実行する危険性を認識し，投資リスク軽減のために伊藤忠商事にも参画を求め，同時に中国政府にも根回しを行った。伊藤忠商事も1972年9月の日中国交正常化の半年前に日中貿易再開批准を取得し，日本企業の先陣を切って中国ビジネスを開始した企業であり，中国政府等とも良好な関係を保っていることから，中国政府はCP・伊藤忠商事連合によるCITICの株式取得を認可するに至る。

　2015年1月，伊藤忠商事とCPグループはCITICの株式20％を1兆2,000億円で折半取得，伊藤忠商事・CP・CITIC 3社で戦略的業務・資本提携契約を締結する。伊藤忠商事は，3社の経営資源の融合や優良資産の共同取得により，中国経済の「量から質への転換」に伴う高度需要を（食料部門に限らず）幅広い事業領域で「面的」に捉えようとしており，将来的には協業分野を中国だけでなくアジア全域にも拡げ，伊藤忠商事のグローバル・ネットワークを通じて世界に「面的」に事業展開するとする。現在，シナジー創出の可能性がある分野での3社協議を推進しており，2015年4月に3社に加えて中国移動通信集団公司，上海市信息投資股份有限公司とで上海自由貿易試験区を拠点に，日本製品の中国消費者向け電子商取引事業への提携参入に合意した。また，伊藤忠商事，CITIC傘下の中信証券股份有限公司の子会社とアパレル大手Bosideng International Holdings社と資本・業務提携契約を締結し，中国市場で繊維リテイル事業を展開する体制を整えている。3社提携が，伊藤忠商事とCOFCOとの提携と異なり共同プロジェクトを矢継ぎ早に打ち出していけるかが注目される。

4　総　括

　総合商社の資源ビジネスは各国国営資源会社の存在により海外顧客獲得は容易ではないが，食料・繊維など非資源ビジネスの場合にも，各国市場には有力地場企業が存在し流通網を握っているケースが少なくなく，多数の競争相手が存在するため競争環境は厳しい。総合商社は海外市場参入の困難打破のため地場有力企業との提携等に取り組んでいるが，地場企業と総合商社の意図・戦略等が「同床異夢」で一致せず国際提携戦略が意図通り進捗しないのも現実である。

　「中国最強商社」を自称する伊藤忠商事でも，中国市場では苦戦が続いており，2015年以降CITIC, CPとの提携に中国戦略の大転換を行ったが，伊藤忠商事が2020年代以降もグローバル化により企業成長できるかは中国市場参入戦略の成否に大きくかかっている。このため，いかに3社提携を迅速かつ広範に打ち出していけるかが勝負となっている。

　2020年代以降，総合商社が成長企業であり続けるかは，資源・非資源ともにグローバル化の成否にかかっているが，両部門ともに海外市場では外資企業である総合商社は民族資本との激しい競争が待っており，容易な問題解決を許しそうもない。しかしながら，たゆまずに国際提携戦略を一歩一歩拡大・深化させ，同時にグローバル展開に適した国際経営組織・人的資源管理を発展させる以外に道はない。第3部では，総合商社の将来を握る国際経営組織・人的資源管理に関する改革の問題を論ずることとする。

第3部

総合商社ビジネスのグローバル化と国際経営組織の変革

第2部で見たように，長期的な内外経済の動向を踏まえると，2020年代以降も総合商社が企業成長を続けるには資源・非資源を問わずグローバル化が必要であり，取引の重心を国内顧客から海外顧客に移し，国内中心型のサプライ・チェーンに代わり，グローバル・サプライ・チェーンがビジネス基盤となるよう取り組まなければならない。企業は経営環境・事業構造の変化に対応して絶えず組織を変革する必要があり，組織改革できない企業には環境適応・事業変革の成功は覚束ない。

　取引の重心の海外顧客シフト，グローバル・サプライ・チェーン成長は段階的なものであり，初期段階では既存組織の部分修正でも対応できる。総合商社は国内顧客ニーズ対応のため本国本社の中央集権的システムを採用してきたが，例えばLNG事業において，国内ユーザー中心の顧客ポートフォリオに中国・インド顧客等が加わる程度であれば，本国本社が内外サプライ・チェーンともにマネジメント可能であろう。

　しかし，海外顧客開拓が進み，現地中心取引の規模が拡大するにつれて，本国本社の遠隔操作ではニーズ把握・対応に限界が生ずる。例えば住友商事の北米鋼管事業のようにサプライ・チェーンが現地完結する事業では，現地ニーズだけでなく，現地市場にも最も精通し，効率的なサプライ・チェーンを構築できる現地会社がマネジメントにあたるべきである。本国本社が部門全体を統括しつつも，現地法人に事業計画・運営・管理の権限を委ね，自主的事業展開ができるような組織改革が必要となる。

　さらに現地事業が成長し国内ビジネスと規模・内容で並びに至った場合，例えば伊藤忠商事は食料部門において日本・中国・東南アジアで垂直統合バリュー・チェーン構築を目指しているが，従来の食料カンパニーに経営・人事・財務で独立対等な第二食料カンパニーを中国に設立することも視野に入れている。先鋭的事例ながら，三菱商事は鉄鋼サプライ・チェーンをアジア圏規模に作り替えるべく，本社機能をサプライ・チェーン・マネジメントの最適地のシンガポールに移転したが，部門によっては本国本社と海外会社の関係が逆転するケースも将来発生しよう。

　1980年代以降，日本メーカーは海外展開の本格化に伴い国際経営組織をグローバル企業からインターナショナル企業，さらにはトランスナショナル企業へと変革してきたが，総合商社も本国本社と海外会社の関係を変革し，本国本社の中央集権的体制から，本国本社主導ながら海外会社に計画・経営の自主性・自律性を認める体制，本国本社と複数の独立的な地域統括会社の協同など国際経営組織の変革に取り組む必要がある。その過程で，本国本社中心体制にはなかった「分権と統合のバランス」，グローバル・サプライ・チェーン・マネジメントを担う人材の採用・育成が課題となる。

第8章
グローバル化とカンパニー・部門の国際経営・組織の変化

1 総合商社の競争優位と国際経営のコア組織

サプライ・チェーン・マネジメント・カンパニー

　総合商社は，サプライ・チェーン・マネジメント・カンパニーであり，川上資源会社と川下資源ユーザーを結ぶサプライ・チェーンを創り出すことがビジネスの基本である。第1部第2章で見たように，総合商社は，川上・川下のビジネス・マッチングを行うだけではなく，川上・川中・川下に投資・金融・物流・コンサルティング等各種機能を提供することによりサプライ・チェーンを形成し，取引の円滑と発展を図っている。

　製造業の競争優位の源が「ものづくり」能力にあるように，サプライ・チェーン・マネジメント・カンパニーとしての総合商社の競争優位は「サプライ・チェーン・マネジメント（企画・形成・運営・管理）」能力にある。総合商社は，グローバルに散在する事業・企業を結びつけ，モノ・サービスの商いを考える（企画）だけに終わらず，サプライ・チェーンにおいてモノ・サービスの取引を成立させるのに必要な「チェーン」（例えばLNG事業であればガス液化，LNG輸送等の川中過程）を整え（形成），川上サプライヤーから川下ユーザーにモノ・サービスが事業構想どおり供給されるよう運営・管理する企業体である。運営・管理には，川下ユーザーの新規需要を開拓し川上サプライヤーに新たなビジネス・チャンスを提供し，川上ユーザーの供給能力を改善向上させることで川下ユーザー便益を増加させることも含まれ，総合商社はサプライ・チェーンのマネジメントを業とする点で専門商社と異なる[52]。

　サプライ・チェーンは，国内マンション販売のように一国内で完結するもの

もあるが，多くは川上から川下までの過程で複数国にまたがり，国籍も異にする複数の企業がサプライ・チェーンの各段階でトレーディング，事業投資，物流，金融，コンサルティング等の事業を行っている。総合商社は，サプライ・チェーンを企画・形成する過程で，基幹ビジネスであるモノ・サービスの商い（LNGサプライ・チェーンであれば海外資源会社と国内電力・ガス会社とのLNG販売購入契約）を企画・事業化した上で，川上から川下の各段階で必要となる事業を立ち上げて（総合商社及び子会社・関連会社が物流等に携わるケースもあれば，外部企業の参画により所要の機能を整えるケースもある）「サプライ・チェーン」を形成する。

　このようにサプライ・チェーンを企画・形成し，サプライ・チェーン立上げ後の運営・管理にあたる主体が総合商社ビジネスの中核であり，中核の有するサプライ・チェーン・マネジメント能力が総合商社の競争力の源である。これまで総合商社は国内顧客ニーズに応じて海外資源を獲得し国内供給してきたが，本国本社が川上サプライヤーと川下ユーザーとの取引をまとめるだけでなく，サプライ・チェーンを俯瞰してサプライ・チェーン各段階で必要となる機能を整える役割を負ってきた。

国内中心型サプライ・チェーンのマネジメントとマネジメント主体

　総合商社のサプライ・チェーン・マネジメントを三菱商事のブルネイLNGプロジェクトを例に見てみよう。ここでのサプライ・チェーンは海外資源地と国内市場を結ぶもので，国内顧客の資源ニーズを満たすために企画・形成された国内中心型のものである。

　サプライ・チェーンには，開発会社，液化・販売会社，資材供給会社，情報提供・コンサルティング会社，海上輸送会社，国内輸入代行会社，国内ユーザーなど多数の企業が関与しており，これらの企業立地は内外に分散している。

---

52) 貿易商社はグローバルなサプライ・チェーンの構築を事業とせず，特定製品の輸出入にビジネスを特化している。一部に「総合商社は専門商社の集合体である」との見解があるが（政岡（2006）等），サプライ・チェーン・マネジメントを念頭に置かない専門商社は総合商社とは本質を異にしており，単純に専門商社が合同しても総合商社成りできない。

三菱商事は国内電力・ガス会社のLNGニーズを発掘し，ブルネイ政府と天然ガス・プロジェクトを企画・推進するだけでなく，これらのLNGサプライ・チェーンのチェーン（液化，輸送，輸入手続）をつなぐ企業を選定し，取引が円滑に遂行されるよう，その関係を統括・調整する。

〔図26〕 ブルネイLNGプロジェクトの各主体の関係

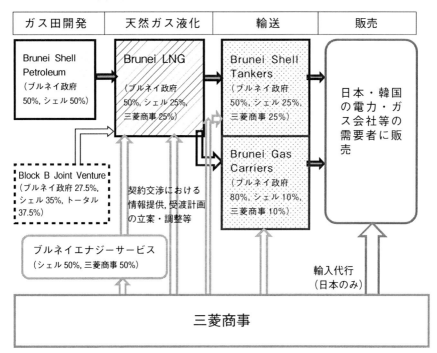

（出所）三菱商事「ブルネイLNGプロジェクトスキーム」(www.mitsubishicorp.com/jp/ja/mclibrary/evolving/vol01/page3)に基づき筆者作成

　LNGプロジェクトは天然ガスの物的性質上（体積が大きく長期備蓄に向かない）プロジェクト着手前に9割の購買引受けを確保することが成立要件となっている。国内ユーザーにとり，所要量のLNGが安価かつ安定的に供給されるかがプロジェクト参加の第一関門であり，海外資源会社・現地政府にとり，はたして生産されたLNGを安定的に購入してくれる川下ユーザーを確保できるかがプロジェクト推進を決意する問題であるが，両者の関係は「鶏と卵」のようなものであり，いずれが先決要件というわけでもないため，誰かが間に入

り調整しない限り永遠に未決のままであり得る。

　三菱商事は，1968年にブルネイで天然ガス田を発見したシェルの共同出資の要請を受け，東京電力・東京ガス等とLNG購入に関する交渉を行いプロジェクト成立の心証を得た上で，シェルの開発・生産ビジョンと国内需要者のLNGニーズを粘り強く擦り合わせてLNGプロジェクトを具体化し，1970年にLNG長期購入契約締結に漕ぎ着けている。さらに，三菱商事はブルネイ国内で同国政府・シェルとLNG販売・液化会社であるブルネイLNGを設立して川上でのLNG液化体制を整え，川中のLNG輸送についてはブルネイ・シェル・タンカーズ等を確保，さらには液化・販売会社と輸送会社の受渡の計画立案・調整にあたるコンサルティング会社も用意するなど，LNGサプライ・チェーンをマネジメントとしてきた[53]。

　図26から窺知できるように，国内LNG需要に応えるためのサプライ・チェーンの構築・運営は，国内需要者のニーズを最も精確に理解し，川上・川下間の見解・利害の相違も直接対話により解決できるだけの密な関係を，国内需要者の間に有する本国本社がコアとなって推進することが合理的である。川上資源会社と川下ユーザーとの契約がサプライ・チェーンの大本になるビジネスであり，両者の利害・構想を調整して取引を成立させる力を有する者がプロジェクト全体の推進者とならざるを得ない。このため，国内顧客を対象とする国内中心型サプライ・チェーンでは国内顧客と緊密な関係にある本国本社がマネジメントの主体となり，海外子会社・関連会社を統括・指示しながらサプライ・チェーンの成長発展に当たることが通常となる。

本国本社中心の国際経営・組織

　総合商社は1990年代末の経営危機期に総合事業会社化，事業ポートフォリオ管理導入等の企業革新に取り組み，2000年代にはコモディティ・スーパー・サ

---

[53] 三菱商事ホームページ「ブルネイLNG」（http://www.mitsubishicorp.com/jp/ja/mclibrary/projectstory/vol05/）は，シェルと東京電力・東京ガスとの間だけではなく，1970年代石油危機以降の資源ナショナリズムの高まりの中でブルネイ政府との調整にも腐心を重ねてプロジェクトを維持発展させてきた事情を詳説している。

第8章　グローバル化とカンパニー・部門の国際経営・組織の変化　　125

イクルの追い風を受けて好業績を上げたが，当時掲げた目標のうちグローバル化は未達のままだった。総合商社では，国内顧客の資源・食糧ニーズを満たすために，海外資源地と国内市場を結ぶサプライ・チェーンがビジネス構造の根幹を成している。

　先述したように，国内中心型サプライ・チェーンのマネジメントは，国内顧客ニーズに最も精通し，日常的なコンタクトを通じて国内顧客と本音で交渉できる本国本社が最適任であり，本国本社がサプライ・チェーン全体を俯瞰して各段階で必要な機能を整え，サプライ・チェーンの成長発展を目指している。本国本社はまさに全体のオルガナイザーとして，サプライ・チェーンに関与する海外子会社・関連会社を統括・指示している。したがって，国内中心型サプライ・チェーンがビジネス構造の多数を占める企業においては，本国本社がグローバル・ネットワークのコアであり，本国本社が世界中で収集した情報に基づいて経営・事業に関する意思決定を行い，海外子会社等に指示・統括して多数国にサプライ・チェーンがまたがる事業を形成・運営・管理することとなる。

　このため，総合商社では，伝統的にグローバル・ヘッドクォーターの本国本社に権限・情報が集中され，本国本社がグループ全体の経営戦略・事業計画・投資計画・人事等を一元的に決定し，海外子会社等に指示等を発する中央集権的な国際経営及び経営組織が採用されてきた。本国本社が，国内顧客との日常的接触や国内需要動向調査を通じて，顧客及び潜在的顧客のニーズをきめ細かく把握。同時に，本国本社は海外子会社等より収集した情報等に基づき，国内顧客のニーズを踏まえたグローバル調達計画を策定し，海外拠点に指示して資源・食糧を確保した。内外需給のマッチングは情報・権限の集約化された本国本社が行い，海外資源地と国内市場との間の最効率なサプライ・チェーンの構築も本国本社が企画・実行した。こうした本国本社の中央集権的な国際経営・組織は主要顧客である国内顧客の要望に応える上で最適のものだった[54]。

---

54) Bartlett and Ghoshal（1989）は多国籍メーカーの事例研究に基づき多国籍企業の類型化を行い，本国本社に権限・情報が集約され，本国本社がグローバルな経営戦略・事業計画・意思決定を行い，海外子会社は本国本社の決定に従い事業にあたるグローバル企業を一類型とした。総合商社の本国本社がサプライ・チェーン・マネジメントを行い，海外子会社は本国本社の計画・意向に従い事業展開する国際経営・組織はグローバル企業に通ずる。

2　本国本社の中央集権体制の一部修正による対応

　2020年代以降,総合商社が成長戦略としてグローバル化を本格化していくと,海外顧客を対象として海外資源地と海外需要地を結ぶサプライ・チェーンのマネジメントが課題となる。これまで,国内顧客のニーズを満たすことを目的として,海外資源地と国内需要地を結ぶサプライ・チェーンに関しては,国内顧客の需要を最も精確に理解し,顧客と日常的なコンタクト等を有する本国本社がマネジメント主体であることが自然だったが,海外顧客ニーズについては本国本社が最も精確に理解把握しているわけでも,柔軟かつ機動的な調整が可能であるほど日常的コンタクト等があるわけでもないため,グローバル・サプライ・チェーンが総合商社の取引構造において占めるウェイトが高まるにつれて,そのマネジメントがいかにあるべきかが問題となる。

(1)　本国本社の中央集権的管理体制によるマネジメント
　　～ポートフォリオ上補完的なグローバル・サプライ・チェーンのマネジメント～

グローバル化のテンポの緩慢なLNGビジネス

　三菱商事,三井物産は2000年代からLNG事業のグローバル化に取り組み中国・インド・韓国等の国営資源会社との連携を強化しようとしてきたが,中国は2008年のリーマン危機以降(現在,中国の景気減速と原油・ガス価格の暴落により動きは沈静化しているが)石油・ガス権益の自主確保を積極化させてきたため(表7),なかなかLNGグローバル・サプライ・チェーンは成長拡大していない。

〔表7〕　中国企業の海外資源投資

| 2009年 | ●2月,中国鋁業(中国アルミ)が鉄鉱石確保のためRio Tinto社と195億ドルの追加出資を合意(安全保障の観点からの批判によりRio Tinto社は撤回)。
●武漢鋼鉄は鉄鉱石確保のため3月にカナダConsolidated Thompsons社の株式19.9%を取得(筆頭株主),4月に豪Western Plains Resources |

第8章　グローバル化とカンパニー・部門の国際経営・組織の変化　127

	社と鉄鉱石生産の合弁会社設立合意。鞍山鋼鉄は5月に豪Gindalbie Metals社の株式36.1%を取得。 ●中国石油天然気集団は石油・天然ガス確保のため5月にSingapore Petroium社の株式45.51%を取得，6月にイラク南部ルメイラ油田プロジェクトをBP社とともに共同入札，7月に中東最大級のイラン・アザガデン油田の権益6割強をイラン国営石油より取得。 ●寧波杉杉は6月に豪Heron Resources社の株式4.9%を取得，ニッケル，コバルトの共同開発に合意。
2010年	●中核国際は1月にIdeal Mining社を買収，同社がニジェールに保有するウラン鉱床の権益37.2%を取得。 ●中国海洋石油は3月にアルゼンチンBridas Energy社の子会社の株式50%を取得，ボリビア，チリでの石油開発に参画。10月に米天然ガス開発企業Chesapeake Energy社に21億6,000万ドルの出資を合意，手始めにテキサス州南部のシェールガス及びシェールオイルのプロジェクトの権益33.33%を取得。 ●中国石油化工は3月にサウジアラビアの国営石油会社サウジアラムコとサウジ西部ヤンブーでの製油所建設に合意，紅海製油所は2014年より操業開始。4月，中国石油化工は米ConocoPhilips社保有のオイルサンド生産会社Syncrude Canada社の株式9.03%を取得。 ●中国アルミは7月にRio Tinto社に13億5,000万ドルを支払い，ギニアのマンドゥ鉄鉱石プロジェクトの権益を一部取得（最終的に44.65%まで権益確保）。
2011年	●中国石油天然気集団は2010年以降海外資産買収から技術・ノウハウ取得のため北米・豪州の非在来型資産に関心をシフト，2011年カナダEncana社と50億ドル規模のシェールガス買収を行うものの決裂（2012年にAthabasca Oil Sands社からシェールオイル権益40%を取得，Shell保有の北米シェールガス鉱区権益20%を取得）。 ●中国石油化工は3月に米ConocoPhilips社より豪Australia Pacific LNG社の保有するLNG権益の一部を獲得（年430万トン，20年間），12月には追加でLNG権益を追加取得（330万トン，20年間）。また，非在来型資産についても，10月にカナダDaylight Energy社（オイルサンド）を28億ドルで買収。

（出所）JETRO通商弘報等に基づき作成

本国本社の中央集権的システムによるマネジメント

　資源安全保障の観点から各国は資源権益の自主確保の動きを強めているため，総合商社のLNGポートフォリオにおいて，海外顧客ニーズを対象として海外

資源地と海外需要地を直接に結ぶサプライ・チェーンが短期間で簇生（そうせい）することは想定しがたい。例えば，三井物産において，モザンビーク・プロジェクトにおけるインド・タイ国営石油会社へのLNG供給，マーセラス・シェールガス・プロジェクトにおける米国北東部へのガス供給が立ち上がることが期待されるが，三井物産のLNGポートフォリオは基本的に国内電力・ガス会社を顧客として海外資源地と国内市場を結ぶ国内中心型サプライ・チェーンが大宗を占め続けるものと考えられる。

このため，モザンビークとインド・タイを結ぶサプライ・チェーン，米国内でマーセラスとニューヨーク等大都市を結ぶサプライ・チェーンのマネジメントについては，三井物産本社（エネルギー本部）が対応できるだけでなく，むしろインド，タイ等の海外子会社にマネジメントを任せると，同プロジェクトでJVを組むインド・タイ国営石油会社との調整に齟齬・混乱を来すおそれもあるため，本国本社によるマネジメントが適切であると考えられる。なお，LNGビジネスは生産予定量の9割まで川下ユーザーの引受けが確定しない限りプロジェクトを発足できず，プロジェクトが長期間かけて段階的に形成されるものであるため，ポートフォリオ上，部分的なものであれば，グローバル・サプライ・チェーンの企画・形成も本国本社で対応し得る。

(2) **本国本社統括下での海外子会社への権限委譲とマネジメント委任**
　　〜国内中心型ビジネスと独立した地場ビジネスの成長への対応〜

2000年代央以降，総合商社は国内経済の長期デフレ停滞に見切りをつけて海外成長を取り込むべく，地場取引・第三国取引への取組を進めてきた。従来の地場取引は小規模であり，仮に事業に失敗しても商社経営の屋台骨を揺るがすようなものでなかったため，本国本社の中央集権的システムの下でも，多くの地場取引は各国子会社の自主裁量に委ねられてきた。しかし，住友商事の北米鋼管事業のように総合商社の将来の収益を左右する事案に関しては，本国本社が企画立案し事業立上げにあたる方式が採られたものの，もともと海外市場における地場取引・第三国取引は，本国本社による遠隔操作に馴染まず，地場の取引相手・取引慣行等に精通した現地子会社が管理・運営することが適合的で

あるため，地場事業が成長するにつれて，サプライ・チェーン・マネジメントは海外統括会社に本国本社から権限委任されて自主遂行されるようになる。

住友商事の北米鋼管ビジネス

　住友商事の北米鋼管ビジネスは，もともと日本製鋼管の輸出事業であったが，1980年代に日米通商摩擦の深刻化に伴い日本製鉄鋼製品をターゲットとしたダンピング規制が発動され，対米鋼管輸出が困難化したため，住友商事は米国メーカーより現地調達した鋼管を，企業買収した地場卸と資本参加した大手問屋を通じて，現地大手石油会社（メジャー）に長期安定供給するビジネスに転換し，爾後は北米地場ビジネスに本格的に取り組んできた[55]。

　現在，住友商事は，①大手メジャーから中小独立系まで幅広い石油会社との長期契約中心の顧客を相手として，②自前の現地問屋網により高品質の製品をジャストインタイムで供給するだけでなく，③油井管SCM（サプライ・チェーン・マネジメント）スキーム等独自システムにより石油会社のオペレーションを支援するサービスにより付加価値を付けている。住友商事の北米鋼管ビジネ

---

[55] 世界で年間消費される油井管約1,200万トンのうち約600万トンが北米で消費され，住友商事はそのうち約20％を取り扱う。元々，住友商事の北米鋼管事業は米国向け鋼管輸出が中心だったが，1970年代後半以降の日米貿易摩擦により輸出が困難化したため，米国内での油井管流通事業参入を決意し，1987年に油井管問屋を設立。大手石油会社（メジャー）等と長期安定供給契約関係を締結，1993年より油井管の在庫管理に止まらないSCM契約を締結し，米国内で調達した油井管を米国内で販売する「現地化」を進めた。
　1995年，米国のアンチ・ダンピング措置により日本製油井管の対米輸出が完全停止するが，顧客より「ニーズを理解している住友商事に引き続き油井管供給して欲しい」との要請が強く，米国内での鋼管供給源の確保を本格化，2002年にVallourec S.A.とともに米国シームレスミルを買収，川上進出する。その後，大手問屋への資本参加，油井関連機器の加工メーカーへの資本参加などバリュー・チェーンの拡充に力を注いだ。北米鋼管事業の原動力は，①大手メジャーから中小独立系まで幅広い石油会社との長期契約を中心とした顧客基盤，②高品質の製品をジャストインタイムで供給する問屋網，③油井管SCMスキーム等独自システムによる円滑なオペレーション支援体制という住友商事の強みにあるとする。
　油井管ビジネスは，高温高圧に耐え，耐腐食性等の高性能の油井管等資機材の調達が基本となるが，住友商事は加工・在庫管理・メンテナンス等の付帯業務のアウトソースを引き受けるだけでなく，石油会社が掘削場所の採掘環境（規模・深度・圧力等）に応じて行った井戸設計に対し，最適な油井管等資機材と使用方法を提案し，掘削現場での施設・事業の立上げ，運営維持，システム構築，人材育成サービスを行うことを魅力としている。

スにおいて，北米統括会社である米州住友商事（米州鋼管グループ）が地場完結型のサプライ・チェーンを主体的に管理・運営しているが，北米鋼管事業は投資額が巨額であるため，米州統括会社の運営・管理は金属グループ全体の事業計画・投資計画策定や四半期ごとの決算時に本国本社の規律を受けている。

〔表8〕　住友商事の北米鋼管ビジネス

	1980年代	1990年代	2000年代	2010年代
問屋	1986年，カナダで油井管問屋Summit Tubulars社を設立。1987年，米国に油井管問屋Premier Pipe社を設立し，北米の大手石油会社等を顧客とする地場ビジネス（米国で調達した油井管を米国内で販売）をスタート。	日米貿易摩擦の深刻化により対米鋼管輸出が困難化。1993年，メジャーとの初契約となるArco社との油井管SCM契約を締結。	2002年，米国Pyramid Tubular Products社に出資，GSSを設立。2003年にはカナダにてTSA社を設立，2006年にはPipeco社を買収するなど，積極的なM＆Aにより北米油井管流通市場で最大シェアを構築（2000年代央以降のシェールオイル開発が追い風に）。	2010年，カナダAlliance Tubulars社を買収。2013年には米国鋼材・鋼管問屋Edgen Groupを買収。
加工	1984年，油井管のネジ切り加工を業とするVAM PTS（現VAM USA）を設立。		2007年，油井関連機器・金属部品加工及びSCMサービスのHOWCO社を買収。2008年，VAM USA社がAB社を買収。	
製造			2002年，米国小型シームレス鋼管製造のNorth Star Steel社を仏パートナーとともに買収，V&M Star社としてスタート（製造業に進出）。2008年にはV&M Star社はTCAを買収。	2011年に小型シームレス油井管製造のV&M TWO LLC社を買収（V&M Star社に統合）。

（出所）住友商事ホームページ（http://www.sumitomocorp.co.jp/ir-report/2012/special/）及び同社プレス発表等に基づき作成

ただし,住友商事は鋼管事業を中東(オマーン等)でも大規模展開しているが,本国本社がサプライ・チェーン・マネジメントを現地統括会社に委譲しているのは北米市場のみである。これはマネジメント対象となるサプライ・チェーンの在り方も関係する。北米鋼管事業はサプライ・チェーンが米国・カナダの北米圏で完結しており,サプライ・チェーンの各段階(鋼管製造・加工・卸販売・対最終需要者サービス)のマネジメントを北米統括会社が管轄している。一方,中東油井管事業では,鋼管製造が日本国内で行われ(新日鐵住金),輸出鋼管を現地でストックし需要に応じて加工して需要者に供給しており,サプライ・チェーンは複数国にまたがるため,本国本社が特定地域統括会社に授権せずサプライ・チェーン・マネジメントにあたっている。

〔図27〕 住友商事北米鋼管事業における本国本社と地域統括会社の関係

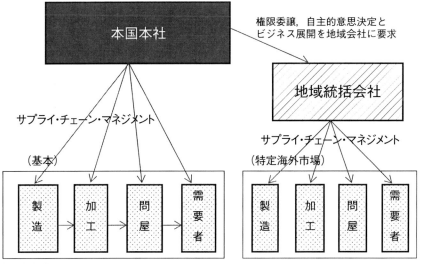

(出所)筆者作成

三菱商事の中国水産ビジネス

住友商事北米鋼管ビジネスのように現地市場で完結する地場取引に加えて,総合商社の海外子会社は第三国取引にも積極的に取り組んでいる。例えば,三菱商事は中国の経済成長に伴う食の高級化と日本食ブームに着目して,2013年

12月に中国水産会社「浙江大洋世家股份」（漁業及び水産物加工・販売を行う中国有数の総合水産会社であり，中国の寿司・刺身市場を開拓してきた先駆者）と中国浙江省で水産物の加工販売会社「浙江大菱海洋食品有限公司」を合弁設立した（資本金1,000万ドル。出資比率は三菱商事25%，浙江大洋世家股份75%）。中国国内で伸長する寿司・刺身需要に対応して，浙江大洋が漁獲した天然マグロに加えて，三菱商事が生産基盤を持つチリ産養殖サーモンやタイ産養殖エビ，日本産養殖マグロを中国主要都市で販売している。

　寿司種の需要地である中国都市部とチリ・タイ等の水産資源生産地を結ぶサプライ・チェーンは，中国水産ビジネスを企画し立ち上げた本国本社が運営・管理するよりも，現地顧客のニーズを最も良く理解・把握し，戦略的パートナーとも緊密にコミュニケーションしている海外子会社が運営・管理することが最適である。このため，浙江大菱海洋食品有限公司が三菱商事食料部門の監督を受けつつ自主的にビジネス展開をしている。これはマイノリティ出資会社を通じた事例であるが，住友商事北米鋼管ビジネスと同様に，現地会社が本社の規律を受けつつも事業活動において一定の自由を認められているケースと評価できる。

本国本社統括下での海外子会社への権限委譲とマネジメント委任

　総合商社は2000年代央以降非資源部門においてグローバル・サプライ・チェーンの形成に取り組んでおり，地場化・第三国取引の成功例である三菱商事の中国水産ビジネスや住友商事の北米鋼管ビジネスでは，従来の本国本社による中央集権的な国際経営に代わり，海外子会社に事業企画立案・実施に関する広範な権限を与え，自律的なビジネス展開を行う余地を与えている。

　Bartlett and Ghoshal（1989）の製造業の事例研究に基づく多国籍企業類型では，自動車・家電製品等のメーカーは各国市場の特殊性に製品・事業方法を適合させる必要から，本国本社の中央集権管理を修正して，現地子会社に事業計画・遂行に関して一定の裁量を認める類型（インターナショナル企業）を設定している。インターナショナル企業は，本国本社がグローバル戦略に基づいて策定した事業計画のとおり各国子会社が事業遂行するグローバル企業ほどで

はないものの，海外子会社は一通りの本国本社の監督・規律を受けつつ，一方で各国市場に適合したビジネスを展開するために，自主的な事業計画の策定・遂行の権限を認められた多国籍企業である。

住友商事の北米鋼管事業等の事例は，各国市場でのサプライ・チェーンの管理・運営について，本国本社が海外子会社の事業を事業計画承認（事前），事業進捗・収益状況確認（事後）等を通じて監督しつつも，現地顧客ニーズや現地事情の変化に適合するため，海外子会社に自主的・自律的なビジネス展開を自由に行う権限を与えている。この点に関しては，本国本社の中央集権管理を部分的に修正しつつ，自己完結的な市場でのビジネス展開については現地統括企業に自主的な運営・管理を承認するインターナショナル企業的な国際経営組織を採用していると評価できる。

3　本国本社の中央集権体制から本国本社・海外本社の並立体制へ
　　～伊藤忠商事食料カンパニーのグローバル化と国際経営・組織～

(1)　本国本社の中央集権システムの部分的修正による対応の限界

もっともインターナショナル企業的な国際経営モデルは，北米鋼管事業，中国水産ビジネス等の個別サプライ・チェーンに限定されたものであり，全社はおろか社内カンパニーの組織原理として採用されているわけではない。地場取引・第三国取引に関する取組はスタートしたばかりであり，グローバル・サプライ・チェーンが社内カンパニーの組織見直しが必要となる規模まで成長しておらず，多くの場合，本国本社の中央集権的体制に部分修正を加えてグローバル・サプライ・チェーンを管理・運営している。

しかし，今後，地場取引・第三国取引が成長を続け，総合商社のグローバル・ネットワークにおいて，国内中心型のサプライ・チェーン構造に比肩する，海外拠点を中心としたサプライ・チェーン構造が（複数）形成された場合，本国本社は内外の全サプライ・チェーンを中央集権的にマネジメントできるだろうか。特に，非資源部門では，サプライ・チェーンの川上・川下ともに多数のプレイヤーが存在するため，現地から遠隔地にあり市場を熟知しない本国本社にとり能力の範囲を超えかねない。複数の地域統括会社が本国本社と並んで管

轄地域のサプライ・チェーン・マネジメントを行うことが必要ではないだろうか。かかる事態が全社全部門に共通となる日が到来するかは分からないが，特定カンパニーないし部門では既に現実化しつつあることは確かである。

例えば，伊藤忠商事の食料カンパニーは日本・中国・東南アジアで垂直統合バリュー・チェーンの構築を目指しているが，将来的には，本国本社と並んで中国統括会社がグローバル・ビジネスを統括することも想定してきた。以下では，同カンパニーの事例を通じて，本国本社・海外子会社関係の変化の可能性の一つを考えたい。

(2) 伊藤忠商事の中国市場参入における本国本社・海外子会社の関係

第2部第7章で見たように，伊藤忠商事食料カンパニーでは，国内市場で展開する垂直統合戦略を中国・東南アジアでも展開しようとしており，2000年代には台湾系・頂新集団，2014年以降はタイ財閥CP集団及び中国国営企業CITICとの提携を市場参入の梃子としようとしてきた。現時点では，川下のコンビニエンスストア分野でファミリーマートが浸透しつつあるが，川上資源確保，川中の食品加工製造・卸に関しては戦略パートナーの提携は緒に就いたばかりで，伊藤忠商事も他の外資系企業と同様に中国地場市場では必ずしも確固たる事業基盤を構築できていない。

こうした中，本国本社がサプライ・チェーンの構想企画・形成を主導し，CP・CITIC及び日本企業との交渉・連絡調整にあたり提携を推進しようとしているが，本国本社の中央集権的マネジメント一辺倒というわけではなく，海外子会社にも中国地場企業との事業立上げなど自発的なビジネス形成を求めており，「本国本社主導と海外子会社のイニシアティブ」により中国市場で確固たる事業基盤を築こうとしている。

〔図28〕 2000年代の伊藤忠商事食料カンパニーの中国市場参入

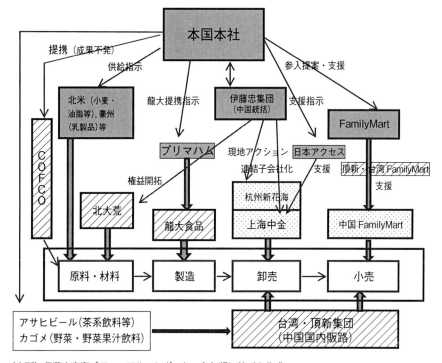

(出所) 伊藤忠商事「アニュアル・レポート」各年版に基づき作成
(注) ■は伊藤忠グループ, □は現地提携企業, ▓は現地子会社, □は提携日本メーカー。
本国本社と伊藤忠集団の関係は本国本社の中央集権管理ながら海外子会社の自発性を求める意味で
←→を使用。

本国本社主導による参入

　中国市場参入段階の現時点では，以下の理由により，伊藤忠商事本国本社（食品カンパニー）が中国事業推進の中核となっており，戦略パートナーとの提携を一日も早く具体化するため，国内では日本企業パートナーとの交渉・連絡調整を行い，海外では伊藤忠中国等現地法人に指示して（本国本社の直接対応も交えつつ）戦略パートナーとの協力関係を詰めさせている。

①中国・東南アジアにおける垂直統合バリュー・チェーンは立上げ段階にあり，サプライ・チェーンの企画構想・形成には本国本社が指導力を発揮する必要がある。
②伊藤忠商事はCP・CITICとの提携により中国・東南アジアでビジネス展開を構想するが，アジア圏規模での国際提携は伊藤忠中国・伊藤忠タイの管轄ではなく本社管轄になる。
③頂新，COFCO，龍大食品など現地パートナーは，日本の食品メーカー，飲料メーカーとの提携により中国市場で差別化や競争力強化を図る考えがあり，伊藤忠商事の魅力は日本企業をプロジェクトに巻き込む力にあるため，国内本社が海外事業推進のコアとならざるを得ない。

　また，中国は政治的市場であり，中国市場において事業を円滑に立ち上げ推進していくには，現地政府との関係調整が重要であるが，中央政府高官との交渉は本国本社の経営トップの事案となるため，中国プロジェクトは伊藤忠商事に限らず本国本社主導にならざるを得ない面がある。かかる事情もあり，中国市場参入において，本国本社の主導と総合調整が伊藤忠商事食料カンパニーの国際経営の基本となっている。

中国現地会社のイニシアティブ発揮

　ただし，本社主導とはいえ，Bartlett and Ghoshal（1989）のグローバル企業のように，海外子会社は単に本国本社の計画・指示に従い事業活動するのではなく，本国本社の経営戦略の枠内で自主的にビジネスを展開することが求められている。

　例えば，中国東北部でのトウモロコシ・大豆等川上資源の確保は，伊藤忠集団（中国）の地方政府（黒竜江省）との長年の関係の賜である。伊藤忠集団は中国国内の「食の安全」意識の高まりに商機を見い出し，地方当局（黒竜江省農墾総局）と食糧生産者（同局傘下の北大荒）に，日本の栽培技術と「食の安全」ノウハウを活用することで消費者ニーズを新規開拓する可能性を理解させ，事業提携を実現した。日本の栽培技術及び「食の安全」ノウハウの提供者の選定は本国本社の管轄であるが，事業の成否は黒竜江省農墾総局及び北大荒の巻込みにあり，その任に当たったのは伊藤忠集団だった。

また，川中の上海中金の連結子会社化に関しても，伊藤忠集団等が貢献している。ファミリーマートの上海を中心とした中国展開をサポートして，商品のジャストインタイム供給を現場で実現するのは伊藤忠集団（中国地域本部・華北地域管掌）・上海伊藤忠商事（華東地域管掌）である。アサヒビール，カゴメ，敷島製パン等が頂新集団との共同事業で生産する飲料・食品は，頂新が中国国内で構築した流通網ではカバーできない市場セグメントも攻める必要があり，伊藤忠商事独自の卸流通網が欠かせない。

　このため，伊藤忠集団・上海伊藤忠商事は華東地域をカバーする食品一般卸であって買収可能な企業がないかを検討し，上海市を中心にスーパー，コンビニ，飲食店等292社・5,500店舗に商品供給する上海中金を候補に絞り込み，本国本社と買収条件を協議しつつ買収を進めた。2007年1月の伊藤忠集団による上海中金の連結子会社化後も，食品卸大手・日本アクセスを資本参加させ，経営ノウハウ供与と営業・物流の機能拡充を図った（日本アクセスは伊藤忠商事の出資比率93.77％の連結子会社）。

(3) 中国垂直統合バリュー・チェーン確立と本国本社・海外子会社関係
第二の「食料カンパニー」誕生

　本国本社によるサプライ・チェーンの企画構想・形成の主導は未来永劫のものだろうか。青木芳久・伊藤忠商事専務執行役員（当時）は週刊東洋経済記者の取材に応えて，中国市場で一定の事業基盤を構築することに成功した後「おそらく10年後，あるいはもっと早い時期に，中国が食料部門の利益の過半を稼ぐようになるだろう。そのときには，東京が本社です，なんて言ってられない」と述べ，将来的に中国に本国本社から独立した「第二の食料カンパニー」を創設する可能性を示唆している[56]。

　現在の伊藤忠商事は，中国垂直統合バリュー・チェーンのアウトラインを描き出そうとしている段階であるが，将来，国内と同等の垂直統合バリュー・

56）週刊東洋経済2010年7月10日号「カンパニー＆ビジネス　日本企業を大陸へつなぐ，伊藤忠の中国食料戦略。他社の遅れを尻目に現地有力企業と強固に手を組み，大投資を展開。次に狙うは製パン業だ」（106頁）。

チェーンを中国市場で構築するのに成功すれば，米州等から小麦・大豆・トウモロコシ・コーヒー・油脂・飼料等を中国に輸入し，中国地場の原料加工メーカー・食品メーカー群に原料加工・食品製造をさせ，伊藤忠商事自前の卸・小売網により流通する体制が整う。こうなれば，もはや中国食料ビジネスは日本国内食料ビジネスとは独立したユニットである。

中国市場のニーズや競争環境は中国法人が最もきめ細かく把握・理解できる以上，中国子会社がサプライ・チェーン・マネジメントの最適主体である。国内でも，伊藤忠商事は食品メーカー，原料加工メーカー，食品卸，スーパー・コンビニ等との協業によりビジネスを創り出してきたが，中国でも地場の食糧生産者，原料加工メーカー，食品メーカー，食品卸・小売等との協業が事業展開の前提である。中国現地会社が自己のイニシアティブと責任において，地場企業の事業展開を見据えつつ，内外環境変化の中で新たなビジネス・チャンスを見出し，事業活動を成長させていかなければならない。

新たな国際経営・組織の問題

仮に中国に第二カンパニーができた場合，食料部門では国内本社と中国本社が屹立する形となり，本国本社が国内中心型サプライ・チェーンと中国以外の海外地域のグローバル・サプライ・チェーンのマネジメントを分掌し，中国本社が中国中心型サプライ・チェーンをマネジメントするとして，同社食料部門は，いかに世界グループとして統一的経営を行って成長を実現するか（全体のビジョン・経営方針を定め，各地域間の事業・投資計画を調整・決定し，事業進捗をチェックし成果評価を下す）の問題に直面する。

現時点では，国内事業が優越的地位にあるため，本国本社がグループ全体のビジョン・経営方針を定め，各地域間の事業・投資計画を調整し，事業進捗をチェックし業績評価している。自然体である。だが，中国ビジネスが国内ビジネスと拮抗または上回る水準まで成長し，中国統括会社に独立的な経営権限が与えられるに至った場合，世界グループの経営は従前どおり本国本社主導で進めるべきなのか，あるいは，本国本社・中国本社が協同して国際経営にあたるべきなのだろうか。

第8章　グローバル化とカンパニー・部門の国際経営・組織の変化　139

　ここで2000年代の総合商社のビジネス・モデル革新を考えよう。総合事業会社モデルでは，総合商社はグループ全体で毎年1,000〜5,000億円の事業投資を実施しポートフォリオ入替えを行っている。限られた資金をグローバルに効率的に投入するには，世界全体の事業・投資計画を一元的に審査・調整する必要があり，総合商社はグローバルな投資計画を集権的に決定している[57]。また，資源・食料ビジネスでは，川上で権益確保した有限な資源を川下でどのように地域・顧客に分配するかが問題であり，国内・中国・その他地域の顧客への資源・食料の分配を集権的に決定する必要がある[58]。

　このため，仮に本国本社に匹敵ないし上回る海外子会社が誕生し，その自主的・独立的な事業遂行のために独立的な権限・意思決定を認めるとしても，グローバルな企業グループとしての経営方針・戦略策定，限られた経営資源の地域間配分・調整等は引き続き本国本社の基幹任務として存続する。総合商社では，Bartlett and Ghoshal（1989）がホームケア製品・白物家電メーカーで想定した本国本社と海外子会社の権力分散型連合体であるマルチナショナル企業は難しく，本国本社による投資・事業の総合調整が必要である。ただし，中国統括会社の世界本社に対する独立性は強化され，グループ全体での経営方針・戦略策定にも相応の影響力を持つことは確かであろう。

---

57) 総合商社における投資・事業計画の策定プロセスは三段階に分かれる。第一段階では，各部門・カンパニーの連結子会社・関連会社が事業計画・投資計画を策定し，所属する部門・カンパニーに提出する。第二段階では，各部門・カンパニーのヘッドクォーターが連結子会社・関連会社等の事業・投資計画に関するヒアリング・審査を行い，所要の修正を施させた上で，各部門・カンパニー全体の事業計画・投資計画を取りまとめ，本国本社コーポレート部門に提出する。第三段階では，本社コーポレート部門が全部門・カンパニーの事業計画・投資計画を総合調整し，総合商社のグループ全体の事業計画・投資計画を取りまとめることとなる。

58) 伊藤忠商事の食料バリュー・チェーンでは，米州等で調達した小麦・大豆・トウモロコシ・コーヒー・油脂・飼料等（豪州に粉乳生産関連会社）を国内・中国・東南アジア市場に輸入し，各地域の製造・卸・小売の垂直統合バリュー・チェーンを通じて流通させることが構想されている。伊藤忠商事が川上で権益確保できる食料資源には限りがある以上，国内・中国・東南アジアの各市場にどれだけの品質・数量の食料資源を配分するかを世界本社が一元的に調整・決定しなければならない。たとえ中国ビジネスが国内ビジネスと並ぶまで成長し，グローバル・ネットワークに世界本社（本国本社）と第二世界本社（中国地域統括会社）が併存するとしても，川上資源の希少性から世界本社がグローバルな事業活動を総合調整しなければならない。

〔図29〕 国内・中国ビジネス主管カンパニーの並立と世界本社の総合調整

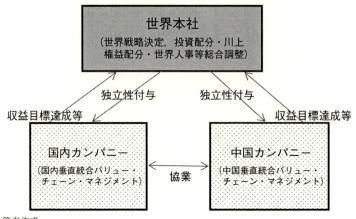

(出所) 筆者作成

分権と統合, 従属と協同

　以上のように, 伊藤忠商事食料部門において, 仮に中国ビジネスが国内ビジネスと同等の規模まで成長し, 中国統括会社が現地市場・顧客に即応した事業展開を期待される段階に至った場合, 中国市場 (市場圏) での事業展開に関しては, 中国統括会社が独自に経営方針・事業投資計画を策定し, 自主的に事業展開することが求められる一方で, 総合商社はグローバル企業グループとしての経営方針・戦略を策定し, グローバルな事業活動を調整・決定した上で, 限られた経営資源の地域間配分を行わなければならないであろう。

　ここには分権と統合の2つの力が働いており, 本国本社はグローバルな経営方針・戦略策定と事業投資計画策定を通じてグローバルな事業展開をコントロールし, 中国統括会社もグループ全体の投資計画策定等を通じて本国本社の規律は受けるものの[59], 中国統括会社は個別事業・個別地域事業に関しては自

---

[59] ここでは, 世界本社機能と国内事業統括会社機能を併せ持つ本国本社と中国統括会社が併置する国際組織図を想定して論述しているが, 世界本社機能を有する本国本社 (グローバル食料カンパニー), 国内事業統括会社, 中国事業統括会社, 海外地域 (除中国) 事業統括会社が存在し, 後3社が本国本社の下部組織としてぶら下がる体制も考えられる。傘下3社はそれぞれが自立的・独立的な権限を与えられ個別に事業展開するが, 本国本社がグローバル・グループ全体の事業投資計画を策定する過程で3社の活動を規律し調整することで, 世界グループとしての一体性と事業方向性が保たれる。

ら経営戦略・事業投資計画を策定し，自主的・独立的に事業遂行することが認められている（要求されている）。

　また，本国本社と中国本社は「分権と統合」だけでなく「従属と協同」の関係にも立つ。中国本社は事業・投資計画策定や川上資源配分に関して，総合調整する本国本社に対して従属的立場に立つが，国内市場と中国市場の資源・ビジネスを結び付けて新規事業を開拓するには（例えば，中国では農薬汚染された有害食品が多く出回り「食の安全」がブームであるが，日本の食品安全管理技術を中国農業生産者に提供して，中国市場で「安全食品」市場を創出する等），国内本社と中国本社の協同関係が重要であり，ビジネス・アイデアは本国本社と中国統括会社が相互に出し合い，提案者がビジネス形成のリーダーシップを採ることになろう[60]。なお，本国本社とグローバル・ネットワークにおける中核的な海外子会社が協同して新規ビジネスを立ち上げて事業推進していく姿は，Bartlett and Ghoshal（1989）のトランスナショナル企業的な国際経営である。

　以上，総合商社の海外事業の成長に伴い海外統括子会社が国内統括会社と対等の地位を占めるようになった場合，総合商社の国際経営・組織がトランスナショナル企業化する可能性を伊藤忠商事食料部門のケースを借りて考察した。老婆心であるが，伊藤忠商事食料部門がこうした発展を辿ると言っているのでも，辿るべきと論じているわけでもない。むしろCP, CITICとの提携は中国に限定されたものではなく，アジア全般に拡がりを有することから，本社主導は相当期間続くであろうと考えられる。

---

60) ファミリーマートの中国市場参入にあたり，日本ファミリーマートと台湾ファミリーマートが提携した事例を想起されたい。台湾ファミリーマートは，中国の生活慣習・消費行動に合致したコンビニエンスストア経営方法を生み出し（購入軽食を店内で食べられるイートインコーナー，コンサート・映画・観劇等のチケットをカード購入できるシステム等），台湾で成功を収めていたが，日本ファミリーマートは自社の商品調達・流通能力の強みと台湾の中国ビジネス・ノウハウを組み合わせることで，中国市場でのコンビニエンスストア市場参入に成功している。今後，本国本社・中国統括会社が相互の経営資源なり事業シーズを持ち合い組み合わせることで，事業の地平線を拡大し，新たな事業機会を生み出すことが期待される。

4 本国本社と海外会社のトランスナショナル企業的な協同
　～三菱商事の鉄鋼サプライ・チェーンのグローバル化～

　本章3では，伊藤忠商事食料部門のケースを借りて，国内中心型サプライ・チェーン構造に匹敵するサプライ・チェーン構造が海外市場でも成立し，本国本社と海外本社が各市場で独立して経営戦略・事業投資計画を策定し自主独立的な事業展開を行うものの，世界グループとしての一体性と事業の方向性を担保するため，本国本社が投資配分・川上権益配分等を通じて総合調整に当たる国際経営体制の可能性を示した。

　本国本社と海外本社の関係は，マルチナショナル企業的な分権的連合体だけではなく，両者が共通のグローバル・ネットワークを形成して，それぞれが独自の経営資源・組織能力を持ちグローバル・ネットワークの成長発展に寄与する，Bartlett and Ghoshal（1989）の「トランスナショナル企業」的な関係もあり得る[61]。本国本社がグローバル・サプライ・チェーンを企画し形成を主導するだけではなく，海外本社もサプライ・チェーンの企画・形成に関与し，方向性を決定づける国際経営体制である。

　三菱商事金属グループは2013年に金属資源トレーディングの世界本社機能をシンガポールに移した。同グループは，内需依存型の鉄鋼サプライ・チェーンをアジア規模に作り替えることを構想しており，シンガポールに設立され鉄鋼原料等のグローバル・トレーディングを統轄するRtMI社は，東アジア・東南アジア・南アジアの高炉・電炉メーカーを新規顧客として開拓し，豪州等鉄鋼原料生産地とアジア圏の鉄鋼原料需要地を結ぶサプライ・チェーンを構築する先兵役を期待されている。

　従来の"Value Chain Design"においても，本国本社のサプライ・チェーン・マネジメントで重要な役割を果たす海外子会社が存在したが，マネジメントの主導権は本国本社がグリップしていた。三菱商事の場合も，本国本社（金属グループ・コーポレート部門）が，RtMI社と（国内に本社機能を堅持する）金属資源本部・鉄鋼製品本部の事業活動を総合調整し，アジア規模の鉄鋼サプライ・チェーンの企画・形成を主導しているが，その試みの成否は川上の鉄鋼原料トレーディングのグローバル化にかかっており，RtMI社のアジア圏での顧客開拓が金属資源

---

61) Bartlett and Ghoshal（1989）は，多国籍企業の1つの類型としてトランスナショナル企業を提案した。トランスナショナル・カンパニーとは，世界を1つの市場とみなし，国境を越えて事業活動を行う企業であり，本国本社と海外会社の区別を超えて，世界各国・各地域の拠点間で技術やノウハウを共有し，1つのグローバル・ネットワークとして競争力強化を図りグローバル・ビジネスを展開する企業である。

第 8 章　グローバル化とカンパニー・部門の国際経営・組織の変化　143

> 本部の権益確保の在り方を決定づけ，さらには鉄鋼製品トレーディングのアジア展開にも影響を及ぼすものと考えられる。
> 　この点で，本国本社（金属グループ・コーポレート部門）とRtMI社は，アジア規模の鉄鋼サプライ・チェーンの企画・形成において，従来の"Value Chain Design"とは異なり「協同関係」にあると評価でき，本国本社と海外会社が1つのグローバル・マネジメント共同体を形成し，それぞれの経営資源・組織能力をもってグローバル・サプライ・チェーンの成長・発展に寄与していると言えよう。

(1)　**三菱商事の金属資源トレーディングの海外本社機能移転**
川上からの鉄鋼サプライ・チェーンのアジア化

　鉄鋼サプライ・チェーンは，川上の資源権益確保と鉄鋼原料等トレーディング，川中の鉄鋼製品等の加工・流通，川下の最終需要者への製品供給の三段階より成り，三菱商事金属グループにおいて，資源権益確保は金属資源本部，鉄鋼原料等トレーディングは金属資源トレーディング本部，鉄鋼製品の加工・流通は鉄鋼製品本部が分掌している。

　第2部第5章3で論じたように，三菱商事は長期的に内需型の鉄鋼サプライ・チェーンをアジア規模に作り替えようとしているが，取組の嚆矢として，2013年に金属資源トレーディングの本社機能をシンガポールに移転した（RtMI社）。三菱商事はその目的を「中国・インドを中心としたアジアマーケットを始めとして世界の成長市場の取り込み」とし，中国・インド・東南アジア等の鉄鋼原料需要把握と顧客開拓のための世界本社の最適立地としてシンガポールを選んだとしている（2012年12月21日付同社プレス発表）。

〔図30〕 三菱商事金属グループ組織図

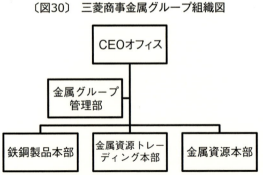

(出所) 三菱商事ホームページ「組織図詳細」(http://www.mitsubishi.com/jp/ja/about/profile/pdf/161001j.pdf) に基づき作成

川上からの鉄鋼サプライ・チェーンのアジア化

　三菱商事に限らず総合商社の鉄鋼ビジネスは内需依存型事業であり，サプライ・チェーン全体をアジア圏規模に一気に転換するのは難しく，段階的アプローチが必要である。第2部第5章3で，鉄鋼サプライ・チェーンには川中・川下に多数のプレイヤーが存在し，総合商社はLNG事業とは異なり優越的地位にない点を指摘したが，まして総合商社が一外国資本に過ぎない海外市場では立場はより弱くなる。一方，川上では，中国国営資源会社等が豪州等で鉄鋼原料権益の確保に乗り出しているものの，アジア圏のすべての国・企業に自主権益確保が可能であるわけではなく，総合商社がこれまで日本メーカーのために果たしてきた資源確保の役割を歓迎する地場企業は相当数存在すると考えられる。ただし，川中・川下と異なり，高炉・電炉メーカーの数は相対的に限られ，総合商社が取引をコントロールし得る規模であると思われる。

　このため，三菱商事の鉄鋼サプライ・チェーンのアジア化は川上から着手されたと考えられる。川上の資源権益確保と資源トレーディングのうち，鉄鋼原料権益の新規確保は顧客の目途が立って始めてプロジェクト立上げが可能となることから（そもそも2020年頃までと目される資源需給調整期において新規の権益獲得は控えられている），まずは金属資源トレーディングの世界本社機能がシンガポールに移転され，アジア圏での鉄鋼原料の新規顧客開拓に向けた取組がスタートした[62]。

第 8 章　グローバル化とカンパニー・部門の国際経営・組織の変化　　145

(2)　金属グループのグローバル展開におけるRtMIの役割
RtMIの金属グループ組織における位置

　三菱商事金属グループは金属資源トレーディング本部のうち金属資源トレーディングの本社機能をシンガポールに移転したに止まり，シンガポールに立地するRtMIが全世界の鉄鋼原料等のトレーディングを統轄することとなったものの，依然，金属資源トレーディング本部は本国本社にあり，RtMIと，ロンドン金属取引所（LME）等で先物取引等を専業するTriland Metals社を統括している。

　そして，金属資源トレーディング本部は引き続き金属グループCEOの下部に位置しており，グループCEOは川上の鉄鋼原料等の権益確保と鉄鋼原料トレーディング，川中の鉄鋼製品の加工・流通，川下の最終需要者への鉄鋼製品供給から成る鉄鋼ビジネス全体を統括・総合調整している。アジア圏規模の鉄鋼サプライ・チェーンの構築では川上だけでなく川中・川下も含めたアジア化

---

62)　アジア圏での鉄鋼原料の顧客開拓等において，シンガポール本社立地はいかなるメリットを有するのだろうか。シンガポールは東アジア・東南アジア・南アジア・オセアニアの結節点にあり，三菱商事が豪州等の鉄鋼原料生産地とアジア圏の鉄鋼原料・鉄鋼製品需要地を結ぶサプライ・チェーンを構築する上で，シンガポールは以下の立地優位性を東京に対して有するものと考えられる。

> ●第一に，アジア圏の高炉・電炉メーカー，加工・流通企業，最終需要者もシンガポールに法人を設立しており，各地域の市場・企業情報へのアクセスが飛躍的に向上する。高炉・電炉メーカーの需要を精確に把握できれば取引関係の構築・拡大が容易になり，川中の加工・流通企業の能力や川下の大手建設会社等のニーズを把握できれば，川中・川下の子会社・提携企業と連携して，適時適量適質の製品供給が実現できる。
> ●第二に，アジア各地の高炉メーカーとの取引を拡大する上で，Vale, Rio Tinto, BHP Billiton等の国際資源メジャーとの提携関係が三菱商事の武器（高炉メーカーを惹きつける魅力）になるが，国際資源メジャーもシンガポールにアジア本社を置いており，新規顧客への鉄鋼原料供給プロジェクトに関する提携・交渉・調整がより容易になる。
> ●第三に，最終需要地の1つに過ぎない日本市場からアジア全体を眺めることは難しいが，結節点のシンガポールからは，日本市場を含むアジア市場を等距離で眺められる。グローバル・ネットワークで，いずれの拠点を連結させれば，最も効率的な原材料供給・中間加工卸・最終需要のサプライ・チェーンが組み立てられるかを判断しやすい。

を想定しており，金属グループCEOはRtMIの管掌する鉄鋼原料等のトレーディングだけでなく鉄鋼サプライ・チェーン全体のグローバル化を企画し，金属資源本部・金属トレーディング本部・鉄鋼製品本部を指揮してグローバル鉄鋼サプライ・チェーンの形成を主導する立場にある。

RtMIの金属グループ組織における位置

　組織論としては本国本社（金属グループ・コーポレート部門）が中央集権的にグローバル・サプライ・チェーンの企画・形成・運営・管理を主導する形となっているが，鉄鋼サプライ・チェーンのグローバル化の成否は，東アジア・東南アジア・南アジアで地場高炉・電炉メーカーを新規顧客として開拓できるか次第である。そして，アジア圏の高炉・電炉メーカーの顧客開拓はRtMIのイニシアティブにかかっており，RtMIがいかにアジア圏の地場高炉・電炉メーカーに関する情報を収集し，これらの地場メーカーとのコネクションを確立できるかが成功の鍵を握っている。この取組に関しては本国本社が遠隔より一挙手一投足を指示命令することは不適切であり，一義的にはRtMIの自主的・自律的な判断・行動に委ねることが好ましい。

　今後，RtMIがアジア圏の高炉・電炉メーカーの顧客開拓に成功すれば，次にはアジア圏顧客のための鉄鋼原料権益の新規確保が課題となる。鉄鋼原料等の権益確保は金属資源本部のミッションであり，金属資源本部は，Mitsubishi Development Pty Ltd（豪州金属資源開発事業の中核会社，原料炭・一般炭事業の投資・運営，鉄鉱石・ウランの事業開発を担当），M.C. Inversiones Limitada（チリ・ペルーの金属資源開発事業の中核会社，鉄鉱石・銅事業を投資・運営）など海外資源プロジェクトを管理しつつ，国際的な資源需要動向を見極めて新規権益確保に当たってきた。今後の鉄鋼サプライ・チェーンのアジア化に向けた取組において，金属資源本部はRtMIが発掘してきたアジア圏顧客のために鉄鋼原料等を権益確保することになり，金属資源本部の事業展開はRtMIの活動により大きく規定されることとなろう。

　ただし，今後の金属グループの事業展開はRtMIの動きに大きく左右されると予想されるが，RtMIは金属グループ全体の事業展開には責任を負わず総合

第8章　グローバル化とカンパニー・部門の国際経営・組織の変化　　147

調整の任にあるわけではないため，金属グループCEOが金属グループとしての一体性や事業の方向性の確保に当たらなければならない。RtMIが新規顧客を開拓してきた場合，金属資源トレーディング本部と金属資源本部の間で経営戦略・事業計画の擦り合わせが必要となるが，それは金属グループCEOがグループのコーポレート部門に支えられながら行わなければならない。また，金属グループCEOは，金属グループにとり望ましいアジア圏規模の鉄鋼サプライ・チェーンを企画構想し，構想実現のためにRtMIに対して重点分野・重点地域等のターゲティングを指示することも必要となる。そもそも鉄鋼サプライ・チェーンのグローバル化は一日にして成るものではなく，引き続き主要カスタマーである国内鉄鋼メーカーの要望を丁寧に聴き取り資源確保等に取り組む必要があり（日本の年間粗鋼生産は世界第2位の1億〜1億1,000万トン），既存顧客とアジア圏の新規顧客のバランスも，金属グループCEOが総合調整すべき事案である。

　このように，今後の鉄鋼サプライ・チェーンのグローバル化に関してはRtMIの活動が極めて重要になるものの，アジア圏規模のサプライ・チェーンの創出は金属グループ全体のプロジェクトであり，金属グループCEOがグローバル・サプライ・チェーンの企画・形成を主導する必要がある。ただし，これは国内中心型サプライ・チェーンに基盤を置く国内中心型総合商社における本国本社の中央集権的な国際経営とは異なり，RtMIは独自の経営資源・企業能力を発揮してアジア顧客を開拓してくることを期待されており，本国本社とRtMIが協同してアジア圏規模のサプライ・チェーンの企画・形成に当たることとなると考えられる[63]。

---

[63] RtMIはシンガポール法人として三菱商事本社から独立した人事制度を採用する。本国本社の新卒一括採用，複数部署の定期異動を通じた長期能力育成・選抜，職能給に基づく年功序列にも配慮した昇進・賃金制度に代わり，過去の実績に基づく課長級以上の外部者登用，年功給・職能給に代わる職務給・業績給，内外無差別の人材採用・昇進等の欧米型人的資源管理システムを採用する。これにより，東アジア，東南アジア，南アジアの地場高炉・電炉メーカーに精通し，新規顧客開拓することができる現地人材を採用・登用し，その上で，日本のコンセンサス重視型意思決定に代わり，優秀な現地人材のイニシアティブを重視し活用する事業展開を行おうとしている。これは「日本人の日本語による日本型国際経営」の均質性を打ち破る，独自の人的資源による貴重な貢献である。

Bartlett and Ghoshal（1989）はトランスナショナル企業モデルで，本国本社がグローバル企業全体の一体性・事業方向性を確保する役割を担い経営戦略・事業投資計画等の策定や総合調整に当たるとしつつも，本国本社・海外会社はそれぞれに固有の経営資源・組織能力を発揮してグローバル・ネットワークの成長発展に寄与貢献し合うとしたが，金属グループ・コーポレート本部，RtMIも，仮に鉄鋼サプライ・チェーンのアジア圏規模化が進めば，トランスナショナル企業における本国本社・海外会社と同様の関係に立つようになることが考えられるのではないだろうか（念のためであるが，3と同様に，あくまでも一つの可能性であり，三菱商事金属グループが辿る，あるいは辿るべきコースであると主張しているわけではない）[64]。

---

[64] 鉄鋼サプライ・チェーンのグローバル化は川中・川下も対象であるが，鉄鋼製品トレーディングは2003年に独立分社化させたメタルワンが展開しており，川中・川下でのアジア展開はメタルワンの管掌である（三菱商事金属グループの計画・意図のまま万事動かすことはできない）。メタルワンは，連結売上高に占める国内売上高比率は65％，輸出比率は18％，海外売上高比率は18％（2012年度）と国内市場依存度が高い鉄鋼製品商社であり，海外展開においても，日系高炉メーカーと提携して日系自動車・電機メーカー等に鉄鋼製品を供給するビジネスが主となっている。メタルワンも，国内市場及び日系企業に依存していては成長に限界があり，今後の成長の鍵がアジア圏での展開にあることは認識しており，「新・経営計画2016年（2015～2016年度）」（2015年5月公表）においてグローバル展開を成長戦略とする。しかしながら，世界第3位のGDPを有する日本市場の鉄鋼製品市場としての重要性は依然大きく，同社は引き続き日本国内に大規模な加工・流通網を維持しなければならず，中国・東南アジア・インド全域において構築できる鉄鋼製品加工・流通網には経営資源上限りがある。このため，メタルワンは，住友商事金属事業部門が北米で石油開発業者向け油井管に事業分野を絞り込み成功したように，海外展開能力見合いで鉄鋼製品を絞り込むか，注力地域を限定する必要があるのではないかと考えられる。三菱商事は鉄鋼サプライ・チェーンのグローバル化を川上の鉄鋼原料の権益確保とトレーディングよりスタートしたが，メタルワンとの協働を要する川中・川下については急速なグローバル化は期待できないのではないか。

第9章
多様化と統合と参加

1 国際経営・組織の多様化とカンパニー制の対応力と限界

(1) カンパニー・部門における国際経営・組織の多様化

　第8章では，総合商社のカンパニー又は事業本部において，国内顧客ニーズへの対応を前提とした本国本社の中央集権システムが，①本国本社が引き続き一元管理するグローバル企業的なシステム（LNG事業），②海外地場事業の独立性と現地顧客・市場に機動的に対応するため，本国本社が一定のコントロールを残しつつも，海外会社に自主的な事業計画立案・実施の権限を委ねるインターナショナル企業的なシステム（住友商事北米鋼管事業），③海外事業が国内事業に匹敵する規模に発展し，本国本社が海外会社に独立的な経営権限を認めて，両者が分権的連合体を形成するマルチナショナル企業的なシステム（伊藤忠商事食料部門で「第二カンパニー」の成立する場合），④本国本社と海外会社が協同してグローバル・ネットワークの管理・運営に当たるトランスナショナル企業的なシステム（三菱商事金属グループ）に多様化する動きがあることを見た。

　総合商社は複数事業部門を抱えるコングロマリットであり，事業によりグローバル化の必要性と進展度は異なり，今後，一カンパニー内において，最適な国際経営・組織が異なる事業部門が多数併存する事態が考えられる。また，伊藤忠商事の食料ビジネスで国内カンパニーに並立する海外主要市場カンパニーが成立するような場合，総合商社内において，カンパニー間で最適な国際経営・組織が異なる事態もあり得る。

(2) サラダボウル化した経営・組織のマネジメント

　Porter（1998）は，企業はグローバル化の過程において，企業活動を各国に

いかに配置するか，各国に分散した活動にいかなる役割を割り当てて関係調整するか，国際経営・組織のコーディネーションの問題に直面するとした[65]。サプライ・チェーン・マネジメントを業とする総合商社の場合，国内中心型サプライ・チェーン，グローバル・サプライ・チェーンを問わず，サプライ・チェーンのマネジメントを本国本社・海外子会社のいずれで行うのか，サプライ・チェーンに関与している本国本社・海外子会社・関連会社・事業投資先会社の活動をいかに役割配分し協同させるかが課題となる。

総合商社が2020年代以降グローバル化を成長戦略として追求した場合，国内中心型からグローバル・サプライ・チェーンに軸足をシフトせざるを得ず，最適サプライ・チェーン・マネジメントの観点からカンパニー・部門の国際経営・組織は多様化・個性化し，場合によっては世界本社が海外移転してしまう内外逆転現象すら可能性として排除できない。その結果，総合商社の国際経営・組織は，もはや本国本社の中央集権的体制で全社標準化できず，本国本社・海外子会社の関係，サプライ・チェーン上の役割分担等に対応して多様化・個別化の進んだカンパニー・部門等が混在する「サラダボウル」状態となる可能性が高い。

では，「サラダボウル」化した国際経営・組織を従来のカンパニー制によりマネジメントできるだろうか。2000年代以降，総合商社は「連結経営」に併せ

---

65) Porter（1998）は，グローバル企業が①グローバル事業範囲の選択，②企業活動の配置，③各国活動の調整の問題に直面するとした。第一に，国内で中価格帯から高価格帯の白物家電を広く供給する電器メーカーも，新興国市場に進出し地場メーカーの低価格・中級品との競合に直面した場合に高付加価値品に特化するなどの事業範囲の見直しが必要となるように，グローバル化により競合企業が変わることで事業範囲は見直しが求められる。第二に，企業はグローバル化により開発・生産等の企業活動をどの場所で実施するのか，場所は分散・集中するのかを決定しなければならない。日本の自動車メーカーは国内集約生産・輸出戦略を採用していたが，日米貿易摩擦等による米国市場からの締出しを懸念して，1990年代央以降米国等需要地で生産・供給するグローバル生産体制に方針転換した。第三の「調整」とは，各国で実施される企業活動の国際的調整であり，各国に分散した活動にいかなる役割を割り当てるか，各活動の調整をどの程度行うのか等が課題となる。日本自動車メーカーのケースでは，2000年代以降の中国等新興国市場の拡大に伴い日米欧亜4極体制で開発・生産・供給する体制を整え，自動車開発費用の巨額化により4極が生産プラットフォームを共通化し，共同で世界自動車を開発して，各地域の市場に応じた修正を行い生産・供給している。

てカンパニー制を採用し，事業部門ごとに損益計算書・貸借対照表を作成させて業績を明確化，カンパニー長に収益責任を負わせた上で事業・投資・人事の決定権限を与え，カンパニーを（疑似）独立事業体として経営させてきた。一方，総合商社は総合事業会社モデル下で毎年度1,000～6,000億円の事業投資を実施し，事業ポートフォリオの高収益・高成長化を実現して企業収益力・成長性を高めようとしているが，本体会社は毎年の事業投資計画策定の過程で各カンパニーの計画を査定し全体計画をまとめ上げることを通じて，各カンパニーをコントロールしグループ全体の一体性と事業方向性を担保してきた。引き続き総合商社はカンパニー制によりサラダボウル化した国際経営・組織をマネジメントできるだろうか。

(3) カンパニー制の修正を狙ったマトリックス組織の不発

これまでも総合商社は2000年代央以降海外市場の成長を取り込むべく，事業部門制組織のカンパニー制にマトリックス組織の要素を付加し，地場・第三国取引を強化しようとした。結果的に資源事業に経営資源の大部分が割かれ，地場・第三国取引は所期の成長を遂げず，また，マトリックス組織は，各組織構成員がタテとヨコの上司から指示を受けるシステムであり，命令が一元化されず組織運営が混乱するきらいがあることから，カンパニー長への権限一元化を目指すカンパニー制とは原理的に馴染まず定着しなかった[66]。

また，2000年代央以降のマトリックス組織は，国内顧客ニーズ対応に軸足を置いた事業部門別組織の事業展開に地場・第三国取引への配慮を組み込むことを目的とするものであり，総合商社ビジネスの脱国内中心化と本格的なグローバル化を想定していなかった。総合商社ビジネスのグローバル化では，事業の重心は国内顧客から海外顧客にシフトし，グローバル化したサプライ・チェーンにおいて，本国本社・海外子会社のいずれがサプライ・チェーン・マネジメントを管掌するか，サプライ・チェーンに関与する本国本社・海外子会社・関連会社・事業投資先会社の役割をいかに調整するかが問題になるが，それは2000年代央に想定されていた国内中心型サプライ・チェーンにグローバル・サプライ・チェーンが補完的に付け加わる程度の水準に止まらなかった。

結局，総合商社ビジネスのグローバル化を推進する主体は各カンパニーであり，総合商社がカンパニー制を採る限り，カンパニーが一義的にグローバル・サプライ・チェーンの成長に対応して，最適な国際経営・組織を構築していかざるを得ない。2において，総合商社ビジネスのグローバル化に伴う国際経営・組織の変革への対応を論ずるが，カンパニー制はグローバル企業，インターナショナル企業，マルチナショナル企業，トランスナショナル企業等の柔軟な国際経営・組織形態を採り，総合商社ビジネスのグローバル化（グローバル・サプライ・チェーンの成長と商社ビジネスでのコア化）に十分対応する力を有していると考える。

ただし，カンパニーはあくまでも疑似分社であるために，人事・会計制度等の企業基盤についてはビジネスのグローバル化の程度のいかんを問わず日本型

66）カンパニーは事業部から発展した疑似分社であり，従来事業部時代から構築してきた国内中心型事業の成長・発展に活動の重点が置かれがちであり，海外成長取込みのための地場・第三国取引に対しては関心が劣後しがちだった。このため，2000年代央以降，総合商社が中国等の経済成長の取込みに向けて地場取引・第三国取引の強化に乗り出すと，従来の事業部門制組織を見直して，事業部門別組織をタテ軸，地域別組織をヨコ軸とするマトリックス型組織を採用する取組が試みられた。

例えば，三井物産では，2006年に地域本部制（ニューヨーク，ロンドン，シンガポール）を導入，2007年から米州，欧州・中東・アフリカ，アジア・大洋州の広域三極体制を導入（本部長は専務取締役以上の経営会議メンバーを任命），本社15営業本部による商品のタテ軸と3広域組織のヨコ軸でのマトリックス経営を目指してきた。三菱商事は伝統的に事業部門主導型であったが，コーポレート部門の業務群が事業部門のタテの論理で見落とされがちな地域開拓型ビジネスをヨコの観点から補強するべく，北米・中南米・欧州・中東・中国に地域統括を置いて対応させ，地域統括を置かないアジア・大洋州，アフリカ，CISは地域戦略の全社統括責任者であるCRO（Chief Regional Officer）が直轄することとした（日本貿易会座談会（2007）「加速するグローバル経済と商社の海外地域経営」『日本貿易会月報』No.653，2007年11月号，日本貿易会）。

ただし，マトリックス組織は，各構成員がタテとヨコの上司から指示を受けるシステムのため，命令の一元化の原則に反し組織運営が混乱するきらいがあり，先行導入していたグローバル製造業で見直しが続いたが，総合商社でも同様だった。三菱商事では，「タイやインドネシアで大・中規模拠点が多く，それぞれに多彩な事業を推進しているため，商品部門主導のタテ割の強い当社の場合，地域統括を置いても機能しにくい」とされ，地域統括には事業本部長のような権限は与えず，事業本部の事業遂行サポートや事業本部でカバーできない事業に取り組むものとされ，あくまでも補完的役割に留められた。伊藤忠商事でも「アジアについては国情がそれぞれ異なることもあり，国別ヨコ割体制である」が，注力地域の「北米，中国，欧州に関しては商品別縦割体制」であった（同『日本貿易会月報』）。

システムで全社標準化されており，今後，グローバル・サプライ・チェーンのマネジメントにおいて重要な役割を果たすと期待される海外人材を融通無碍に採用・登用する仕掛けになっていない（日本型システムは海外優秀人材の採用・登用が容易でない）。海外人材の「参加」の問題は未決のままである。そして，この問題の解決のない限り，2に示す国際経営・組織の変革案も有効に機能しないが，この点は3で論ずることとしたい。

2　カンパニー制下の国際経営・組織の多様化への対応

総合商社はカンパニー制度の枠組みにより，商社ビジネスのグローバル化に対応した最適な国際経営・組織を発展させるのに成功するだろう。カンパニー制にはそれだけの柔軟さがある。グローバル・サプライ・チェーンのマネジメントは資源と非資源で異なるだけでなく，非資源でも資源ビジネスに近い性格のものとそうでないものとで大きく異なるが，そこで以下，カンパニー制下での国際経営・組織の多様化について4類型に分けて論ずる。

(1)　国内顧客中心から海外顧客に軸足を漸進的に移行する資源ビジネス

まず，事業成長を追求してビジネスの軸足を国内顧客から海外顧客にシフトするものの，引き続き国内中心型サプライ・チェーンがメインであり続けると想定される資源ビジネスについて考えてみる。

本国本社主導のサプライ・チェーン・マネジメントの継続

今後，LNG事業において海外顧客開拓が進行し国内電力・ガス会社が自主調達の動きを加速したとしても，資源ビジネスは長期契約が主であるため国内電力・ガス会社は引き続き大口顧客であり続け，資源ポートフォリオが海外顧客主体にガラリと一変することはなく中国・インド仕向け等が2～3割加わる程度に止まるのではないかと思われる。従来は国内中心型サプライ・チェーンにおいて"Value Chain Design"が採用され，本国本社がマネジメントに当たってきたが，総合商社のLNG事業において相対的にウェイトを下げつつも引き続きコアを形成する国内中心型については本国本社の中央集権管理が行わ

れよう（敢えてマネジメント体制を変更する必要性が認められない）。

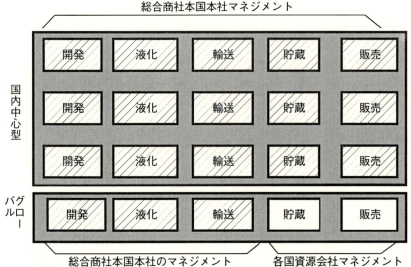

〔図31〕 LNG事業のグローバル化とサプライ・チェーン・マネジメント

(出所) 筆者作成
(注) ╱╱は本国本社のマネジメント対象，□は各国資源会社マネジメントの意（グローバル・サプライ・チェーンの川下は総合商社のコントロールは及び難い）。

　一方，中国・インド・東南アジア等の国営石油会社と提携して構築するグローバル・サプライ・チェーンに関しては，総合商社が中国・インド市場等で川下ユーザーを直接把握することは難しく，むしろ川下は提携国営石油会社に任せて，総合商社は川上でのプロジェクト・コーディネートと権益確保，川中の液化・輸送に注力すべきであろう。この場合，中国・インド等の国営会社との提携・協業は政治的交渉やカントリー・リスクも絡むことから，LNGサプライ・チェーン・マネジメントに習熟した本国本社主導によりサプライ・チェーン・マネジメントに当たることが適当であると考えられる。

〔図32〕 本国本社のサプライ・チェーン・マネジメント

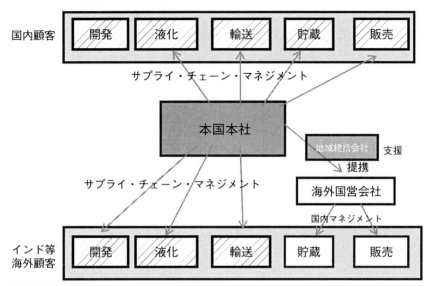

(出所) 筆者作成
(注) ▨は総合商社グループ，☐は海外国営会社及び関連会社の意。

ポートフォリオの地域分散を進める三井物産

　この変化を具体例で考えてみよう。2000年代央以降，三井物産はアジア圏に偏重した石油ガス・ポートフォリオをグローバル分散させるべく（第１部第３章２(3)参照），北米シェール関連プロジェクトに取り組み，モザンビーク・プロジェクトではオペレーターのAnadarko社に次ぐ20％の権益投資を行い原油・LNG生産を立ち上げようとしている。そしてモザンビーク・プロジェクトでは，国内電力・ガス会社に加えてインド・タイ国営石油会社と生産量の８割程度の引取り目途を付けたが，さらに2020年代以降成長の見込まれる（インドネシアが輸入国に転換）東南アジア需要開拓を検討している[67]。

　三井物産では，アジア大洋州（本社直轄の中国・韓国を除く）を管轄する地

---

[67] 三井物産「エネルギーセグメント事業説明会」及び「質疑応答」（2015年12月15日）（https://www.mitsui.com/jp/ja/ir/meeting/management/__icsFiles/afieldfile/2016/03/03/ja_1501215_energy_qa.pdf）参照。

域本部を置くが，各国国営会社との交渉には政治的な面も少なくなく，川上LNG権益の最適配分（将来を見据えた内外顧客間の配分比率，海外顧客の優先順位等の決定）は本国本社が今後の資源ビジネス構想に基づき決定すべきことであるため，グローバル・サプライ・チェーンに関する新規顧客開拓は本国本社主導に馴染む。このため，最も地域本部に権限委譲を行ってきた三井物産でも，LNG等資源事業に関しては，国内中心型サプライ・チェーン，グローバル・サプライ・チェーンを問わず，そのマネジメントは本国本社主導の体制が基本となるものと考えられる。その結果，同社のLNGビジネスは図32に示される本国本社主導下に海外子会社が輔翼する国際経営が採用されると予想される。

(2) グローバル・サプライ・チェーン中心を目指す資源ビジネス

(1)とは異なり，資源ビジネスでも国内中心型を脱却してグローバル・サプライ・チェーン中心型を目指すものもある。

部門間の本社機能のグローバル分散とCEOによる総合調整

　三菱商事は鉄鋼サプライ・チェーンを内需依存型から脱却して，川上（鉄鋼原料トレーディング）・川下（鉄鋼製品のメーカー・ゼネコン等最終需要者に対する供給）だけでなく川中（加工・卸流通）を含めてアジア圏規模化しようとしており，取組の嚆矢として，RtMIをシンガポールに設立して川上（鉄鋼原料トレーディング）の本社機能を移転，東アジア・東南アジア・南アジアで地場高炉・電炉メーカーの顧客開拓に着手した。

　現時点で，(2003年に鉄鋼製品トレーディングを担うメタルワンを外部分社化してしまったため)金属グループのコアを形成する金属資源本部，金属資源トレーディング本部（厳密には先物取引等は国内に本社機能存続）の間で本社機能が東京・シンガポールに分散し，金属グループCEOが総合調整に当たっている。2020年頃まで資源需給調整が続く現在，川上では新規投資が抑制され資産入替えがメインであるため[68]，鉄鋼原材料のアジア顧客開拓が金属グループの長期的成長を左右する主たる動きとなっており，金属グループは金属グ

ループ本国本社とシンガポールのRtMIが協同してアジア圏規模の鉄鋼サプライ・チェーンを川上から構築しようとしている。

〔図33〕 三菱商事の鉄鋼サプライ・チェーンのアジア化に向けた取組

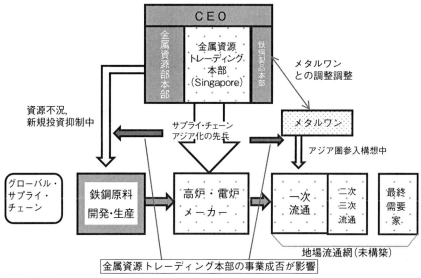

(出所) 筆者作成
(注) ■は日本国内所在, ▒は海外所在の意(「鉄鋼原料開発・生産」は国内中心型, グローバル・サプライ・チェーン共通の開発・生産であり, メタルワンは国内外で事業展開)。

鉄鋼サプライ・チェーンのアジア化と金属グループのグローバル体制

今後, RtMIがアジア圏の高炉・電炉メーカーの顧客開拓に成功し, 金属資源本部もアジア圏顧客向け権益確保にビジネスの軸足を写し, 川上段階だけでも鉄鋼サプライ・チェーンのアジア化に成功したとする(川中・川下はメタルワンの管轄であり, サプライ・チェーンの全面的なアジア化は国内顧客に基盤を置く同社がどれだけ経営資源を割けるか次第)。日本の年間粗鋼生産は第一次石油危機以降横這いながら世界第2位の1億~1億1,000万トンであり, 国内顧客取引がアジア顧客取引に抜かれる日が近々には到来しないとしても, 鉄

---

68) 前掲三井物産「エネルギーセグメント事業説明会」及び「質疑応答」(2015年12月15日), 三菱商事「2016年度第1四半期決算説明会(2016年8月2日)質疑応答」(http://www.mitsubishicorp.com/jp/ja/ir/library/meetings/pdf/160802/20160802 j_d.pdf)等。

鋼ビジネスの重点は旺盛な成長性を示し続けるアジアにシフトせざるを得ない。

この場合，金属グループCEOが引き続き本国本社に所在し，グローバル戦略・事業投資計画の策定，投資資金・川上資源権益配分等を通じて各部門をコントロールし，国内中心型サプライ・チェーンとアジア圏規模のグローバル・サプライ・チェーンに関して，RtMIと協同しながらマネジメントにあたることも可能である。しかし，アジア圏の成長を取り込んだ鉄鋼ビジネスを発展させるにはアジア各地のハブにあたるシンガポールに金属グループそのものの世界本社機能を移転することも一案であり，これまでメタルワンに依存してきた川中・川下展開でもアジア企業との提携も考えるのであれば，地場に近いシンガポールはますます世界本社の最適立地になる。この場合，世界本社は日本国内から世界最適立地に移転され，グローバル戦略・事業投資計画の策定，投資資金・川上資源権益配分等に当たることが一つの合理的選択肢となる。

〔図34〕 金属グループ全体の世界本社機能移転後のサプライ・チェーン・マネジメント

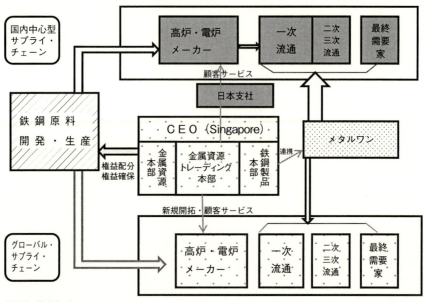

（出所）筆者作成
（注） ▨は日本国所在，▦は海外所在の意。

(3) "Value Chain Design"の適した資源型の非資源ビジネス

非資源ビジネスは「点的支配モデル（複数事業の有機的結合モデル）」に適合するものが多いが，資源ビジネスと同じく"Value Chain Design"に親和するものもある。(1)(2)に続き(3)では「資源型」の非資源ビジネスについて考える。

食料部門における"Value Chain Design"の展開

第1部第2章3(2)で論じたように，総合商社の食料ビジネスは資源ビジネスと同様にサプライ・チェーンに多段階関与する"Value Chain Design"が以下の2点の理由から採用されている。

まず，サプライ・チェーンの特性として，資源分野と同様に，①川上原料会社（穀物・油脂生産会社等）が経営資源の制約から各国市場の原料加工業者に直接アクセスすることは難しく，②各国市場の原料加工業者も穀物・油脂取引は投機性が高いため川上原料会社に直接取引することが難しいなど，食料ビジネスも川上と川下が市場・取引的に分断され，総合商社が川上・川下の間に入り取引をオーガナイズする余地が存在する。

また，食料サプライ・チェーンでは，一次加工（穀物の製粉，油脂の搾油等加工素材製造），二次加工（加工食品，食肉加工，製油，飲料製造等の食品製造），中間流通，小売（スーパーマーケット，コンビニエンスストア，外食産業）の流通段階を経て消費者に製品が届くが，一次加工・二次加工・中間流通は鉄鋼サプライ・チェーンの加工・卸と比較すると寡占化が進行しており，総合商社の系列化された業者が優越的な地位を占めてきた。川下のスーパーマーケット，コンビニエンスストア，外食産業についても，1990年代末に大手スーパー等が経営破綻したのを契機として総合商社による系列化が進み，サプライ・チェーンのオルガナイザー役を可能とする基盤となった。

各国市場で完結する内需型ビジネスにおける本格参入の必要性

現在，総合商社は国内市場の縮小を見据えて中国・東南アジア等で食品ビジネスを展開しようとしている。初期段階では，各国市場の一次加工業者に原料供給する川上ビジネスに止まるとしても，真にアジア各国の加工食品・嗜好品

需要の成長を捉まえたいのであれば，伊藤忠商事が国内垂直統合バリュー・チェーンを中国・東南アジアでも再現しようとしているように，総合商社は主要市場ごとに垂直統合サプライ・チェーンを構築する必要がある。食料ビジネスは内需依存型であり，各国市場で消費者嗜好・流通網・商慣行・法制度等が異なり，これらに適応するためにも本格参入が必要だからである。

第8章3(1)で見たように，伊藤忠商事の食料ビジネスは現段階では中国市場参入段階にあり，本国本社（食品カンパニー）が中国事業推進の中核として，市場参入の鍵となる戦略パートナーとの提携を一日も早く具体化するべく，国内では日本企業パートナーとの交渉・連絡調整を行い，海外では伊藤忠中国等現地法人に指示して（本国本社の直接対応も交えつつ）戦略パートナーとの協力関係を詰めさせている。ただし，本社主導とはいえ，Bartlett and Ghoshal (1989)のグローバル企業モデルのように海外子会社（伊藤忠集団）は単に本国本社の計画・指示に従い事業活動しているわけではなく，本国本社の経営戦略の枠内で自主的にビジネスを展開している。

初期の本国本社主導から地域統括会社の主体的事業展開へ

しかしながら，中国等で垂直統合バリュー・チェーンが一定程度確立してしまえば，いつまでも本社主導で遠隔操作しているわけにはいかず，川上資源権益と投資資金の地域配分については本国本社が総合調整に当たるとしても各国統括会社にサプライ・チェーン・マネジメントを権限委譲して，各国統括会社が主導性を発揮する必要がある。Bartlett and Ghoshal (1989)の多国籍企業類型では，食料ビジネスはマルチナショナル企業の典型である。各国で消費者嗜好・流通システム・法制度等が異なるため，本国本社・海外子会社は各国市場に適した経営戦略・事業計画を策定し独自に事業展開する必要があり，国内中心型サプライ・チェーンに基盤を置く総合商社に適合する本国本社の中央集権システムは各国市場参入の進展に合わせて解体され分権的体制に移行せざるを得ない。

〔図35〕 本国本社と地域統括会社の関係

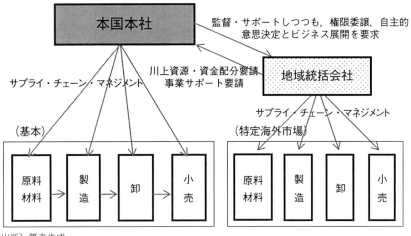

(出所) 筆者作成

中国食料ビジネスの成長と第二カンパニーの成立

　伊藤忠商事食料部門において可能性の一つとして想定されるように，分権化が徹底されれば，将来的に国内カンパニーに並立するカンパニーが中国市場等で成立する事態も排除できない。その場合，食料部門全体の世界戦略を決定し投資資金・川上資源権益の配分や世界人事等を行う「総合調整役」の下で，国内カンパニーと中国カンパニーが対等の疑似分社として並立し，分掌する市場において垂直統合バリュー・チェーンのマネジメントを専管し，独立して経営戦略・事業投資計画を策定して事業実施に当たることとなる可能性がある。組織的には，国内カンパニーと中国カンパニーの上に本国本社本体が総合調整役として存在するものの，中国カンパニーも本国本社にぶら下がる疑似分社の一つとして，金属カンパニー，生活資材・化学品カンパニー，繊維カンパニー等と並び立つこととなる。

　次の図36に示すように，従来内外ビジネスを統括してきた国内カンパニーとの関係では中国カンパニーは独立的であり，Bartlett and Ghoshal (1989) のマルチナショナル企業的な関係が成立しているが，グローバル戦略・事業投資計画策定，川上資源損益の配分等を巡り本国本社が総合調整機能を発揮する必要

があり，マルチナショナル企業に近いインターナショナル企業のスタイルが採られることとなろう。

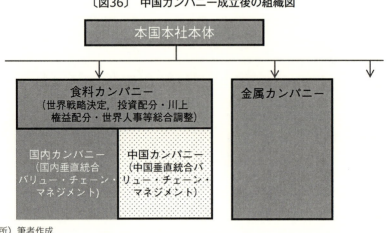

〔図36〕 中国カンパニー成立後の組織図

(出所) 筆者作成
(注) ▨は日本国内所在, ▦は海外所在の意。

(4) 点的支配モデルの適した「資源型」でない非資源ビジネス
点的支配モデルと非資源ビジネス

　第1部第2章4で示したように，通常の非資源ビジネスでは，食料ビジネスと異なり「点的支配モデル（複数事業の有機的結合モデル）」が主流である。連結純利益を数百億円も稼得できるLNGでは"Value Chain Design"はペイするが，数億円～数十億円ではサプライ・チェーンの多段階関与はペイせず，基幹トレーディングとそれとシナジー効果のあるビジネスに注力し，トレーディングの成長と新収益源確保を図ることが適切である。

　また，伊藤忠商事は国内市場で三菱商事・三井物産等に顧客・流通網を押さえられている関係で早い段階から海外事業展開に積極的に取り組み，日本を介さないグローバル・サプライ・チェーンを構築してきたが，海外市場で優越的地位にない外国資本には"Value Chain Design"は現実的でなく，伊藤忠商事等は海外において「複数事業の有機的結合モデル」を展開してきた。(4)では点的支配モデルの適した非資源ビジネスのケースについて考察する。

点的支配モデルにおける本国本社と海外子会社等との関係

2000年代以降，総合商社は多くの日本グローバル企業と同様に「連結経営」を採用し，従来の商社ビジネスを外部化して子会社・関連会社に担わせることとしたが，同時期の総合事業会社モデルの採用によりサプライ・チェーン上の個別事業は子会社・関連会社に加えて多数の事業投資先会社が担当するようになり，本国本社は子会社・関連会社・事業投資先企業を監督管理して，全体事業の企画・総合調整にあたってきた。

ただし，点的支配モデルは多数分野で事業展開することで全体での高収益を目指すものであり，監督管理と言っても，本国本社が子会社・関連会社・事業投資先会社に一つ一つ行動を指示できない。このためサプライ・チェーン・マネジメントは子会社・関連会社・事業投資先会社に一任し，事業計画進捗・収益目標達成状況等をチェックすることでコントロールを図らざるを得ない。

〔図37〕 点的支配モデルに適した非資源ビジネスでの
サプライ・チェーン・マネジメント体制

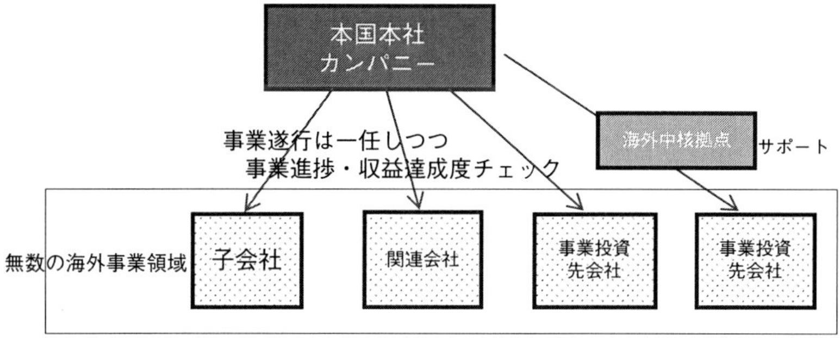

(出所) 筆者作成

特に，事業投資先会社の全社に社員を派遣することは人的資源上の制約から不可能であり，本国本社は海外中核拠点のサポートを得て業務遂行をチェックしてきた。ここでは，海外子会社・関連会社・事業投資先会社の自主性を活用する分権的体制が採られ，本国本社は事業計画承認，遂行状況チェック，収益達成度の評価等により統制を図ってきた。

以上のように，点的支配モデルの適合する非資源部門では，Bartlett and Ghoshal（1989）のマルチナショナル企業に近いインターナショナル企業のスタイルが本国本社・海外子会社関係では採られ，海外子会社の主体性が強いものとなる。

3 海外人材の「参加」問題
～カンパニー制の限界と20年後を見据えた国際人的資源管理～

2では，総合商社ビジネスのグローバル化に伴う本国本社・海外子会社の関係の変化に対応して適切な国際経営組織を導入発展させる必要があることを論じた。グローバル化に伴い各部門により最適な国際経営組織は同じではなく，「サラダボウル」化する総合商社をマネジメントする上で各カンパニーがそれぞれ最適の国際経営組織を採用することが基本であり，それにより「統合」が実現できると考える。では，グローバル化に伴い世界本社が海外移転したり国内カンパニーに並ぶカンパニーが海外に成立するに至れば，もはや総合商社を本国本社採用人材中心に動かしていくことはできず，優秀な海外現地採用人材の活用・登用が不可避となる，「参加」が重要なイシューとして浮上する。

(1) グローバル展開とカンパニー制の壁

1990年代末に導入されたカンパニー制はリストラ推進の基本単位であったが，2000年代前半に総合商社はバブル期の「負の遺産」を解消し終え，「縮み志向の経営」から，資源エネルギー投資等「攻めの経営」に転じた。カンパニー制は「攻めの経営」転換後もトータル・リスク・マネジメントに支えられた事業ポートフォリオ管理の主体として総合商社の組織基盤たり続けてきた。

カンパニー制は，独立会社に近づけたといっても，あくまでも事業部門制の延長上にある事業遂行に関する疑似分社制であり，人事制度，賃金制度，会計制度等のビジネス基盤は総合商社全社で共通化・標準化されている。2000年代の総合商社においては，国内市場中心型のサプライ・チェーンがビジネスの基本であり，本国本社による中央集権的な国際経営・組織を前提として，人事制度・賃金制度等も国内採用人材を中核とするシステムにより全社標準化されて

きた。

　しかしながら，今後，商社ビジネスの現地化とグローバル・サプライ・チェーンの成長により，現地市場・社会に通じた現地採用人材の重要性が高まると，優秀な現地人材を獲得し長期雇用させるには，単に現地採用人材が現地子会社・関連会社内で昇進・昇格できる制度を整えるだけでなく，優秀人材であれば現地子会社・関連会社の枠内を超えて，地域統括会社や本国本社（カンパニー）においても昇進・昇格できるキャリア・パスを用意する必要がある（欧米多国籍企業，地場成長企業との人材獲得競争に勝てない）。

　このため，従来のカンパニー制が前提としてきた人的資源管理の均質性は崩れざるを得ず，特定のカンパニー又は事業部門では，新卒一括採用，年功制的賃金・昇進制度，コンセンサス重視型意思決定等の日本型経営に代わり，内外無差別の人材採用・昇進，年功給・職能給に代わる職務給，過去の実績に基づく課長級以上の外部登用等欧米型経営の採用に踏み切ることも想定される。この場合，擬似的分社システムであるカンパニー制の下では対応が難しく，全社で標準化された社内制度に混乱を来さざるを得ない。そこで，本国採用人材中心の人的資源管理システムとは異質な組織原理を要請するカンパニーや事業部門の統合が課題となる。

　一つの対応策として，疑似分社制のカンパニー制に代わり持株会社制を採用して，欧米型経営システムの採用を必要とする事業部門を完全分社化する方法がある。ただし，総合商社は年間3,000～6,000億円の事業投資を行っており，本社本体が各カンパニーの事業計画をヒアリング・査定した上で投資資金配分を行うため，各カンパニーを完全独立分社化することは難しい。また，三井物産が2012年の資源の宴終焉後に収益機会の拡大・発掘のため部門横断での事業展開を経営方針に掲げているが，各事業部門を完全独立会社化してしまうと事業部門横断的なビジネス展開が困難となる[69]。

　この異質の組織原理に立つ事業部門を外部化して特別管理する方法とは別に，企業そのものの経営システムと雇用・人事システムを日本型から変革する問題解決方法もある。すなわち，新卒一括採用，年功制的の賃金・昇進制度，コンセンサス重視型意思決定等の日本型経営を廃止してしまい，内外無差別の人材採

用・昇進，年功給・職能給に代わる職務給，過去の実績に基づく課長級以上の外部登用等欧米型経営を採用することである。総合商社も日本社会に根ざす企業である以上，欧米型への転換には限界があるが，現在，総合商社は世界志向型の国際人的資源管理システムの導入に向けた取組を進めている（以下，国際人的資源管理の類型は節末の**参考**参照）。

(2) 従来の総合商社の国際人的資源管理

では，従来の本国志向型の国際人的資源管理とは，いかなるものであったのか。

国内市場中心ビジネスに対応したグローバル企業型組織

2000年代央以降，日本経済の長期デフレ停滞を踏まえて，総合商社も海外成長の取込みを目指したが，コモディティ・スーパー・サイクルを背景とした資源部門の好調により海外展開が後手に回ったことは先述した[70]。総合商社は草創期から海外に支社・駐在員事務所を設置し多国籍展開してきたが，資源小国・日本の必要とする原材料・食糧を海外生産地で確保し国内に輸入供給するビジネスが基本だった。

---

[69] 持株会社には組織の遠心化をもたらす危険がある。特に，グループ経営と事業運営を完全に分離し，持株会社がグループ経営に専門特化する純粋持株会社は，特定事業の利益にとらわれずグループ全体を客観的・公平に見ることができ，事業再編や他社とのM＆Aが容易になる一方で，価値観の共有化や求心力の確保に難があるとされる。1997年に純粋持株会社が独占禁止法改正で解禁されると（事業持株会社は改正前でも可能だった），上場企業の純粋持株会社化が急速に進行し2012年10月時点で全上場企業の11.8%を占めるに至ったが（宮島英昭，外松（片倉）陽子（2013）「日本企業はなぜ持株会社制度を採用したのか？：事業成熟度とコーディネーションの必要度」），純粋持株会社には「グループ企業の役割・権限を変更しにくい」「組織を変更しにくい」「傘下企業をコントロールしにくい」「グループ内の事業間連携（横串）を具体化しにくい」「情報が共有しにくい」等のデメリットが指摘され，近年，純粋持株会社の解消の動きが生じている。例えば，富士電機は2003年に純粋持株会社化したが，「事業間の壁の存在」「新事業が生まれにくい」「経営を担う人材不足」等を理由として2010年に純粋持株会社を廃止。コニカミノルタは2003年に純粋持株会社化したが，中核事業が売上高の70%以上を占めるため持株会社と中核事業会社の二重体制は非効率であり，「グループの経営資源が分散し力が殺がれる」「事業の組み換えにスピード感が欠ける」等を理由に2013年に非中核事業のみを外部化する事業持株会社に移行した。

この国内市場中心ビジネスでは，本国本社が国内顧客との恒常的なコンタクトを通じてニーズを把握し，世界展開した海外子会社等が収集した情報に基づき原材料・食糧等の調達計画を立案，海外子会社に指示し原材料等を確保・輸入してきた。権限・情報は本国本社に集約され，海外子会社は本国本社の意向・指示に基づき担当国・地域で事業を展開する「出先機関」である。Bartlett and Ghoshalの多国籍企業類型では，本国本社の中央集権体制を採るグローバル企業が相当する。

縦割りによる事業運営と人事管理
　この本国本社の中央集権的システムの下では，事業部門の「縦割り」が基本組織となっており，そもそも地域横断的な取組はおろか，エネルギー・金属・鉄鋼・化学品・食品等の部門の枠を超えた横断的な事業展開も例外的だった。総合商社ビジネスの「縦割り」は国内だけでなく海外でも貫徹されており，住友商事勤務経験を有する政岡勝治の『総合商社の非総合性の研究』（2006年）は，総合商社では海外支社でも部門が異なると情報交換等はなされておらず，非総合性（縦割り）が総合商社の特性であるとする。
　カンパニー制はこうした事業部門別の縦割りシステムに適合的だったが，本国本社ヘッドクォーターは（大規模案件の）最終事業審査，投資・人材配分等を通じて，商社全体の成長戦略の具体化と事業ポートフォリオ管理を行う一方，実質的な事業展開は各カンパニーに責任が委ねられ，本国及び海外を含めた事業展開だけでなく，本国・海外双方の人事もカンパニーごとに実施されてきた。カンパニー長が各カンパニーの事業計画・投資計画をとりまとめ，サプライ・チェーン上で展開する事業内容・投資額・人員配置を決めるだけでなく，部門

---

70) 三菱商事の海外売上高が全社連結売上高に占める比率を見ると，2003〜2007年度に15.3%から21.4%に高まったものの，リーマン・ショック後の世界景気後退により2008年度に減少傾向に転じ，2010年度に18.5%と微増し，2011年度は横ばいとなるなど，三菱商事では一貫して海外売上高は2割程度に止まり，国内中心の取引構造となっている。また，「世界企業」を経営理念とした伊藤忠商事でも，2005〜2008年度に全社連結純利益の50%超を海外事業で稼ぎ，2009〜2010年度には海外比率を60%超とする目標を基本的にクリアしてきたが，売上・収益の観点から見ると，2004〜2006年度に国内売上が連結売上高の約65%を占め，2007年度以降連結収益に占める海外比率は3割前後を推移するに止まった。

所属人員の人事評価に関しても決定権を有した[71]。

本国本社の中央集権体制による海外子会社・関連会社の運営

　視点を海外子会社・関連会社のマネジメントに移す。1980年代央以降，日本メーカーがプラザ合意後の急激な円高によりグローバル化を強いられ，グローバル企業からインターナショナル企業，さらにはトランスナショナル企業も志向するなど国際経営・組織を変革してきたのに対し，総合商社のビジネスは一貫して国内市場志向型であり続け，本国本社に情報・権限が集中・集約され，本国本社がサプライ・チェーン上での事業内容，投資・人員配分等を決定してきた。

　国内中心型のビジネス構造においては，海外子会社及び関連会社は，本国本社の企画・決定するグローバルな事業計画・遂行のためのパーツであった。海外子会社・関連会社は，本国本社より派遣された「生抜き」が直接経営にあたるか，現地人材による間接経営方式を採る場合でも，本国本社からの派遣社員が「つなぎ人材」として本国本社の意向を現地経営陣に伝え，事業展開が本国本社の意図・決定に即したものとなるよう誘導し，本国本社のコントロールを利かせてきた[72]。

---

71) 本国・海外を問わず，部門所属人員にとり，事業計画決定，資金・人員配分，業績・人事評価の権限を握る部門長は絶対的存在であり，本国本社の意向を常に忖度しつつビジネスに取り組むこととなる（部門間の異動が例外的であることもその傾向を強める）。
72) ただし，コントロールといっても，1980年代央以降の円高に対応して海外生産移転に取り組んだ日本メーカーとの相違点には留意すべきであろう。日本メーカーは，短期間で国内工場と同等の工場を構築するため，在外拠点の幹部及び重要な管理職には本国本社から社員を派遣，本社が一方通行的に現地に助言・指示を与え，細かい事項まで承認を求めた。一方，総合商社の場合，本国本社のグローバルな事業計画は海外拠点の情報収集とビジネス・チャンス開拓に基づき立案されており，海外派遣社員は，本国本社の指示待ちの「受け身」ではなく，主体的にビジネス・チャンスを発掘しビジネスに組み立てることが求められた。

本国志向型の国際人的資源管理

　この本国本社の強いコントロールは現地人材の活躍を制約する方向に機能する。海外生産移転期の製造業では，先進的工業生産の基盤のない途上国において国内工場・生産組織を再現することが課題であったため，当初は現地人の技術・知識水準・モラルについて懐疑的であり，現地人材には人事等若干の部課長ポストを与えるに止まった。総合商社においても，各国での事業展開は，本国本社の意向を踏まえ，本国本社の成長戦略・事業展開に資する形で発揮することが求められたため，総合商社の事業内容や仕事の進め方，意思決定システムや価値観等を知らない現地人材にはハンディがあり活用・登用は消極的だった。

　すなわち，総合商社では，大学卒業後に配属された部門で新卒社員はOJTにより業務経験を積み重ね，国内勤務・海外子会社等出向のキャリア・パスを通過していく過程で，各部門の事業内容や仕事の進め方，意思決定システムや価値観，意思決定における各段階でのキーパーソン（公式・非公式）と働きかけ方等に習熟していく。同時に，社外においても，仕事を円滑に進める上で重要な取引先・人脈を形成し，日本企業を中心とした顧客とのビジネスの進め方や付き合い方を学習し習熟する。しかしながら，現地人材はかかる学習・習熟の機会に恵まれない状況が続いてきた。

　吉原他（2003）は総合商社を「日本人の日本語による日本的国際経営組織」としたが，本国本社の中央集権的体制を採る総合商社では，在外拠点の幹部及び重要な管理職には本国本社から社員を派遣，海外子会社の経営・運営を派遣社員に委ねる一方，現地人材には人事等限られた部課長ポストを与えるに止まる本国志向型の国際人的資源管理を採用してきた。これは総合商社ビジネスが国内顧客を主対象として国内中心型サプライ・チェーンのマネジメントに専心する時代に適合した人的資源管理だったと言えよう。

(3) 海外採用人材の「参加」問題

　しかしながら，総合商社ビジネスにおいて，海外顧客を相手とするグローバル・サプライ・チェーンが大きなウェイトを占めるようになり，現地顧客への対応のために，優秀な現地人材を採用して長期継続雇用することが必要となれば，総合商社の国際人的資源管理は見直しが必至である。中国・東南アジア・インド等に大規模拠点が置かれ地場顧客とのビジネスが総合商社の成長を左右するようになれば，優秀な現地人材を地場成長企業・欧米多国籍企業との競争に打ち勝って採用する必要があるからである。このため，1980年代央よりグローバル化の道を進んできていた日本メーカーの跡を遅ればせながらも追って，総合商社も国際人的資源管理を地域志向型・世界志向型に転換し，本国採用人材と海外採用人材の内外無差別・適材適所の活用を実現する必要に直面する。そして，本国本社と海外子会社で異なる人事制度を取るのでなく，グローバル企業グループとして人事制度の国際標準化も検討課題となる。

サプライ・チェーン・マネジメントと現地人材の参加問題

　なぜ現地人材の参加が必要となるのか。総合商社ビジネスはもともとグローバルに展開されており，グローバル展開自体が直ちに現地人材の参加問題に帰結するわけではない。総合商社が現地採用人材を総合商社の経営・人事システムに本格的に包摂し，本国採用人材との内外無差別・適材適所の活用を検討せざるを得なくなるのは，現地人材がグローバル・サプライ・チェーン・マネジメントにおいて主要な役割を担うに至るからである。この点をLNGビジネスに即して考える。

　2(1)では，国内顧客から海外顧客への軸足のシフトが緩慢なLNGビジネスでは，国内中心型サプライ・チェーン，グローバル・サプライ・チェーンともに，本国本社が引き続き中央集権的にマネジメントを行うことが可能であるだけでなく合理的であり，本国本社が，川上の資源開発，川中の液化・輸送，コンサルティングなどサプライ・チェーン・マネジメントに必要な機能を子会社・関連会社・事業投資先会社の形で調達することになるとの考えを示した。

　本国本社が確保してきたサプライ・チェーンに関与する企業は資源開発，液

化，輸送などに専門分化しており，通例，現地採用社員は，総合商社の社員となったという意識は希薄であり，自己のキャリアを（特定会社ではなく）特定の専門分野で継続的に発展させることに関心がある。したがって，総合商社の社員として昇進・昇格することはあまり眼中になく，現在の会社において特定専門分野でのキャリア・アップが難しければ同業他社に転職してしまう。優秀な社員を採用し会社に引き留められるかは海外子会社等の問題であり，総合商社が優秀人材の獲得・確保等のためにグローバル企業グループ全体の人的資源管理を改革しなければならない状況にはない。

〔図38〕 本国本社の海外子会社等の機能別管理

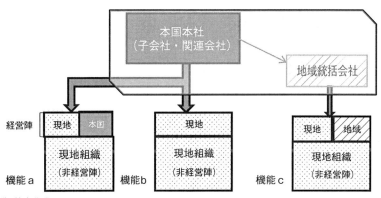

（出所）筆者作成
（注） aは本国本社の直接支配，bは現地会社に委任，cは地域統括会社がコントロール（本国本社の間接支配）。

現地採用人材の「参加」問題

しかしながら，現地人材がグローバル・サプライ・チェーン・マネジメントで主要な役割を担うようになると，総合商社は現地採用人材を全社の経営・人事システムに本格的に包摂し，本国採用人材との内外無差別・適材適所の活用を検討せざるを得なくなる。

三菱商事金属グループでは，金属資源トレーディングの世界本社機能がシンガポールに移転し，アジア圏の高炉・電炉メーカー等の顧客開拓のために現地採用人材を積極的に採用している。2(2)で論じたように，川上での新規投資が

抑制されている資源需給調整期の現在，国内中心型の典型だった鉄鋼サプライ・チェーンのアジア規模化の成否はひとえにRtMIの活動にかかっており，また，金属資源トレーディングは，LNGサプライ・チェーンの液化・輸送のような専門特化した機能とは異なり，まさしく金属グループのコア機能であることから，RtMIの優秀な現地採用人材の中には，金属資源トレーディングの枠組だけで昇進・昇格するだけでなく，金属資源トレーディング本部を包摂する金属グループ全体の中での更なる活躍を求める者も現れてくることが予想される。

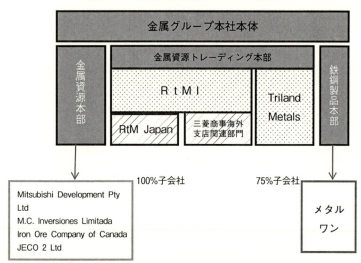

〔図39〕 三菱商事金属グループの体制

(出所) RtMI "Company Profile" (http://www.mitsubishicorprtm.com/global/company-profile/) に基づき作成
(注) ■は本国立地。▨は海外立地。▨はRtMIの管轄下にある組織。

すなわちRtMIの個別地域担当部門の長になったり，個別地域部門の統括部門の長になったりするだけではなく，金属グループ内での昇進・昇格の可能性（金属資源トレーディング本部，金属グループ管理部経営企画部門等）を求める者も現れることが想定される。日本メーカーが，多国籍展開の深化に伴い，現地採用人材を現地会社だけでなく現地会社を含む広域異動での昇進・昇格や，

本国本社での登用を検討せざるを得なくなったのと同様の事情が総合商社にも生ずることにならないだろうか。

特に企業経営の才能にも恵まれた人材であれば、トレーディングだけでキャリアが完結しRtMI内で昇進・昇格も終わりとなると、シンガポールにはVale, Rio Tinto等国際資源会社のアジア統括会社も立地するため、更なるキャリア・アップを求めて転職等していく傾向は強まろう。このため現地採用人材の内外無差別・適材適所の活用を可能とする人事制度を総合商社が工夫することが必要となる。2(2)では、金属グループ全体の世界本社機能がシンガポールに移転する可能性を仮説的に指摘したが、その場合、総合商社が国際人的資源管理を世界志向型化する必要はますます高まる。

（再掲）図34　金属グループ全体の世界本社機能移転後の
サプライ・チェーン・マネジメント

（出所）筆者作成
（注）■は日本国所在、▒は海外所在の意。

この事情は、伊藤忠商事の食料部門において中国事業が国内事業に匹敵する規模となり、中国に国内カンパニーに並立するカンパニーが置かれるに至った

場合も同様である（前掲図36）。食料部門で中国カンパニーが国内カンパニーに劣らない貢献をする以上，現地採用人材は中国カンパニーだけでキャリアが完結せず，食料カンパニー世界本社においてグローバル戦略の立案，全社の事業投資計画の策定に当たりたいと思うようになるのは自然なことである。中国食品市場では中国企業が資金力，事業範囲・規模等の面で他社を寄せ付けないガリバー的な事業展開をしており，優秀人材になればなるほど中国巨大会社にキャリア・アップのチャンスを求めることが想定され，総合商社が現地事業を優秀人材により強力に進めたいのであれば，現地採用人材の本国本社への「参加」はもはや不可避の課題であり，国際人的資源管理も世界志向型に向かわざるを得ないだろう。

[参考] 日本企業の国際人的資源管理

> Perlmutter and Heenan（1979）は，多国籍企業の国際展開に伴う組織発展について，本国志向型，現地志向型，地域志向型，世界志向型のEPRGモデルを提示したが，1985年のプラザ合意以降，我が国の自動車・総合電機等グローバル製造業はグローバル展開の深化に伴い国際人的資源管理を本国志向型，現地志向型，地域志向型に転換し，さらには世界志向型に移行しようとしている。
>
> ### 1980年代央～1990年代央の海外生産移転期
> **本国志向型の国際人的資源管理**
> ○1980年代央，日本メーカーは円高に対応して海外生産移転を本格化するが，短期間で国内工場と同等の生産能力を有する工場を構築するため，在外拠点の幹部及び重要な管理職には本国本社から社員を派遣，本社のコントロール下に経営管理を行った。このため，現地人材に対しては人事等若干の部課長ポストを与えるに止まった。
> ○この時期，本国本社は，現地人の技術・知識水準・モラルについて懐疑的であり，コミュニケーションは本社から現地への助言・指示の一方通行となり，現地経営は本社コントロールが強く，在外拠点は細かい事項にも本社の承認を要した。本社も現地も，在外拠点を日本企業として意識し，派遣社員には本社の給与・昇進基準が適用された（現地社員には現地基準を適用）。
> ○本国志向型の国際人的資源管理は，短期的には「組織構造が簡単で命令系統も明快」「在外拠点幹部の任免も本社が決定できる」「本社から海外拠点に情報・ノウハウが迅速に伝達」等の長所があったが，長期的には「在外拠点からのフィードバックがなく，効率的な計画立案ができず，現地の状況変化に柔軟に

対応できない」「在外拠点で働く最も有能な社員が辞めていく」「現地社員の士気が奮わず現地社員からの積極的なインプットを期待できない」等の短所があった。

1990年代以降の現地市場成長への対応

現地志向型の国際人的資源管理
○海外生産拠点構築を終え現地子会社が立ち上がり，1990年代に東南アジア・中国が経済的にテイクオフすると，本国本社は海外子会社を現地市場開拓の拠点として積極活用することを考える。このため，管理職ポストの現地社員化が始まり，管理職に占める現地人比率が上昇。日本人社長，日本人と現地人の副社長，相当数の現地人の管理職登用の体制から，現地人の在外トップ，日本人と現地人のトップ補佐，重要な管理職に現地社員を登用する体制に移行していく。
○現地志向型の国際人的資源管理は「在外拠点が現地市場から集中的に利益を上げられる」「現地社員の士気が高まり現地社員によるインプットも期待できる」「トップは現地人であり，地域情報をより多くより早く入手できる」「現地社員が主導権を握ることで新たな製品イノベーションの可能性も高まる」「地域共同体・現地政府の支援も得やすくなる」等のメリットがあったが，一方，「在外拠点がそれぞれ独立した存在となり，企業グループ全体では重複と無駄が発生する」「権力が分散し過ぎ，本社が意思決定等の蚊帳の外に置かれ，グローバル戦略の形成に支障をきたす」「在外拠点は会社全体のグローバルな成長よりも地域の成長を選び，会社全体の効率にとりマイナスとなる」危険等のデメリットも抱えた。

地域志向型の国際人的資源管理
○1990年代央以降の東南アジア・中国の消費市場成長を受けて，日本企業はアジア市場開拓を積極化する。1990年代末以降の新興国の経済成長はその取組を加速し，自動車・電機メーカー等は国際人的資源管理を現地志向型から地域志向型に発展させる。
○現地志向型には，在外拠点が各国市場で集中的に事業展開できるメリットもあったが，各国に諸機能をワンセットで設置するため重複・無駄が発生した。そこで，地域志向型では，政治・経済・文化的条件が類似・共通する国家群を一地域として域内統合することで，現地適応を確保しつつ資源のムダ使いを避けようとした。
○組織としては地域本部制を採用。域内拠点間の相互依存度は高まり，世界本社から地域本部に決定権限が大きく委譲され，財務・人事でも地域本部が域内全拠点を集中管理，地域単位の独立採算制，地域単位での管理職の集中的採用・訓練・配置が実施されるようになる。

2000年代以降の日本企業の人的資源管理

世界志向型の国際人的資源管理
○Bartlett and Ghoshal（1989）のトランスナショナル企業と世界志向型の国際人的資源管理は親和する。新興国市場が先進国市場と並ぶに至った2000年代，グローバル企業は先進国・新興国市場双方への対応が必要になる。かかる状況に適合的とされたのがトランスナショナル企業であり，同モデルでは，本国本社に重心はあるものの，生産・研究開発・販売はグローバル最適地に集約化され，各地域での学習成果・経験をネットワークでシェアする国際経営がなされる。
○トランスナショナル企業は，本社及び在外拠点を包含した世界的視野に立脚し，企業は世界的目標に焦点を置く一つの国際共同体として機能する。在外拠点は本社の衛星でも独立体でもなく，国際共同体の一員として独自能力と特性を活かした貢献を求められる。そのためには，本社と在外拠点の緊密なコミュニケーションが前提で，本社の国際経営チームには各国現地法人幹部も参加し，現地法人幹部には他地域の問題解決にも協力が求められる。
○かかるトランスナショナル企業では，世界中からの最適人材登用が原則であり，現地トップは本社役員メンバーにも加わり取締役会は国際化する。メリットは「世界中で最良の資源を幅広く探し最適利用でき，製品・サービスの質が良くなる」「在外拠点の幹部に有能な人材を登用でき経営の質を高めることできる」「幹部間で世界的目標へのコミットメント意識が高まり，士気が上がる」点が指摘されるが，現実にはトランスナショナル企業に成功した例はまだない。

世界企業を志向する日本企業の国際人的資源管理
○2000年代以降，日本の自動車・電機メーカーは米国多国籍企業をモデルとしつつ，トランスナショナル企業と世界志向型の国際人的資源管理に向けて改革に取り組んだ。"Global One Company"として経営理念を確立し本社・全海外子会社で共有，本国本社人材・海外人材を問わない「適材適所」の登用，想定外の環境変化に対応するための「多様性確保」，企業グループ内での人材のグローバル競争による「優秀人材の育成・登用」等が目標に掲げられた。
○例えば，トヨタの「GLOBAL21」プラン（1999年発表）では，①各事業体の幹部の職務内容を把握するため全世界で調査を実施，各ポストの相対的重要性を評価，世界共通の幹部職務グレードを定義，②本国本社が管理するグローバル・ポジションと各地域で配置・育成するローカル・ポジションを整理，その上で，③グローバル・ポジションの人材評価制度を世界共通化，④各海外子会社に部長級人材及び優秀人材を選別させてグローバルな人材データ・ベースを構築し，採用国に限定されず国外勤務も可能なキャリア・プランを策定しようとしている。

○トヨタ等が目指している国際人的資源管理プラットフォームは"Global One Company"における「適材適所」「多様性確保」「優秀人材育成・確保」の前提である。ただし，多国籍人材の異動状況を見ると，日本企業ではトップ・マネジメントを含めて第三国派遣者の活用は進まず，プラットフォームは有効活用されていない（欧米企業は，ローカル・マーケットでベストな人材を採用し，採用国だけでなく第三国派遣により人材をグローバルに育成・活用している）。また，日本企業では，訓練・研修プログラムが本国本社人材と海外人材の二系統に分かれ，グローバルな人材プールから優秀人材を育成し適材適所の配置・異動を行う段階に到達していないケースが多い。

4 総合商社の国際人的資源管理改革に向けた取組

伝統的に総合商社では「日本人の日本語による日本的国際経営」が展開され，内外で本国採用人材主導の経営が展開されてきた。2000年代に総合商社が総合事業会社モデルを本格的に推進し，内外で連結子会社・持分法適用会社等を多数抱え，現地人材が海外ビジネス展開で重要な役割を果たすようになると，総合商社も日本メーカーに遅ればせながら国際人的資源管理の改革に着手し，本国志向型から現地志向型，地域志向型へと現地人材の参加範囲を拡大しつつある。ここでは，この分野でも先進的に取り組む三菱商事の事例をまず紹介しつつ，これまでの総合商社の国際人的資源管理改革の取組を説明し，併せて中国展開で独創性を発揮する伊藤忠商事の事例を説明する。

(1) 2000年代の国際人的資源管理改革
総合事業会社モデルと現地人材の活用

2015年度末時点で三菱商事は国内外に連結対象会社約600社を有し，約6,300名の社員のうち約1,700名が連結先に出向している（200名超の社員を継続的に経営者として派遣）。単純計算では一社平均で2～3名の派遣社員がいるに過ぎず，海外連結子会社・持分法適用会社の経営は現地人材に依存せざるを得ず，海外子会社等のパフォーマンスを高めるには現地人材の能力・意欲をいかに引き出すかが鍵となる。

2000年代，総合商社は連結経営を採用し商社ビジネスを子会社・関連会社に

外部化,総合事業会社モデル下に多数の事業投資先会社を抱えるようになる。元来,本国本社の立案するグローバルな事業計画は海外子会社等による情報収集とビジネス・チャンス発掘に依存しており,現地情勢に通暁し現地人脈を有する現地人材の活用が課題とされていた。連結経営採用後,現地人材の活用の必要性はますます高まり,総合商社は現地人材が現地会社でキャリア・アップできる仕掛けの構築に乗り出す[73]。

2000年代以降,総合商社は,海外拠点・グループ企業ごとに人事管理される現地採用人材に関して,まず昇進の天井はシニア・マネジメント層までながら,スタッフからミドル・マネジメントを経てシニア・マネジメントに至るキャリア・パスを設定する。同時に,海外拠点とグループ企業の社員を対象として新入社員,スタッフ層,ミドル・マネジメント層向け階層型研修制度が整備され,現地人材の活用に向けた人的資源管理制度を整えた。

現地採用人材の登用・キャリア開発

実は三菱商事の現地人材の活用に向けた人材開発の取組は1994年の国際人材開発室の設立に始まっており,2006年のHRDセンター(三菱商事本体の人材育成強化に加え国際人材・連結人材の育成を一元的に推進する組織)の設立後「現地雇用スタッフ(ナショナル・スタッフ)」の育成・登用は全社レベルのものとなり,現地人材の広域異動も可能とする地域志向型の国際人的資源管理に向けた改革がなされた[74]。

第一に,総合商社の総合事業会社化に伴い現地採用人材に求められる資質・能力が高度化したため,現地採用人材の人材育成・開発のレベルを引き上げ,また,意欲と能力のある人材に「発展空間」を提供,活躍の場を開き,中長期的に適時適材適所で活躍できる環境を整えるべく,三菱商事は以下の取組を

---

73) 従来の本国志向型の国際人的資源管理は,「組織構造が簡単で命令系統も明快」「在外拠点幹部の任免も本社が決定できる」「本社から海外拠点に情報・ノウハウが迅速に伝達」等の長所があったが,「在外拠点で働く最も有能な社員が辞めていく」「現地社員の士気が奮わず現地社員からの積極的なインプットを期待できない」等の短所があり,優秀な現地人材を現地ビジネスで戦力化するため現地志向型の国際人的資源管理システムの整備が進められた。

行った。

> ○本店もしくは域内の大規模の支店・現地法人への出向，長期出張ベースの研修，事業投資先への出向等を通して，現地採用人材が経験の幅を広げられるよう，本店営業グループ，海外子会社・関連企業，HRDセンターが一体となって現地採用人材の計画的異動に取り組むこととした（2010年3月現在で，約40人の現地採用人材の本店又は採用国以外の海外子会社・関連企業への異動を達成）。
>
> ○現地採用人材の主要ポストへの登用は，まずは登用可能な人材の育成・開発を受けての取組であり，そもそも現地採用人材と本国本社で対等な立場で働く機会のなかった本社社員の意識改革も不可欠であるため，進捗は容易ではなかったが，2000年代，具体的目標（要件・時期等）を定め，本社営業グループ，海外子会社・関連会社，HRDセンターが共同して現地採用人材登用を進める枠組構築に取り組んだ。

　第二に，三菱商事では，国際人材開発室設置後1995年より優秀な現地採用人材向けに本社研修（Global Leadership Program）を開催していたが，HRDセンター設置後，本社社員向け研修と現地採用人材向け研修の相互乗り入れに取り組む。現地採用人材向けのグローバル及び地域単位の研修に本社社員の参加枠を設け，同様に本社社員向け研修にも現地採用人材参加枠を設け，本店社員と現地採用人材が相互に刺激し合う環境を作り，両社間の垣根を取り払うことを目指した。

---

74) HRDセンターは「連結・グローバル人材の育成・活用」に関して「グローバル成長の取り込みを担う海外ナショナル・スタッフのさらなる成長を積極的に支援し，長期にわたり活躍できる環境を整備する観点から，各地域での人事制度整備や，本社との人事交流・キャリア開発支援等を加速」するとして，本国本社営業グループに「グローバルHRD担当」，海外には「グローバルHRDハブ」を設置，グローバルHRD担当，グローバルHRDハブ，HRDセンターの三位一体組織を整えた（グローバルHRDハブは担当地域で①NS優秀人材の把握，②人事制度整備支援，③人材育成・開発（研修），④海外派遣社員の意識改革を担当）。

〔表9〕 三菱商事のグローバル人材育成プログラム

Global Leadership Program	リーダーシップスキルの開発，ビジネスプラン作成を通じて，次代を切り開く高い志の醸成，ビジネス創造を目指すことを目的として，1996年スタート。年1回実施で，現地採用人材と本社社員を合わせて40～50名程度が参加。約4ヵ月に及ぶ事前研修の実施後，東京本社にて約1週間の集合研修を行う。
Transferee Training Program	本社に出向する現地採用人材向け基礎研修。主目的は，三菱商事本社の経営方針・制度，本社勤務において必要とされる職能部門の役割への理解を深め，異文化環境下における対応能力を向上させるとともに，三菱商事の歴史・理念を学ぶことの3点。年4回開催され，本店で勤務する現地採用人材出向者に加えて，短期出張で訪日中の現地採用人材にも門戸を開放。

(出所) 三菱商事ホームページに基づき作成

本店社員のグローバル化に向けた意識改革

　現地採用人材の活用・登用は，現地採用人材の人材育成・人材開発と同時に，本国本社から海外子会社・関連会社に派遣される本国社員が，現地採用人材と良好な人間関係を築き，現地業務でいかに現地採用人材の活用を図れるかにも左右される。特に，本社で管理職層に達する前に海外派遣される若手社員は海外派遣先で初めて部下を持つケースもあり，本社社員が異文化圏・異言語の環境下で働く意識改革を行う必要があることから，三菱商事では，①入社5年以内の若手社員の海外子会社トレーニー派遣，②海外派遣社員が現地採用人材とのコミュニケーション方法やモチベーション向上等人材開発スキルを学び，異文化・異言語環境で頻発するトラブル未然防止術を習得する赴任前研修を実施することとした[75]。

---

75) 本文4(1)の取組に加え，三菱商事はグローバル人材開発インフラとして，海外からの出向者の本邦到着から帰任までの受入れ業務を一手に引き受けるインターナショナルHRサポートデスクを設置，本邦就労のためのVISA取得，本邦勤務時の給与設定，税金問題対応，子女教育，住居設営等の業務に当たらせた。また，本社社長メッセージを含む経営情報・社内通知・対外発表等をリアルタイムで英語発信し，海外の現地採用人材が本社と同じ時間軸で経営方針を理解できるよう，HRDセンター内に翻訳の専門部隊を設置した。

(2) 2010年代以降の地域志向型化に向けた取組

　2000年代，三菱商事では，海外拠点及びグループ企業の社員に関して，昇進の天井はシニア・マネージャーまでながら，スタッフからミドル・マネージャーを経てシニア・マネージャーに至るキャリア・パスを設定し，新入社員，スタッフ，ミドル・マネージャーを対象とする階層型研修制度を整備していたが，2010年代以降，総合商社ビジネスの「トランスナショナル化」に向けて，海外拠点等の優秀人材が各拠点の枠組を超えた広域異動を行いキャリア・アップできるシステムの構築に取り組んでいる（現地志向型から地域志向型の国際人的資源管理システムへの移行の試み）。

　具体的には，三菱商事は，海外拠点等の優秀な経営人材に関しては，海外連結企業の経営を任せるだけでなく，世界各地域での広域マネジメントに参加させることも想定し，経営人材育成プログラムを内外共通化して海外拠点等のシニア・マネージャー及びミドル・マネージャーに参加の道を拓いた（2014年，リーダー育成共通プログラムに本国本社176名，国内外拠点・グループ企業79名が参加）。また，海外拠点社員を本国本社で勤務させて総合商社のグローバル・ネットワークの機能・運営等について習熟させるとともに，国を越えて広域異動させる人事もスタートさせている。国を越えた異動を通じて，幅広い商品・業務を経験させグローバルな視野を磨き，三菱商事グループの全体像や経営方針に対する理解を深めさせようとしている。

〔図40〕 三菱商事の海外グローバル人材育成の取組
（海外拠点社員の本店出向・海外拠点間異動）

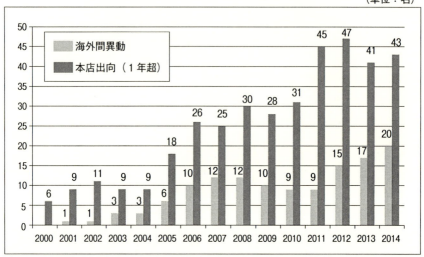

（出所）三菱商事ホームページ「会社情報・人材マネジメント」提示データに基づき作成

　なお，総合商社ビジネスのグローバル化は，現地採用人材の活用だけではなく，本国採用人材のグローバル人材化が必要不可欠である。三菱商事は若手時代から海外勤務やグループ企業出向を経験させるほか，グローバル研修生制度を設けて，「若手のうちに全員一度は海外経験を積む」方針の下，海外ビジネス・スクール派遣，各国文化・言語習得のための語学研修，海外拠点等での実務研修を行っている（毎年約150名の若手社員が参加）。現在，三菱商事には国内外に連結対象会社が約600社あり，約200名の社員を経営者として派遣しているが，今後ますます多くの経営人材が必要となるため，本国本社，国内外拠点社員等を問わず経営人材育成プログラムを実施している。

〔図41〕 三菱商事の人材育成プログラム

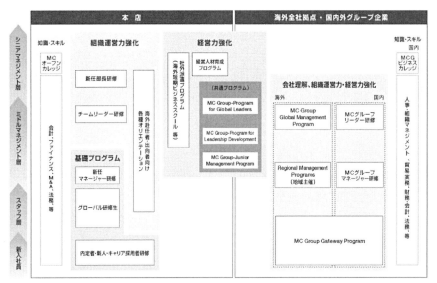

(出所) 三菱商事ホームページ (http://www.mitsubishicorp.com/jp/ja/about/resource/training.html)

(3) 伊藤忠商事の人材育成制度

　三菱商事の国際人的資源管理改革に向けた取組は既に1990年代前半にスタートし2000年代に本格化したが，三菱商事と比べて事業基盤の再構築に長い時間を要した伊藤忠商事等は，2000年代央以降に遅ればせながら国際人的資源管理改革に着手する。国内経済のデフレ停滞を踏まえ，海外成長の取込みを目指して総合商社ビジネスのグローバル化を図ろうとした点，企業活動のグローバル展開を支える人材の育成に向けて国際人的資源管理を本国志向型から現地志向型，地域指向型に変革しようとしている点は三菱商事と共通する。そして，伊藤忠商事も，内外無差別に多様な優秀人材を育成し，適材適所により活用・配置する世界志向型の国際人的資源管理システムを長期的目標として，2007年以降，現地人材の活用・登用のための体制整備に乗り出した。

現地人材の活用・登用に向けた制度整備

　第一に，伊藤忠商事は2007年10月にニューヨーク，ロンドン，シンガポール，上海の世界4拠点に世界人材・開発センター（Global Talent Enhancement Center：GTEC），本社に各センターを統轄するGTEC本部を設置し，各地域GTECが現地人材の確保・育成・評価・登用・処遇にあたる体制を整え（GTECは2拠点を追加），トヨタが"Global One Company"としての企業理念を制定したのと同じく，2009年3月にITOCHU Valuesをまとめ，新企業理念を各地域の採用基準，評価・育成制度の基準としていくこととした。

　第二に，伊藤忠商事は，世界の全事業体の全階層の職務と職責を共通基準で評価するため，GTECに全事業体・全階層に関する調査を実施させ，その上で世界共通の職務グレード制度を導入する。職務グレードの世界共通化は，効率的な人材管理・活用，国籍に囚われない人材配置・登用・育成の基盤であり，伊藤忠商事の現地人材の活用・登用に向けた第一歩となった（2010年にはグローバル人材データ・ベースを構築しクラウド化している）。

　第三に，当初の現地人材向け本社研修は参加者の職責・経験が不揃いであったが，2009年度以降は世界共通職務グレードに基づき参加者を選定し，研修をGEP（Global Executive Program，部長級），GLP（Global Leadership Program，課長級），GNP（Global Network Program，中間管理職）に再編した。また，現地人材を本社で二年間程度受け入れる制度を設け，業務の習得，企業理念・社風・文化の理解，人脈形成機会の提供により，将来のリーダー育成と本社のグローバル化促進を図ることとした。

　第四に，海外ブロックのビジネス・収益拡大の担い手である現地人材を計画的に育成・登用するため，海外ブロック毎に現地人材の役職者登用計画を策定し，個別育成計画や後継者計画と関連性を持たせた上で計画を進捗させることとした。具体的には，海外子会社の役職者ポスト約300の現地人材比率を2009年末の約30％から2013年度末には約50％に引き上げることを目標に掲げ（ただし，無理な昇進には弊害を伴うことから，数値目標はその後放棄），課長層以上の現地人材約300人について基礎データを把握・整理，そのうち約100人に関して個別育成計画を策定してタレント・マネジメントを行っている。

本社社員のグローバル化

伊藤忠商事に限らず，総合商社においては世界志向型の国際人的資源管理に向けた道程は遠いが，その実現には現地人材の登用・採用と同時に本社社員のグローバル化が不可欠である。伊藤忠商事では「連結」「海外」「現場力」の三点から人材育成に取り組むとし，本社社員のグローバル化を含めた人材育成に取り組んでいる。

〔図42〕 伊藤忠商事の人材育成研修制度

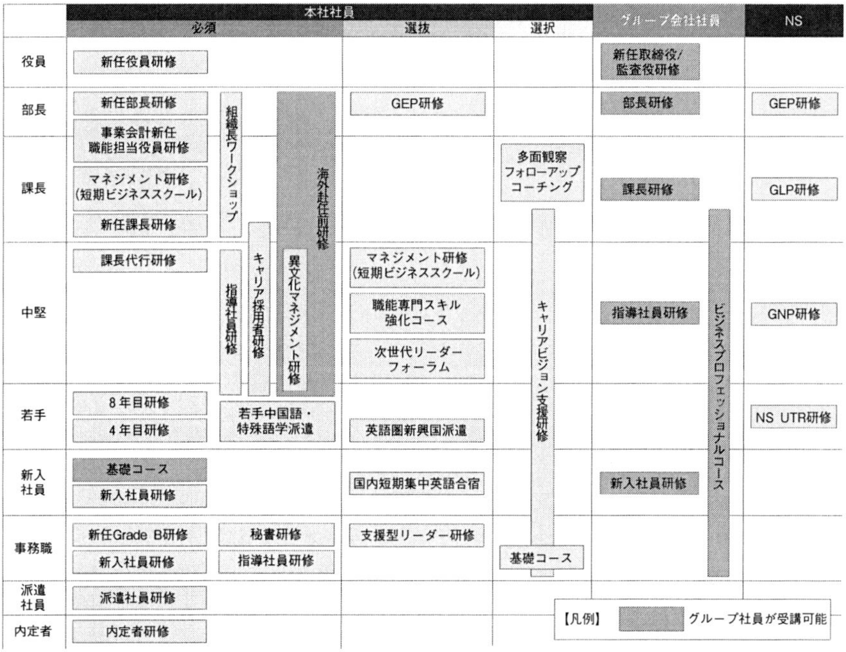

区分	本社社員 必須		本社社員 選抜	本社社員 選択	グループ会社社員	NS
役員	新任役員研修				新任取締役/監査役研修	
部長	新任部長研修	組織長ワークショップ	GEP研修		部長研修	GEP研修
課長	事業会計新任職能担当役員研修／マネジメント研修（短期ビジネススクール）／新任課長研修	海外赴任直前研修		多面観察フォローアップコーチング	課長研修	GLP研修
中堅	課長代行研修	指導社員研修／キャリア採用者研修／異文化マネジメント研修	マネジメント研修（短期ビジネススクール）／職能専門スキル強化コース／次世代リーダーフォーラム	キャリアビジョン支援研修	指導社員研修	ビジネスプロフェッショナルコース／GNP研修
若手	8年目研修／4年目研修	若手中国語・特殊語学派遣	英語圏新興国派遣			NS UTR研修
新入社員	基礎コース／新入社員研修		国内短期集中英語合宿		新入社員研修	
事務職	新任Grade B研修／新入社員研修	秘書研修／指導社員研修	支援型リーダー研修	基礎コース		
派遣社員	派遣社員研修					
内定者	内定者研修					

【凡例】グループ社員が受講可能

（出所）伊藤忠商事ホームページ（http://www.itochu.co.jp/ja/csr/employee/development/）

第一に，2013年度，連結経営下で事業会社の経営管理を担う人材の育成のために，事業管理に関する基礎知識及びリスク・マネジメント手法の習得強化を目的とした「職能インターン制度」を導入，若手社員に監査部・法務部で一定期間の管理業務経験を積ませるとともに，2014年度以降，経理業務を演習形式で短期間に効率的に学ぶ「経理インターン」プログラムをスタートした。

第二に，グローバル・マネジメント人材の育成に向け，GEP（部長級）・GLP（課長級）・GNP（中間管理職）研修，短期ビジネス・スクール派遣，組織長ワークショップ（部・課長級）を実施するとともに，若手社員の英語力及び国際的視野の養成のため短期海外派遣制度（1999年導入）を拡充，さらに「若手短期中国語・特殊語学派遣制度」を軸として各市場スペシャリスト候補育成に取り組んでいる。

CITIC・CP提携への対応

伊藤忠商事は2015年以降中国CITICグループ及びタイCPグループとの戦略的業務・資本提携により中国市場への本格参入と東アジア市場でのビジネス展開を加速させようとしているが，CITIC・CPとの戦略業務・資本提携を深化させるため，社員の中国語能力の強化，CITIC・CPとの人材交流等により，中国・アジア市場を中心に幅広い事業領域でシナジー効果の最大化を追求できる人材の育成を加速しようとしている。

伊藤忠商事はCITIC・CPと協力して，各社が短期研修のほか一年間以上の長期派遣の人材を受け入れ，共同で「三ヵ国の経営環境に精通する人材」を育てようとしている（日本経済新聞2016年1月18日付）。これは自前主義によるグローバル展開を目指す日本企業が多い中で，国際提携によるグローバル展開を「切り札」としようとする伊藤忠商事ならではのグローバル人材育成プログラムであり，三菱商事に比べて出遅れていた国際人的資源管理を新たな方法により革新しようとするものと評価できないだろうか。

5 今後の総合商社の国際人的資源管理

(1) 今後の国際人的資源管理改革の方向性

以上のように，2000年代，総合商社は製造業に遅ればせながら国際人的資源改革に取り組み，三菱商事は現地採用人材が本国本社と現地子会社を交代勤務し，その過程で昇進・昇格していくキャリア・パスを準備したが，採用国の枠を超えた広域移動によるキャリア・パスについては試行錯誤中である。現在，総合商社は，国内中心型ビジネスに対応した本国採用人材中心のシステムを修

正し，海外子会社の優秀人材を，本国本社と海外子会社を交代勤務させつつ，海外子会社の部課長・経営陣に育てようとしているが，それらの現地採用人材が広域異動を通じて昇進・昇格して行くようになるか，国際人的資源管理が本国志向型を脱して，さらに現地志向型から地域志向型に展開していけるかは今後の取組次第である。

　しかしながら，2020年代以降，総合商社がグローバル化を成長戦略として追求するならば，グローバル・サプライ・チェーン・マネジメントを担う現地人材の役割はますます重要となり，優秀な現地人材の確保のためには魅力的なキャリア・パスを構築しなければならない。中国市場等で日本企業は欧米企業に比べてキャリア・パスが限定的であり優秀人材が集まらないと指摘されており[76]，それは総合商社にも妥当する。欧米企業は，優秀な現地人材には本国本社での昇進を含めたキャリアを用意し，昇進・昇格のテンポも速い。海外主要拠点でグローバル・サプライ・チェーン・マネジメントを任せられる優秀な人材は，欧米企業との間で獲得競争の対象となる人材であり，欧米企業と同様な人事処遇が必要である。この意味で，総合商社が整備しようとしている地域志向型の国際人的資源管理は，世界志向型の国際人的資源管理に向けた里程標に過ぎない。

　したがって，優秀な現地採用人材を獲得して能力発揮させるには，将来的に全社員を世界標準化された人事制度に基づき公平に評価・昇進・昇格させ，優秀人材には本社経営参画の道も拓く必要があろう。これはグローバル製造業も辿ってきた道であるが（次の(2)で論ずる「日本社会の壁」により，いまだ目標には辿り着いていない），総合商社においても，現地採用人材が現地会社の枠でキャリアを終えず，地域統括会社さらには本国本社のシニア・マネージャーや経営陣に昇進昇格できるキャリア・パスを確立する必要がある[77]。優秀な現地採用人材については，本国社員に限られているグループ経営参画の道を開き，「参加」を本国採用人材と同等にしなければならないだろう。

---

[76] 中小企業基盤整備機構（2005）『中国における日系企業の人材確保問題に関する調査』，同（2011）『中国進出日系企業の人事労務管理におけるリスクとその対応策に関する調査』，日本経済団体連合会（2006）『日本企業の中国におけるホワイトカラー人材戦略』等。

(2) 日本社会の壁 ～日本企業のグローバル統合を阻む日本型雇用制度～

　総合商社は，グローバルな人的資源管理制度の構築に成功し，内外無差別で優秀な人材を採用し活用できるだろうか。問題は総合商社個社にあるというよりも日本の雇用制度の特殊性にあり，内外の社会システムの違いが総合商社の国際人的資源管理改革を阻む要因にならないかが懸念される。これは2000年代以降の日本の自動車・電機メーカーも直面してきた難問であり，彼等の取組は成功不成功に関係なく総合商社にとっても示唆に富んでいる。

自動車メーカーのグローバル人材育成の取組

　我が国企業のグローバル化の先陣を切ってきた自動車メーカー等は，米国企業をモデルとして，トランスナショナル企業化と世界志向型の国際人的資源管理に向けて改革に取り組んできた。トヨタは1999年発表の「GLOBAL21」プランに従い，①全世界の事業体幹部の職務内容に関する調査を実施し，各ポストの相対的重要性を評価，世界共通の幹部職務グレードを定義，②本国本社が管理するグローバル・ポジションと各地域で配置・育成するローカル・ポジションを整理した上で，③グローバル・ポジションの人材評価制度を世界共通化し，④各海外子会社に部長級人材および優秀人材を選別させてグローバルな人材データ・ベースを構築，採用国に限定されず国外勤務も可能なキャリア・プランを策定しようとした[78]。

　この国際人的資源管理プラットフォームは"Global One Company"における「適材適所」「多様性確保」「優秀人材育成・確保」の前提であるが，多国籍人材の異動状況を見ると，トヨタを含めて日本企業ではトップ・マネジメントを含めて第三国派遣は進まず，プラットフォームは有効活用されていない（対

---

[77] 単に現地採用人材のキャリア・パスを制度的に手当するだけではなく，本国採用人材が，積極的に「日本語の壁」「日本的ビジネス慣行の壁」を打破して，現地採用人材と協同してグローバル・ビジネスに取り組むことができるような能力を身に付ける必要がある。従来，総合商社の本国採用社員研修では，海外ビジネス能力の育成に力が割かれてきたが，4の三菱商事のケースに見られるように，現地人材を組織化して能力発揮をさせる海外組織能力に関しても配慮されるようになっている。

[78] 朝稲寛・トヨタ自動車株式会社人材開発部（2014）「グローバル展開を支える人材育成」。

照的に欧米企業は地場でベストな人材を採用し，第三国派遣により人材をグローバルに育成・活用している）[79]。また，日本企業では，訓練・研修プログラムは引き続き本国本社人材と海外人材の二系統に分かれており，グローバルな人材プールから優秀人材を選び共通の訓練・研修プログラムを通じて育成し，適材適所の配置・異動を行う段階に到達していない。これらは企業に原因があるというよりも，日本と海外（欧米・アジア）が異質の雇用制度を有することに由来する面が大きい。

日本の雇用制度の特殊性

海外では，雇用制度は職務を単位に構築されており，職務は執務内容・権限・義務が文書化され，賃金も職務に対応し決定される。職務に空席が生じた場合，（年齢・性別等を問わず）有資格者に公募がかけられ，応募者は職務に必要な訓練を事前に積んでいることが前提である。昇進・昇格も，内部者が勤続年数等を考慮して定期的に昇進・昇格するわけではなく，ポストに空きが生じた場合，まず内部応募者が職務遂行能力の有無により昇進・昇格を決定され，内部に有資格者がなければ外部労働市場からの調達となり，企業内部労働市場と外部労働市場との連続性と開放性が特徴である[80]。

一方，日本では，雇用制度は特定会社の社員という身分に基づき構築され，給与は職務給ではなく職能給をベースとし，各社員の職務遂行能力に基づき決定される。採用はポストの空きに応じて行われるのではなく，毎年（定年等で）補充すべき一定数の社員を年度初の新卒一括採用により採用することが社

---

79) Kopp, R. (1994) "International Human Resource Policies and Practices in Japanese, European, and United States Multinationals," *Human Resource Management*, Vol.33(4): 581-599. 白木三秀（2006）『国際人的資源管理の比較分析「多国籍内部労働市場」の視点から』有斐閣等。

80) Bamber, G. J., Lansbury, R. D. et al. (2015) *International and Comparative Employment Relations* (6th *Edition*)（Allen & Unwin）（第5版に邦訳あり。桑原靖夫他編（2000）『先進諸国の雇用・労使関係―国際比較21世紀の課題と展望』日本労働研究機構），日本労働研究機構編（1998）『国際比較・大卒ホワイトカラーの人材開発・雇用システム―日，英，米，独の大企業』（日本労働研究機構），濱口桂一郎（2013）『若者と労働「入社」の仕組みから解きほぐす』（中央公論新社）等。

会全体で慣行化されており，採用基準は文書等で明確化された職務を遂行する能力ではなく，潜在的な職務遂行能力に基づく。職務は入社まで未定であり，社員はOJTにより職務に必要な能力を獲得することが求められるだけでなく，職務内容は所属組織の必要に応じて伸縮自在であり，担当外の職務もカバーすることが期待される。

　昇進・昇格は，定期異動により複数の職務をこなす過程で各職場の上長が下す（一般的な）職務遂行能力により決定されるが，その選抜過程は20～30年間の長期間を要するものであり抜擢人事はこれまで例外的だった（具体的職務の遂行能力ではなく一般的な職務遂行能力による評価であるため抜擢は困難）。このため，日本では，外部労働市場と企業内部労働市場が不連続であり，企業内部労働市場は閉鎖的であり入口（新卒入社）と出口（定年退職）だけが外部労働市場と連続するに止まる[81]。

人的資源管理のグローバル統一を阻む日本の雇用制度

　こうした日本と海外の雇用制度の相違は，日本企業にとり，人的資源管理システムの企業グループ内における標準化を難しくしている。職務ではなく職能に立ち，新卒一括採用された社員を長期間かけて人材育成・選抜し，経営陣，シニア・マネージャー，中間管理職に登用するシステムでは，海外人材には参入余地が乏しい。欧米等では博士課程修了後30歳前後で入社した社員が40歳前後に経営陣やシニア・マネージャーに登用されることは珍しくはなく，各社のポストの空きに応じて転職を重ねて昇進昇格していくことが可能である。外国人材にとり日本企業が魅力的でなく映るのもやむを得ない。

　世界志向型の国際人的資源管理は，日本企業にとり日本型雇用システムの根本的改革を意味する。新卒一括採用した人材を長期間かけて育成し，年功序列にも配慮しつつシニア・マネージャー等に就任させるシステムは日本社会に根を下ろしたものであり，個別企業の対応だけでは改革し難い。トヨタ等の人的

81）小池和夫（1994）『日本の雇用システム』（東洋経済新報社），野村正實（2007）『日本的雇用慣行──全体像構築の試み』（ミネルヴァ書房），禹宗杬（2003）『「身分の取引」と日本の雇用慣行──国鉄の事例分析』（日本経済評論社）等。

資源管理改革は内外の雇用システムの相違によりグローバル標準化で限界に直面しているが，総合商社が20年後の世界企業にふさわしい国際人的資源管理制度を構築しようとすると同様の問題に直面する。

(3) 日本社会の特殊性とグローバル化の要請の黄金の均衡を求めて
世界志向型の人的資源管理と日本社会の特殊性の矛盾への対処

　総合商社の人的資源管理改革はスタートしたばかりだが，トヨタ等の世界志向型に向けた取組が，国際標準から乖離した日本型雇用システムの壁に直面したように，総合商社でも，日本と海外の雇用システムの相違が，人事の内外無差別化とグローバル統合を阻む壁となる可能性は高い。一方，総合商社が2020年代以降も成長を追求するならば，グローバル・サプライ・チェーンのマネジメントを担う優秀な現地人材の活用が不可避であり，早晩，総合商社は日本社会に根差す企業として矛盾にぶつからざるを得ない。

　この矛盾に対して，総合商社には，日本型雇用システムを放棄して，世界志向型の人的資源管理システムを採用する道がある（国際標準化方式）。また，国内採用人材・現地採用人材の人事制度の二重性を維持したまま，世界志向型の国際人的資源管理が必要な事業部門は独立分社化させて矛盾を回避する道も考えられる。持株会社制度という受け皿を利用して，サラダボウルをサラダボウルのまま管理する方法である（分割管理方式）。

国際標準化方式と分割管理方式の利害得失

　前者の国際標準化方式は短期的には制度とビジネス現場との矛盾衝突を生じさせるが，長期的には内外の優秀人材を確保し，総合商社の人的多様性を高めて企業能力を向上させることが期待される。総合商社はサプライ・チェーンの企画・形成・運営・管理企業であり，一国で完結せず複数国にまたがるサプライ・チェーンのマネジメント能力に競争力が存した。製造業の場合，競争優位の源泉である「擦り合わせ」は日本国内でしか実現できないかもしれないが[82]，

---

82) 日本工作機械工業会（2012）『創立60周年記念草子　工作機械産業ビジョン2020～わが国工作機械産業の展望と課題～』，同（2002）『世界への途，半世紀：日工会創立50周年記念』等。

サプライ・チェーン・マネジメントは，現地採用人材であっても，本国本社勤務をキャリア・パスに組み込み，商社ビジネスとチームの協同作業について知識・経験を積ませれば，必ずしも学習不能とは考えられない。むしろグローバル・サプライ・チェーンのマネジメントでは日本市場と海外市場の双方を知悉する分，本国採用人材に対して優位に立ち得る。多様なバックボーンと能力を有する人材を真にグローバルに調達し戦力化できるのであれば，理想の選択である。

後者の分割管理方式は短中期的には摩擦を最小限度に抑えるが，企業文化・人事制度が持株会社の本体・傘下企業により異なるだけでなく，組織間で人材・資金の自由な流通が難しくなる。グローバル・サプライ・チェーンの成長規模に応じて，独立分社の規模もまちまちであり，カンパニー相当のものも，事業部門規模のものもあるなど，留意しないと組織の細分化が発生して企業グループの総合力が発揮できなくなるのではないだろうか。

総合商社の挑戦

ただし，世界志向型人的資源管理は理念型であり，現実界に完全なものは存在せず，個々の置かれた状況に応じて千差万別の対応が必要である。必ずしも国際標準化か分割管理かの二者択一というわけではない。総合商社も，各社・各時点で異なる経営・組織のサラダボウル化状況に応じて，国際標準化方式と分割管理方式の中間に最適解を求めざるを得ない（むしろ求めるべきである）。現段階では一律の結論を出せない問題であるが，一点だけ確実なのは，グローバル・サプライ・チェーンの最適マネジメントを可能とする国際人的資源管理システムが何であるかを絶えず問い続けなければならないということだけである。かつ，人的資源管理の難しさは，人材育成・登用は10～20年の長期プロジェクトであり，予見不可能とも思われる20年後の企業像を考えて改革しなければならないことにある。

グローバル化を求めないのであれば，こうした問題に直面せずに済むかもしれないが，21世紀において総合商社が企業成長を追求するならば，もはや成長性を喪失した国内市場には依存できない。2050年までに世界経済でプレゼンス

を高めるインド，東南アジア等の成長を捉まえるべく，グローバル・サプライ・チェーン構築に取り組まなければならない。悩ましいのは，成長企業たるにはグローバル化を避けられないが，その取組が総合商社に必ず成功を約束してくれるわけではない点にある。むしろ，従来の国内中心型サプライ・チェーンを中核にしたビジネスを継続していた方が，結果的に経営安定と一定水準の収益が得られるという事態もあり得る。総合商社の中には国内中心型商社を目指すものもあろう。しかしながら，総合商社が21世紀前半において国内経済の桎梏（しっこく）から解放されて企業成長するには，総合商社ビジネスのグローバル化に賭けざるを得ない。

　この挑戦は不確実な未来への「投企（とうき）」である。将来に向けて自らの全存在を投げかけて賭けをしなければならない。総合商社は，グローバル化による成長を追求するならば，国際経営・組織をグローバル・サプライ・チェーンのマネジメントに適した形に変革して行く必要がある。日本初の多国籍企業だった総合商社が真のグローバル企業に生まれ変われるかは，その課題を日々克服して行く過程で決定されることになり，そして最適な国際経営・組織を実現しグローバル・サプライ・チェーン・マネジメントにおいて競争優位を構築できた企業のみが21世紀においても成長企業としての果実を味わえるのであろう。

結　び

　21世紀の総合商社は成長企業たり得るだろうか。2012年末の安倍政権成立以降，日本はインフレ・ターゲットを設定して超金融緩和を過去4年間行ってきたが，依然としてデフレ脱却の目途は立たず，今後の少子高齢化により経済規模の維持も容易ではない。かたやインド，東南アジア等は高度成長期に移行しつつあり，今後の世界経済の成長を牽引することが期待され，Johansson et al. (2012) は中国・インドが2060年には世界GDPの50%を占めると予想する。総合商社は日本固有の業態とされ国内中心型ビジネスを展開してきたが，このまま国内経済とともに成長性を喪失していくのか，国内経済の桎梏から自由となり世界経済とともに更なる発展を続けて行けるかは，ひとえに商社ビジネスを国内顧客中心から海外顧客中心に転換できるか次第である。

　もっとも，この選択は決して楽な道ではない。「中国最強商社」とされる伊藤忠商事が実のところ中国市場参入において苦闘しているように，海外市場では総合商社も外国資本の一つに過ぎず，現地化どころか市場参入もままならない厳しい状況にある。総合商社の中には，企業成長ではなく事業の安定性と収益の確実性を選択し，国内中心型商社となる道を進む者もあろう。日本はGDP世界第3位であり，依然として豊かな市場である。しかしながら，Johansson et al. (2012) は2060年に日本が世界GDPに占める割合は3.2%に落ち込むと見ており，総合商社が21世紀においても"Excellent Company"でありたいならばグローバル化は忌避できない。

　また，商社ビジネスのグローバル化に伴い，国内顧客ニーズ対応に最適とされた国際経営・組織は大転換が必至となるが，本書では，Bartlett and Ghoshal (1989) の本国本社と海外子会社の関係に基づく多国籍企業類型論を踏まえつつ，「サプライ・チェーン・マネジメント」の観点から本国本社・海外子会社の関係がいかに変化していくかを考察した。住友商事北米鋼管事業，伊藤忠商事食品事業，三菱商事金属ビジネスの事例からは，グローバル・サプライ・チェーンの成長に伴い，本国本社の中央集権的管理に海外子会社が一定

程度の主体性をもって協同・輔翼するようになり，さらには海外の中核的な子会社が本国本社に代わりマネジメント・センターとなることが想定できる。

　上記事例は「先進的」ケースに思われるかもしれないが，今後，ビジネスの軸足が国内中心型サプライ・チェーンからグローバル・サプライ・チェーンにシフトすると，総合商社は国内顧客ニーズ対応に最適化した本国本社の中央集権的体制のままではおられず，本国本社と海外子会社が事業・プロジェクトに応じて柔軟に関係を見直して役割を分担し，ネットワークとしてサプライ・チェーン・マネジメントに当たるトランスナショナル的な経営・組織を志向して行くことになろう。これが「日本的グローバル企業はトランスナショナル化できるか」を副題に掲げた所以である。

　問題は総合商社が複数事業部門を抱えるコングロマリットである点にある。本国本社・海外子会社の関係は全社一律に変化していくわけではなく，事業部門によりグローバル化の程度が異なり，さらには各事業部門でもグローバル化の水準の異なる複数事業を抱えているため，最適な経営・組織が事業部門により，さらには事業により異なる。このため，総合商社はグローバル化に伴い「サラダボウル状」化した経営・組織を円滑にマネジメントできるかが課題となる。特に人事・賃金制度は公平・平等の観点からも全社標準化が求められるが，日本型の雇用・人事制度は欧米・アジアの国際標準から乖離しており，なかなか人事制度の世界共通化は容易ではない。組織改革すれば成長企業となれるわけではないが，グローバル化に即して最適の経営・組織を実現できない企業がグローバル化において壁にぶつかることも事実である。

　榎本（2012）では，総合商社がサプライ・チェーン・マネジメント・カンパニーであるとの理解に立ち，総合商社の強みである，サプライ・チェーン・マネジメントに関連したビジネス・モデル（総合事業会社，"Value Chain Design"と点的支配モデル）とトータル・リスク・マネジメントに支えられた事業ポートフォリオ管理等について分析を行った。これらは21世紀の総合商社においても競争優位の源であり，重要なビジネス基盤たり続けると考えられるが，これだけでは商社ビジネスのグローバル化（世界企業化）に対応することはできず，国際経営・組織の抜本的変革が不可避である。日本型経営・雇用システ

ムは1990年代央以降日本企業のグローバル化に伴う国際標準化の動きの中で変容してきているが，グローバル化した日本企業が企業経営・人事制度を世界共通化しようとする場合に依然として大きな「壁」として立ちはだかっており，必要性は認識していても現実の国際経営・組織の変革は難題である。

　様々な難問が目前に控えているものの，1990年代末の経営危機を乗り越えて企業革新を達成してきた総合商社であれば，幾多の障害を乗り越えて21世紀の成長企業として再生していけるのではないだろうか。これまでの総合商社は国内中心型サプライ・チェーンのマネジメントを業とする企業であり，グローバル・サプライ・チェーンのマネジメントがコア事業となった場合，多国籍企業として経営・組織がどのように変化するかを論じた文献はなかったが，本書では，21世紀の総合商社ビジネスを論ずる上で欠かせない論点として，商社ビジネスのグローバル化とそれに伴う多国籍企業としての経営・組織（人的資源管理を含む）の変革を論じた。この2020年代の総合商社論が，読者が今後の総合商社を考える上での助けとなれば幸いである。

　なお，本書の刊行にあたっては，中央経済社の杉原茂樹常務と編集スタッフの方々から大変サポートいただいた。本書が世に出ることができたのも各位のお蔭であり，深く感謝するとともに，着想・執筆時より家庭等において協力・支援してくれた妻の優子に本書を捧げたい。

参 考 文 献

[第1部「2020年代の総合商社を巡る問題と議論の出発点」関連]
伊藤忠商事株式会社調査部編（1992）『ゼミナール日本の総合商社』（東洋経済新報社）
榎本俊一（2012）『総合商社論　Value Chain上の事業革新と世界企業化』（中央経済社）
島田克美，黄孝春，田中彰（2003）『総合商社　商権の構造変化と21世紀戦略』（ミネルヴァ書房）
商社機能研究会編（1981）『新・総合商社論』（東洋経済新報社）
田中隆之（2012）『総合商社の研究』（東洋経済新報社）
土井教之，伊藤正一，増田政靖編（2006）『現代の総合商社　発展と機能』（晃洋書房）
中谷巌編著（1998）『商社の未来像』（東洋経済新報社）
日本貿易会「日本の成長戦略と商社」特別研究会著，戸堂康之監修（2014）『日本の成長戦略と商社：日本の未来は商社が拓く』（東洋経済新報社）
政岡勝治（2006）『総合商社の非総合性の研究』（晃洋書房）
三菱商事編（2011）『現代総合商社論　三菱商事・ビジネスの創造と革新』（早稲田大学出版部）
三菱商事編（2013）『新・現代総合商社論　三菱商事・ビジネスの創造と革新［２］』（早稲田大学出版部）

[第1部第3章及び第2部「2020年代の総合商社の成長戦略」関連]
【資源ビジネス関連】
石田雅也（2014）「米国産のLNGが2018年に日本へ，中部電力と大阪ガスの共同事業が決定」（2014年3月3日，スマートジャパン）
石田雅也（2015）「中部電力が都市ガス会社に卸販売へ，日本最大の石油資源開発会社と組む」（2015年7月23日，スマートジャパン）
井上義明（2015）『LNG（液化天然ガス）プロジェクトファイナンス―リスク分析と対応策』（きんざい）
エネプレ（2015）「大阪ガスの電力事業と関西電力のガス事業」（2015年2月23日）
太田国明（2007）『鉄鋼流通の新次元―コイルセンターのグローバル化』（創成社）
郭四志（2006）「中国石油会社の海外事業活動」（2006年10月，日本国際経済学会全国大会報告）

郭四志（2007）「中国 3 大国有石油会社の投資・経営戦略と影響について」『中国経営管理研究』第 6 号

兼清賢介監修（2013）『石油・天然ガス開発のしくみ　技術・鉱区契約・価格とビジネスモデル』（化学工業日報社）

上岡一史（2005）『戦後日本鉄鋼業発展のダイナミズム』（日本経済評論社）

川端望（2005）『東アジア鉄鋼業の構造とダイナミズム』（ミネルヴァ書房）

関西電力・中部電力提出資料（2012）「燃料費」（2012年12月12日，総合資源エネルギー調査会料金専門委員会）

経済産業省「エネルギー白書」各年版

経済産業省（2013）「天然ガスサプライチェーンシステムのあり方及びガスシステム改革について」（総合資源エネルギー調査会基本政策分科会第 5 回会合）

小山堅（2012）「LNG調達の現状と課題」（2012年12月12日，総合資源エネルギー調査会料金専門委員会）

JXエネルギー（2016）「石油便覧」

石油エネルギー技術センター（2014）「LNGハブ構想を進めるシンガポール」（2014年 1 月20日）

石油エネルギー技術センター（2014）「インドネシアの石油・エネルギー産業」（2014年 7 月 8 日）

石油エネルギー技術センター（2014）「北米への本格進出を開始した中国石油各社」（2014年11月25日）

石油通信社著，石油鉱業連盟編（2014）『石油・天然ガス開発資料2013』（石油通信社）

石油天然ガス・金属鉱物資源機構石油調査部（2012）「欧州ユーティリティー企業の上流進出―その戦略と実績―」『石油・天然ガスレビュー』Vol.46, No.4

石油天然ガス・金属鉱物資源機構調査部「天然ガス　リファレンス・ブック」各年版

田中彰（2012）『戦後日本の資源ビジネス　原料調達システムと総合商社の比較経営史』（名古屋大学出版会）

電氣新聞「石炭調達，JERAに統合―東京電力と中部電力，豪に拠点も」（2015年 9 月 4 日付）

電力中央研究所社会経済研究所（2011）「天然ガス需給状況と電気事業者の燃料調達・上流進出戦略―欧米電気事業者のケーススタディ―」

永井一聡（2015）「日本を取り巻くLNG情勢と取引の流動性向上に向けた動き」（2015年 3 月19日，石油天然ガス・金属鉱物資源機構）

日本経済新聞「東電・中部電，新会社発表　世界最大級のLNG調達」（2015年 4 月15日付）

日本鉄鋼連盟（2008）「中国の鉄鋼需給の現状と今後の展望」（2008年 1 月23日）

日本貿易会座談会（2008）「金属・エネルギー資源確保における商社の機能と役割」『日本貿易会月報』No.663，2008年10月号（日本貿易会）

藤倉勝明（2012）「東北電力のLNG調達」『ERINA REPORT』No.104，2012年3月（環日本海経済研究所）
藤田昭夫，王建鋼他（2014）『日本鉄鋼業の光と影（シリーズ企業・経営の現場から）』（勁草書房）
藤田勉，伊原賢他（2014）『シェール革命─経済動向から開発・生産・石油化学』（エヌ・ティー・エス）
藤山光雄（2012）「LNG火力の燃料調達コスト抑制に向けた課題」『Business & Economic Review』2012年9月号（日本総合研究所）
Bloomberg（2015）「JERA：韓国や台湾など海外向け販売を強化─低品位炭の調達拡大」（2015年9月4日付）
みずほ情報総研（2013）「アジア・太平洋及び大西洋市場の天然ガス需給動向調査報告書」（経済産業省委託調査）
みずほ総合研究所（2015）『激震原油安経済』（日本経済新聞出版社）
森川哲男他（2006）「LNGチェーンにおける事業者の変化とわが国の課題に関する調査」『IEEJ』2006年6月号（日本エネルギー経済研究所）
矢野経済研究所（2015）「電力会社の天然ガス戦略」（2015年3月9日）
吉武惇二，奥田誠，大先一正編（2015）『LNG Outlook（2015）天然ガス貿易データ総覧』（日本工業出版）
利博友編（2007）『東アジアにおける鉄鋼産業の構造変化』（創文社）
ロイター「インタビュー：LNG調達価格，東アジア最安値狙う＝JERA社長」（2015年5月28日付）
IEA *World Energy Outlook* 各年版
REUTERS（2015）"Japan's Jera says will significantly cut long-term LNG contract"（2015年10月21日付）
Johansson, Å. et al. (2012) "Looking to 2060: Long-term global growth prospects"（2012年11月，OECD Economic Policy Papers No.03）

三菱商事「天然ガス・LNG事業の現状と今後の見通し」（2011年9月7日）
三井物産「エネルギー本部事業説明会」（2006年11月22日）
　　〃　　「金属資源本部事業説明会」（2008年10月3日）
　　〃　　「金属資源本部スモールミーティング」（2010年2月24日）
　　〃　　「シェールガス事業説明会」（2010年3月3日）
　　〃　　「鉄鋼製品本部事業説明会」（2010年9月14日）
　　〃　　「エネルギーセグメント説明会」（2012年6月22日）
　　〃　　「金属資源本部事業説明会」（2012年12月20日）

三井物産「エネルギーセグメント事業説明会」及び「質疑応答」(2015年12月15日)
【非資源ビジネス関連】
大島一二, 石塚哉史他（2015）『日系食品産業における中国内販戦略の転換（日本農業市場学会研究叢書）』（筑摩書房）
橘川武郎, 平野創（2011）『化学産業の時代―日本はなぜ世界を追い抜けるのか』（化学工業日報社）
久保文克, 島津淳子（2016）『食品産業（産業経営史シリーズ）』（日本経営史研究所）
シープレス編（2003）『中国の食品産業―食品・飲料・包装材料と中・日・欧米企業の動向（2003）』（重化学工業通信社）
シープレス編（2005）『中国の食品産業―生産・売上高・企業数と主要150社の動向（2006）』（重化学工業通信社）
重化学工業通信社化学チーム編（2015）『日本の石油化学工業2016年版』（重化学工業通信社）
重化学工業通信社化学チーム編（2015）『アジアの石油化学工業2016年版』（重化学工業通信社）
白石和良（2000）『中国の食品産業―その現状と展望』（農村漁村文化協会）
大東英祐（2014）『化学工業Ⅱ　石油化学（産業経営史シリーズ）』（日本経営史研究所）
田島慶三（2014）『世界の化学企業　グローバル21社の強みを探る』（東京化学同人）
辻中俊樹, 蔡衍明（2006）『日本のものづくりが中国を制す―旺旺集団と岩塚製菓が挑む「世界品質」への道』（PHP研究所）
日本フードスペシャリスト協会編（2016）『食品の消費と流通』（建帛社）
平野創（2016）『日本の石油化学産業―勃興・構造不況から再成長へ―』（名古屋大学出版会）
富士キメラ総研（2002）『化学・樹脂加工メーカーのグローバル事業戦略総調査―グローバルな川下化戦略が生き残りへのキーワード!!』（富士キメラ総研）

三井物産「食料・リテール事業説明会」(2008年2月29日)
　〃　「自動車本部事業説明会」(2008年11月20日)
　〃　「船舶・航空本部事業説明会」(2009年9月2日)
　〃　「化学品セグメント事業説明会」(2011年7月8日)
　〃　「プロジェクト本部事業説明会」(2011年10月4日)
　〃　「食糧事業本部説明会」(2013年12月17日)
　〃　「機械・輸送システム本部事業説明会」(2015年7月10日)
伊藤忠商事「繊維カンパニー，ビジネスモデルの変革と今後の成長戦略
　　　　　～ Textile Frontier ～」(2006年5月25日)
　〃　「機械カンパニーの成長戦略」(2007年10月4日)
　〃　「食料カンパニーの成長戦略」(2009年12月1日)

伊藤忠商事「中国事業説明会（伊藤忠商事の中国戦略，繊維カンパニーの中国戦略，金属・エネルギーカンパニーの中国展開，食料カンパニーの中国戦略）」（2010年10月5日）
　〃　「生活資材・化学品カンパニーの成長戦略」（2011年10月11日）
　〃　「繊維カンパニーの成長戦略」（2012年10月19日）
　〃　「米国Dole社のアジア・青果事業及びグローバル・加工食品事業の買収」（2012年12月25日）
　〃　「機械カンパニーの成長戦略」（2013年12月11日）
　〃　「Charoen Pokphand（チャロン・ポカパン）グループとの業務提携について」（2014年7月24日）
　〃　「CITIC Limited, Charoen Pokphand Group Company Limitedとの戦略的業務・資本提携」（2015年1月20日）
　〃　「住生活資材・情報カンパニーの成長戦略」（2015年12月14日）
丸紅「当社穀物ビジネスの現状と展開について」（2008年8月6日）
　〃　「Gavilon社買収について」（2012年5月30日）
　〃　「当社穀物事業のご紹介」（2015年7月8日）
　〃　「当社輸送ビジネスのご紹介」（2016年4月8日）

（その他，総合商社各社のアニュアルレポート，有価証券報告書等，資源事業関連資料を参照するとともに，LNG分野の新たな動きに関しては，東京電力，関西電力，中部電力，東北電力，四国電力，東京ガス，大阪ガス等の電力・ガス会社によるLNGの海外権益自主確保，電力・ガス他社への天然ガス供給，JERA等電力会社の共同資源調達と販社立上げの動き等各社ホームページ及びプレスリリースを参照した）。

[第3部「総合商社ビジネスのグローバル化と国際経営組織の変革」関連]
【国際経営組織関連】
浅田孝幸（2005）「持株会社の戦略と管理」，門田安弘編著『企業価値向上の組織設計と管理会計』（税務経理協会）

浅田孝幸（2005）「日本企業における持株会社制の特徴」，門田安弘編著『企業価値向上の組織設計と管理会計』（税務経理協会）

足立龍生他（2010）「純粋持株会社体制におけるグループ経営上の落とし穴」『Mizuho Industry Focus 89』（みずほコーポレート銀行産業調査部）

大坪稔（2001）「日本企業における純粋持株会社形態の採用と株式市場の評価：カンパニー制との比較における純粋持株会社形態の経済機能」『日本経営学会誌』(7), pp.48-58（web公開）

大坪稔（2005）『日本企業のリストラクチャリング―純粋持株会社・分社化・カンパニー制と多角化』（中央経済社）
菊谷達弥（1997）「企業の分社化行動の国際比較分析」（文部省科学研究費補助金研究成果報告書）
河野俊明（2007）「純粋持株会社に問われるマネジメントの視点」『季刊政策・経営研究』Vol.3（三菱UFJリサーチ＆コンサルティング）
下谷政弘（2002）「産業融合と企業分解：持株会社を用いた企業間関係」（文部省科学研究費補助金研究成果報告書）
週刊東洋経済2010年7月10日号（東洋経済新報社）
新日本有限責任監査法人他編（2015）『持株会社の運営・移行・解消の実務：グループ経営上のメリット・デメリット』（中央経済社）
椙山泰生（2009）『グローバル戦略の進化 日本企業のトランスナショナル化プロセス』（有斐閣）
ダイヤモンド・ハーバード・ビジネス編集部編（1996）『持株会社の原理と経営戦略』（ダイヤモンド社）
高橋邦丸（2004）「経営資源に基づいたグループ経営戦略」『青山経営論集』48(4)，pp.179〜203
トーマツ編（2001）『持株会社による企業グループ構築の実務』（清文社）
塘誠（2008）「日本の純粋持株会社におけるマネジメント・コントロールの問題」『成城・経済研究』第180号
日本貿易会座談会（2007）「加速するグローバル経済と商社の海外地域経営」『日本貿易会月報』No.653，2007年11月号（日本貿易会）
野村総合研究所（2013）「知的資産創造」2013年10月号
藤野哲也（2007）『日本企業における連結経営―21世紀の子会社政策・所有政策』（税務経理協会）
水永正憲（2004）「分社・持株会社制と人材管理革新」『オペレーションズ・リサーチ』49(10) 526号，pp.617〜622
宮島英昭，外松（片倉）陽子（2013）「日本企業はなぜ持株会社制度を採用したのか？：事業成熟度とコーディネーションの必要度」（2013年6月2日，2013年度日本ファイナンス学会）
武藤泰明（2003）『持株会社組織の実際』（日本経済新聞社）
頼誠（1997）「カンパニー制の意義と課題」『滋賀大学経済学部研究年報第4巻』

Barney, B. J. (1986) "Strategic Factor Market: Expectation, Luck, and Business Strategy", *Management Science*, Vol.32(10): 1231-1241

Barney, B. J. (1991) "Firm Resources and Sustained Competitive Advantage", *Journal of Management*, Vol.17(1): 99-120

Barney, B. J. (2002) *Gaining and sustaining competitive advantage*, Pearson Education (岡田正大訳『企業戦略論』ダイヤモンド社,2003年)

Bartlett, C. A. and Ghoshal, S. (1989) *Managing Across Borders: The Transnational Solution*, Harvard Business School Press, Boston, MA (吉原英樹監訳『地球市場時代の企業戦略——トランスナショナル・マネジメントの構築』日本経済新聞社,1990年)

Brooke, M. Z. and Remmers, H. L. (1970) *The Strategy of Multinational Enterprise*, Longman Group Ltd. (海保正喜子訳『多国籍企業の戦略』産業能率短期大学出版部,1975年)

Collis, D. J. and Montgomery, C. A. (1997) *Corporate Strategy: A Resourced-Based Approach*, McGraw-Hill (根来龍之,蛭田啓,久保亮一訳『資源ベースの経営戦略論』東洋経済新報社,2004年)

Conner, K. R. (1991) "A Historical Comparison of Resource-Based Theory and Five Schools of Thought Within Industrial Organization Economics: Do We Have a New Theory of the Firm?", *Journal of Management*, Vol.17(1): 121-154

Dunning, J. H. (1985) *Multinational Enterprises, Economic Structure and International Competitiveness*, John Wiley & Sons

Foss, J. N. (1997) *Resources and Strategy: A Brief overview of Themes and Contributions*, Oxford University Press

Galbraith, J. R. (1973) *Designing Complex Organization*, Addison-Wesley, Boston, MA (梅津祐良訳『横断組織の設計』ダイヤモンド社,1980年)

Galbraith, J. R. (2000) *Designing the Global Corporation*, Jossey-Bass Inc. (齋藤彰悟監訳『グローバル企業の組織設計』春秋社,2002年)

Ghoshal, S. (1987) "Global Strategy: An Organizing Framework", *Strategic Management Journal*, 8(5): 425-440

Ghoshal, S. and Bartlett, C. A. (1988) "Creation, Adoption and Diffusion of Innovations by Subsidiaries of Multinational Corporations", *Journal of International Business Studies*, 19(3): 365-388

Kogut, B. (1985) "Designing Global Strategies: Comparative and Competitive Value Added Chains", *Sloan Management Review*, 27: 27-38

Kogut, B. and Zander, U. (1992) "Knowledge of the Firm, Combinative Capabilities and the Replication of Technology", *Organization Science*, 3(3): 383-397

Kogut, B. and Zander, U. (1996) "What Firms Do? Coordination, Identity and Learning", *Organization Science*, 7(5): 502-518

Porter, M. E. (1986) *Competition in Global Industries*, Harvard Business School Press, Bos-

ton, MA（土岐坤他訳『グローバル企業の競争戦略』ダイヤモンド社，1989年）
Porter, M. E. (1998) *On Competitions*, Harvard Business School Press, Boston, MA（竹内広高訳『競争戦略論』Ⅰ・Ⅱ，ダイヤモンド社，1999年）
Prahalad, C. K. and Doz, Y.（1987）*The Multinational Mission*, Free Press, New York, NY
Prahalad, C. K. and Hamel, G.（1990）"The Core Competence of the Corporation", *Harvard Business Review*, 68(3): 79-91

【国際人的資源管理関連】

朝稲寛・トヨタ自動車株式会社人材開発部（2014）「グローバル展開を支える人材育成」
安熙卓（2011）『韓国企業の人的資源管理―その特質と変容』（文眞堂）
石田英夫（1999）『国際経営とホワイトカラー』（中央経済社）
石田光男，樋口純平編（2009）『人事制度の日米比較―成果主義とアメリカの現実』（ミネルヴァ書房）
伊藤健市，中川誠士，田中和雄（2006）『現代アメリカ企業の人的資源管理』（税務経理協会）
岩内亮一，安部悦生，門脇厚司他（1992）『海外日系企業と人的資源―現地経営と駐在員の生活』（同文舘出版）
禹宗杬（2003）『「身分の取引」と日本の雇用慣行―国鉄の事例分析』（日本経済評論社）
江夏健一編（2006）『サービス多国籍企業の人的資源管理―カルフールの国際展開を事例として』（早稲田大学産業経営研究所）
岡田行正（2008）『アメリカ人事管理・人的資源管理史（新版）』（同文舘出版）
神﨑慎治（2010）「三菱商事・グローバル人材開発の取り組み」『日本貿易会月報』No.680，2010年4月号（日本貿易会）
小池和男（1994）『日本の雇用システム』（東洋経済新報社）
小池和男（2008）『海外日本企業の人材形成』（東洋経済新報社）
白木三秀（2006）『国際人的資源管理の比較分析「多国籍内部労働市場」の視点から』（有斐閣）
白木三秀編著（2011）『チェンジング・チャイナの人的資源管理』（白桃書房）
白木三秀（2012）「日本企業のグローバリゼーションと海外派遣者―アジアの現地スタッフによる上司評価からの検討―」『日本労働研究雑誌』2012年6月号（労働政策研究・研修機構）
白木三秀編著（2014）『グローバル・マネージャーの育成と評価　日本派遣者880人，現地スタッフ2192人の調査より』（早稲田大学出版部）
中小企業基盤整備機構（2005）『中国における日系企業の人材確保問題に関する調査』
中小企業基盤整備機構（2011）『中国進出日系企業の人事労務管理におけるリスクとその対応策に関する調査』
トライアンフ社（2009）「経営者人事対談：人材の育成文化が三菱商事の強さ」

日本経済団体連合会（2006）『日本企業の中国におけるホワイトカラー人材戦略』
日本工作機械工業会（2002）『世界への途，半世紀：日工会創立50周年記念』
日本工作機械工業会（2012）『創立60周年記念草子　工作機械産業ビジョン2020～わが国工作機械産業の展望と課題～』
日本在外企業協会（2000）『ASEANにおける日系現地法人の経営と人材管理—日本本社との関係も含めて—』
日本在外企業協会『海外派遣者ハンドブック』各国・地域版
日本在外企業協会「海外現地法人の経営のグローバル化に関するアンケート調査」（2008, 2010, 2012年の3回実施）
日本在外企業協会「日系企業における経営のグローバル化に関するアンケート調査」（2014年）
日本貿易会座談会（2006）「商社の人材マネジメント」『日本貿易会月報』No.636, 2006年4月号（日本貿易会）
日本労働研究機構編（1998）『国際比較・大卒ホワイトカラーの人材開発・雇用システム—日，英，米，独の大企業』（日本労働研究機構）
野村正實（2007）『日本的雇用慣行—全体像構築の試み』（ミネルヴァ書房）
濱口桂一郎（2013）『若者と労働　「入社」の仕組みから解きほぐす』（中央公論新社）
藤田潔（2012）「三菱商事の人材開発施策について」（2012年5月24日，厚生労働省雇用政策研究会）
古沢昌之（2008）『グローバル人的資源管理論—「規範的統合」と「制度的統合」による人材マネジメント』（白桃書房）
みずほ総合研究所（2013）「日本企業のグローバル展開と人材マネジメント」
八代充史（2002）『管理職層の人的資源管理—労働市場論的アプローチ』（有斐閣）
吉原英樹，星野裕志（2003）「総合商社—日本人が日本語で経営—」『国民経済雑誌』第187巻第3号（神戸大学経営経済研究所）
リクルートワークス研究所（2012）「本社所在地"世界"の人事」
リクルートワークス研究所（2012）「現法から見た現地　現法から見た本社」
リクルートワークス研究所（2013）「海外現地法人の経営を担う人材の採用メカニズム」
リクルートワークス研究所（2015）「5カ国比較"課長"の定義」
リクルートワークス研究所「2020の人事シナリオ」Vol.8（小林文彦・伊藤忠商事執行役員，人事・総務部長），Vol.9（藤田潔・三菱商事株式会社人事部長）（http://www.works-i.com/column/taidan/）
李捷生，多田稔他（2015）『中国の現場からみる日系企業の人事・労務管理：人材マネジメントの事例を中心に』（白桃書房）
労働政策研究・研修機構（旧日本労働研究機構）『日系グローバル企業の人材マネジメント

調査』(1999, 2001, 2003, 2006年の4回実施)

Bamber, G. J., Lansbury, R. D. et al. (2015) *International and Comparative Employment Relations (6th Edition)*, Allen & Unwin (第5版に邦訳あり。桑原靖夫他編 (2000)『先進諸国の雇用・労使関係―国際比較21世紀の課題と展望』(日本労働研究機構))

Bartlett, C. A. et al. (2008) *Transnational Management: Text, Cases and Readings in Cross-Border Management (5th ed.)*, McGraw-Hill, New York, NY

Black, J. S., Gregersen, H. B., Mendenhall, M. E., and Stroh, L. (1998) *Globalizing People Through International Assignments,* Addison-Wesley (白木三秀他監訳『海外派遣とグローバル・ビジネス―異文化マネジメント戦略』白桃書房, 2001年)

Fletcher, D. (2000) "Learning to think global and act local: experiences from the small business sector", *Education+Training, 42*: 211-220

Hitt, M. A., Javidan, M., and Steers, R. M. (2007) "The global mindset: An introduction", *Advances in International Management, 19*: 1-10

Kopp, R. (1994) "International Human Resource Policies and Practices in Japanese, European, and United States Multinationals," *Human Resource Management*, Vol.33 (4): 581-599

Perlmutter, H. V. (1969) "The Tortuous Evolution of the Multinational Corporation", *Columbia Journal of World Business*

Perlmutter, H. V. and Heenan, D. A. (1979) "How Multinational Should your Top Manager be?" *Harvard Business Review*, Vol.52

Taylor, S., Levy, O., Boyacigiller, N. A., and Beechler, S. (2008) "Employee commitment in MNCs: Impacts of organizational culture, HRM and top management orientations", *The International Journal of Human Resource Management, 19* (4): 501-527

【著者紹介】

榎本俊一（えのもと　しゅんいち）

1990年，東京大学法学部卒業後，通商産業省入省，通商・貿易，環境・リサイクル，IoT革命等に取り組み。2019年，関西学院大学商学部准教授（国際ビジネス）に転じ，2023年より中央大学商学部・大学院商学研究科准教授（貿易論，デジタル・エコノミー等）。LL.M.（1996年，米国Columbia Law School），経営学博士（2022年，埼玉大学大学院）。本書及び「総合商社論」（2011）は，2000年代以降日本経済及び企業が事業革新力を加速的に喪失した過程において，総合商社の事業革新力の源と2020年代以降の革新の方向を考察。2015年以降，IoT革命が経済社会に与える影響，製造システムのデジタル化等の研究に取り組み，現在，製造企業の新たな在り方をServitizationの観点から具体化・提言しようとしている。

［研究分野］IoT革命，製造デジタル化，21世紀型産業，グローバル経営等
［所属］日本経営学会，サービス学会，日本国際経済学会
［著書］「総合商社論―Value Chain上の事業革新と世界企業化」（中央経済社，2011年），「総合電機産業と持続的円高〜長期為替策不在による経営と産業の毀損」（中央経済社，2014年），「中国の一帯一路構想は"相互繁栄"をもたらす新世界秩序か？」（RIETI，2017年），「製造企業のサービス成長と脱コモディティ化　〜工作機械ビジネス革新を通じた市場誘導型イノベーションのモデル化〜」（博士論文）（埼玉大学大学院，2022年）。

2020年代の新総合商社論
日本的グローバル企業はトランスナショナル化できるか

2017年4月1日　第1版第1刷発行
2024年3月10日　第1版第3刷発行

著　者　榎　本　俊　一

発行者　山　本　　　継

発行所　㈱中央経済社

発売元　㈱中央経済グループ
　　　　パブリッシング

〒101-0051　東京都千代田区神田神保町1-35
電話　03 (3293) 3371 (編集代表)
　　　03 (3293) 3381 (営業代表)
https://www.chuokeizai.co.jp
印刷／三英グラフィック・アーツ㈱
製本／㈱関 川 製 本 所

©Shunichi Enomoto/Yuko Enomoto 2017
Printed in Japan

＊頁の「欠落」や「順序違い」などがありましたらお取り替えいたしますので発売元までご送付ください。(送料小社負担)

ISBN978-4-502-21281-9　C3034

JCOPY〈出版者著作権管理機構委託出版物〉本書を無断で複写複製 (コピー) することは，著作権法上の例外を除き，禁じられています。本書をコピーされる場合は事前に出版者著作権管理機構 (JCOPY) の許諾を受けてください。
JCOPY〈https://www.jcopy.or.jp　eメール：info@jcopy.or.jp〉